LA PHILOSOPHIE
ET LA RÉVOLUTION FRANÇAISE

BIBLIOTHÈQUE D'HISTOIRE DE LA PHILOSOPHIE

Fondateur : Henri GOUHIER

LA PHILOSOPHIE ET LA RÉVOLUTION FRANÇAISE

Actes du Colloque de la Société Française de Philosophie
31 mai, 1ᵉʳ et 2 juin 1989

publiés sous la direction de

B. BOURGEOIS et J. D'HONDT

*Ouvrage publié avec le concours
du Centre National de la Recherche Scientifique*

PARIS
LIBRAIRIE PHILOSOPHIQUE J. VRIN
6, Place de la Sorbonne, Vᵉ

———

1993

© *Librairie Philosophique J. VRIN*, 1993

Printed in France

ISSN 0249-7980

ISBN 2-7116-1142-6

Qu'il me soit permis d'exprimer ma bien vive gratitude à Madame Monique Emery, secrétaire de la Société française de Philosophie : sans son travail dévoué de transcription, d'organisation et de vérification des textes présentés dans ce recueil, celui-ci n'aurait pu voir le jour. Je remercie également Mademoiselle Suzanne Delorme qui lui a aimablement prêté son concours pour la relecture des épreuves.

La Société française de Philosophie est reconnaissante à Monsieur Gérard Paulhac, directeur des Editions Vrin, pour l'accueil qu'il a bien voulu réserver à ces Actes.

Bernard BOURGEOIS
Président de la Société française de Philosophie

PRÉSENTATION

Une tradition tenace associe la Révolution française de 1789, plus que tout autre événement, au destin de la philosophie. On voit en celle-ci une annonciatrice, ou une compagne, ou une héritière de ce développement historique tumultueux.

Pourtant, l'étude systématique de ces rapports réels ou supposés est loin d'être achevée, et elle réserve sans doute aux chercheurs des surprises.

La Société Française de Philosophie, profitant de l'occasion singulière du Bicentenaire, a voulu mener plus loin et plus précisément l'élucidation de ces rapports, en organisant un colloque international sur ce thème : *La Révolution française et la Philosophie*. Des philosophes ont examiné minutieusement, et de points de vue divers, des aspects multiples de ce thème de réflexion. Les résultats de leurs recherches et de leurs méditations se trouvent réunis ici.

Il s'est agi d'établir, entre autres points importants, si la philosophie, et tout particulièrement la philosophie française du XVIIIe siècle, spécialement la philosophie des Lumières, provoqua effectivement le déclenchement de la Révolution et d'identifier les philosophes qui en furent les principaux agents.

Plusieurs études s'attachent, d'autre part, à montrer dans quelle mesure la philosophie continua d'inspirer et d'accompagner le processus révolutionnaire dans son mouvement, et aussi comment, dans certains cas, elle s'opposa à lui et critiqua certains de ses aspects politiques et idéologiques.

La plupart des révolutionnaires en appelèrent dans leur action à un idéal universaliste, à une sorte de philosophie des Droits de l'homme. Plusieurs conférenciers ont analysé, pendant le colloque, cet idéal, en décelant au passage ses incertitudes, les limites de sa formulation et de son application.

La critique contre-révolutionnaire n'a pas été oubliée ou négligée, plusieurs études lui sont consacrées, et en soulignent les aspects les plus décisifs, parfois inattendus.

La Révolution française a connu un retentissement mondial, elle a exercé une sorte de fascination sur les penseurs étrangers. Le colloque a accordé une grande attention à l'éveil, en divers pays, d'une pensée neuve suscitée par l'expérience et la méditation du grand drame français : les spécialistes étrangers invités au colloque ont contribué de manière éminente à l'examen de cette contagion des idées.

Les intérêts historiques, scientifiques et philosophiques de ce volume issu du colloque se révèlent donc multiples et actuels. Il aide à forger la conception réfléchie que l'on peut se faire de la Révolution, et il permet d'élucider quelque peu le rôle et la fonction de la philosophie dans l'histoire.

Jacques D'HONDT

PREMIÈRE PARTIE

DU GENRE HUMAIN
AUX DROITS DE L'HOMME

RÉFLEXION SUR LE BONHEUR DU GENRE HUMAIN : LES CONCOURS DE L'ABBÉ RAYNAL (ACADÉMIE DE LYON 1789-1793)

En choisissant d'inscrire le bonheur comme thème de réflexion dans un colloque sur l'idéal universaliste à l'époque de la Révolution française, nous avons voulu non seulement méditer sur deux exigences tenues pour complémentaires par nombre de philosophes du XVIIIe siècle – les notions d'universalité et de bonheur – mais encore rendre hommage à l'abbé Raynal. Rappelons, en effet, que l'auteur de l'*Histoire philosophique et politique des établissements et du commerce des Européens dans les deux Indes* parue en 1770 était, à la fin du siècle qui nous occupe, aussi célèbre que Voltaire ou Rousseau car l'*Histoire philosophique*(1) constitue un véritable brûlot, une «machine de guerre» destinée entre autres à dissiper les ténèbres de l'ignorance et des préjugés qui divisent les peuples et hypothèquent le bonheur du genre humain. Très attaché à un discours de portée universelle, l'abbé Raynal est convaincu que seul «le tribunal de la philosophie et de la raison» peut constituer une morale, une science dont l'objet «est la conservation et le bonheur communs de l'espèce humaine»(2). Il n'est donc pas surprenant que notre abbé propose plusieurs sujets de concours, dont deux ont été retenus, en 1783 et 1791 (3), à l'Académie royale des Sciences, Arts et Belles-Lettres de Lyon. Il sollicite une réflexion sur le thème du bonheur à propos des questions suivantes :

— La découverte de l'Amérique a-t-elle été utile ou nuisible au genre humain ?

— S'il en résulte des biens, quels sont les moyens de les conserver et de les accroître ?

— S'il en résulte des maux, quels sont les moyens d'y remédier ?

Il va sans dire que tous les concurrents connaissaient l'œuvre de l'abbé Raynal qui contenait bien des réponses aux questions posées, et spécialement à la première (4), et les meilleures copies furent celles qui

surent se déprendre d'une facile servilité (5). Les académiciens attendaient en effet des dissertations non pas destinées à encenser l'initiateur
des concours mais à combler son souhait de voir se manifester «des
écrivains dont le raisonnement et l'éloquence persuaderont tôt ou tard
aux générations futures que le genre humain est plus que la patrie, ou
plutôt, que le bonheur de l'une est étroitement lié à la félicité de
l'autre» (6). Ils espéraient peut-être aussi voir exorcisée par de
nouveaux travaux cette imprécation de l'abbé Raynal: «Je hais, je fuis
l'espèce humaine composée de victimes et de bourreaux; et si elle ne
devait pas devenir meilleure, puisse-t-elle s'anéantir» (7). On le voit,
l'abbé Raynal ne partage pas le monolithique optimisme de Condorcet
qui exalte «la marche de l'esprit humain... jamais rétrograde... sur la
route de la vérité, de la vertu et du bonheur» (8). L'homme est-il si
bon qu'il ne puisse manquer une marche? C'est pourquoi il convient de
l'interroger, dans un premier temps, sur ce qu'il a fait de la plus
grande découverte des temps modernes, celle de l'Amérique, et
ensuite, lors du second concours, sur ses possibilités d'instruire ses
semblables à l'aide de vérités et de sentiments universels destinés à
trouver un bonheur que la réalité lui dénie encore.

Fascinée par les richesses de l'Amérique, l'Europe a cru avoir
trouvé un bonheur facile et égoïste payé par la destruction de millions
d'Indiens, destruction quelquefois réprouvée d'ailleurs par ceux-là
mêmes qui en profitaient. En effet, l'Espagne, qui porte une lourde
responsabilité dans l'ethnocide, est vite devenue le bouc émissaire.
Mais les condamnations des Cortès et des Pizarre, le grand nombre des
éditions et des traductions de Las Casas relatant les horreurs des
conquistadors, l'affirmation de la supériorité du siècle sur les ténèbres
des époques révolues ne changent rien au sort malheureux du Nouveau
Monde et, plus grave encore, le malheur de celui-ci ne comble même
pas l'Europe. Toutes les explications, les justifications destinées à montrer la supériorité des Lumières sur la barbarie des siècles antérieurs se
heurtent à un constat dressé par l'un des auteurs: «Tandis que nous
détestons les injustices et les crimes de nos pères...» ne les avons-nous
pas imités «en remplaçant les races d'hommes détruites en Amérique
par d'autres races enlevées à une autre partie du monde, en flétrissant
ces nouveaux habitants de l'empreinte de la propriété, en les traitant
comme des instruments de culture et de vils objets de commerce, en
dégradant, en profanant l'humanité» (9). Si les droits de l'homme sont
ainsi bafoués, il ne peut y avoir de bonheur pour personne et c'est
l'espoir dans le progrès et la raison qui est maintenant mis en question.
Comment l'Europe des Lumières ose-t-elle juger la colonisation

espagnole alors que toutes les nations qui la composent sont respon-
sables de la servitude des nègres, de la traite qui profite tant à
l'Angleterre et à la France? Et l'abbé Genty d'affirmer: «je ne sais
pas si le café et le sucre sont nécessaires au bonheur de l'Europe, mais
je sais bien que ces deux végétaux on fait le malheur de deux parties du
monde. On a dépeuplé l'Amérique afin d'avoir une terre où les planter,
on dépeuple l'Afrique afin d'avoir une nation pour les cultiver» (10).
Etions-nous moins sains, moins robustes, moins heureux sans les
quelques commodités et jouissances que procure le Nouveau Monde?
Mandrillon affirme que ce que nous avons gagné dans les arts et les
sciences, nous l'avons perdu par notre indolence, notre frivolité (11),
et notre asservissement au luxe qui a énervé l'Europe. Le bonheur de
pacotille importé d'Amérique a accentué l'inégalité: «Un plus grand
nombre d'hommes sont devenus les esclaves d'un plus petit nombre» (12). L'or que déverse l'Amérique depuis trois siècles sur
l'Europe est à l'origine du spectacle affligeant de la plus excessive
opulence à côté de la plus affreuse misère. L'abondance de ce métal a
fait naître un nouvel ordre des choses, un ordre du malheur; bref,
l'Europe a subi une suite de transformations qui a retardé l'avènement
de l'heureuse médiocrité, source de tout véritable bonheur (13).

Reste qu'au milieu du décri général, Mandrillon avance timide-
ment que le bonheur des hommes «tient souvent aux choses de pur
agrément et nous sommes forcés de considérer certaines productions
comme faisant partie de la félicité de l'homme, tant il est vrai que
l'emprise de l'habitude peut devenir un besoin de première nécessité» (14). Mais si presque tous les écrits du premier concours, et ceux
de l'abbé Raynal lui-même au fil de ses éditions, s'accordent pour faire
cesser la traite, ce n'est pas pour autant qu'ils exigent l'abolition
immédiate de l'esclavage puisque nous n'avons trouvé que deux mémoires sur treize qui le demandent immédiatement, expressément.
Après le passage obligé de la coulpe battue, du larmoiement, de l'appel
aux bons sentiments et aux âmes sensibles, on en revient à plus de
réalisme car il n'est pas imaginable de demander aux colons de se
priver de leur main-d'œuvre, pas plus qu'il n'est concevable pour les
Européens de sacrifier leurs jouissances et leurs bénéfices. L'auteur
anonyme du "Mémoire de 1792" (15), après avoir mis l'Europe face à
son abjection, écrit, résumant assez bien l'esprit général: «Le crime
de l'Europe est donc prouvé. Il l'est; cependant j'hésite à en demander
la proscription, du moins je suis incertain sur le moyen et le temps de le
faire cesser... Que la traite des nègres cesse, de ce moment la culture
de l'archipel américain est perdue. Que les esclaves soient affranchis,

cet acte d'équité envers les Africains peut devenir un arrêt de mort contre les Européens... Que si une seule nation se détermine à ce douloureux sacrifice, sa propriété restée inculte passera en d'autres mains...». Et cet auteur pose une question toujours d'actualité: «Comment, dans notre siècle, espérer le concert des nations pour le sacrifice général d'intérêts civiques et individuels?» (16).

Il appartient donc aux participants du premier concours de trouver les moyens raisonnables qui concilient les appels généreux devant le malheur des uns pour trouver le bonheur de tous. L'auteur du manuscrit n° 9 a le mérite de proposer une solution. Elle passe par l'établissement d'un commerce désormais capable d'apporter à l'humanité entière un bonheur égal. Cet auteur ne se leurre d'ailleurs pas sur le caractère utopique de son vœu. Il a toutefois le mérite de l'expliquer. Le commerce ne serait plus fait par des tyrans mais organisé par des alliés. On verrait bientôt les pavillons de toutes les nations traverser paisiblement les océans, entrer de conserve dans le même port et décharger le superflu des richesses européennes là où ces marchandises sont les plus utiles. Inversement, on verrait dans tous les comptoirs de l'Europe «le fier Iroquois et le farouche Huron, abjurant enfin la haine qu'ils avaient conçue contre tout ce qui porte le nom d'Européen» apporter eux-mêmes leurs productions dans nos ports. «Le Mexicain, le Péruvien, le Brésilien, surpris de se voir libres et de trouver de l'humanité dans les cœurs espagnols, nous apporteraient leur or avec le fruit de leurs cocotiers et de leurs bananiers. Ils iraient à Madrid, jusque dans les galeries de l'Escurial, respirer l'air de la liberté sous les yeux de leurs anciens oppresseurs» (17). Moins rêveurs, la plupart des auteurs proposent la libération progressive des esclaves, la fin de l'asservissement barbare des Indiens et la fin des monopoles commerciaux, toutes choses qui doivent conduire au bonheur universel.

Quelques notes plus lucides toutefois dans le concert de l'optimisme installé par «l'avarice éclairée» (18) ou l'utopie naïve. Le réalisme de Chastellux partageant, à bien des égards, les vues de l'abbé Raynal qui insiste sur les aspects positifs pour le bonheur des hommes de l'or et de l'argent (19). Ceux-ci «ne corrompent que les âmes oisives qui jouissent des délices du luxe... mais ces métaux occupent les doigts et les bras du peuple..., les Lumières étouffant par degrés toute espèce de fanatisme; tandis qu'on travaille par besoin de luxe, on ne s'égorge point par superstition. Le sang humain, du moins, n'est jamais versé sans une apparence d'intérêt» (20).

Mais le bonheur universel n'est-il pas une illusion? Chastellux rappelle qu'il n'était point besoin aux Européens de traverser les mers pour apprendre le goût du meurtre, de la violence et de la rapine. Il ne se fait aucune illusion sur la nature humaine qu'il tient pour mauvaise, tout comme l'auteur de la *Dissertation*... de Lyon qui affirme que la guerre est pour l'homme «une manière d'être» (21). Il s'en prend aux thuriféraires d'un passé heureux, sans luxe, qu'il oppose au monde moderne assurant, par le biais du commerce, plaisirs et jouissances : «Que le rhéteur, détracteur des grandes villes et du luxe, jette les yeux sur l'état actuel de l'Europe et sur ce qu'elle était il y a quatre siècles pour les lois, la police, le bonheur enfin...» (22). Ce bonheur est attendu par beaucoup de la jeune Amérique. On y salue la liberté naissante qui offre un havre généreux pour la vertu persécutée par le despotisme en Europe (23). La république des Anglo-américains est porteuse des espérances de liberté, de progrès et de prospérité. Puisse donc l'Europe, éclairée par cet exemple, unir son destin à celui de l'Amérique pour le plus grand bonheur des deux continents (24). Ainsi peut-être aujourd'hui accomplirait-il ce qu'hier n'a pas su faire et si ce vœu se réalisait, «L'Europe et l'Amérique, en sortant l'une de l'enfance et l'autre de la barbarie, se seraient prêté un mutuel secours et seraient montées ensemble au comble de la puissance et du bonheur» (25).

Le prix du bonheur, que grand nombre d'auteurs s'accordent à lier à la prospérité économique, n'est-il pas trop élevé? Les avantages comparés aux préjudices valent-ils la vie d'un seul homme? se demande l'abbé Raynal (26). Les hommes ne sont-ils pas redevables d'un plus grand nombre de lumières à des causes qui font rougir l'humanité? s'interroge Mandrillon. Chastellux s'oppose aux détracteurs niais du monde moderne qui s'épuisent dans la vaine recherche d'une prospérité sans remords. Que les Européens s'apaisent. Les principes économiques sont en accord avec les injonctions éthiques ainsi résumées par Mirabeau : «Indépendamment de toute société, le devoir naturel de l'homme est de vivre et d'être heureux... notre morale doit être toute économique» (27). Mais à être strictement économique et libérale, en associant si étroitement argent, bonheur et liberté, cette morale cache à l'évidence l'oppression économique d'une bourgeoisie montante, et les auteurs de ce concours s'essayent à trouver des accommodements destinés à apaiser la conscience et à conserver les jouissances. La lecture des textes examinés nous montre l'affrontement des idéologies modernes. Elles prennent naissance en un siècle qui attendait tout du «perfectionnement de la raison universelle» et qu'il a bien fallu transformer en une fin idéale, faute de voir les fruits de ses promesses.

Ce premier concours n'eut pas de lauréats, en revanche celui qui proposait en 1791 le sujet suivant: «Quelles vérités et quels sentiments importe-t-il le plus d'inculquer aux hommes pour leur bonheur?» en eut un: Daunou. Malheureusement, en dépit de patientes recherches, nous n'avons pu encore retrouver sa copie qui lui fut renvoyée de Lyon pour impression à Paris en 1793, date à laquelle, rappelons-le, il fut incarcéré (28). En revanche, nous possédons les quatorze autres dissertations. A une exception près, mais elle est de taille puisqu'il s'agit du jeune Bonaparte, tous nos auteurs tiennent l'éducation comme le fondement indispensable à l'établissement du bonheur parmi les hommes. Vérités et sentiments s'apprennent et se développent grâce à cette éducation qui se voit confier le double rôle d'éradiquer l'ignorance, terreau du malheur, et de semer les bonnes graines du savoir. Mais si presque tous les écrits prônent cette démarche, celle-ci n'est pas entendue de la même façon tant il est vrai que les fripons, les préjugés et les passions qu'elle doit combattre ne constituent pas un ennemi unique et commun, même si tous s'accordent à tenir que «la nature fait naître et mourir l'homme, [mais] elle ne veut pas que l'intervalle soit un état de langueur et d'angoisse» (29).

Avant que d'examiner l'importance et les contenus de l'éducation, rappelons qu'il revient à l'auteur du manuscrit n° 11 d'avoir salué le bon Jean-Jacques, immortel auteur de *L'Emile*, tout en soulignant les insuffisances de l'entreprise du philosophe. En effet, ce ne sont pas des individus privilégiés et nantis qu'il faut amener à la vérité mais «les peuples qui ont été plongés dans l'ignorance». Rousseau a bien fondé son enseignement sur la simplicité de la nature, mais il l'a réservé aux riches: «Il eût été bien à désirer qu'il eût fait aussi l'éducation du pauvre, c'est-à-dire un plan d'éducation pour les peuples... C'est l'humanité entière qui doit être désormais l'objet de la sollicitude de la philosophie» (30). Son premier devoir est d'arracher à tous les peuples «le bandeau fatal du fanatisme et de la superstition» qui a si bien servi les tyrans en retardant le moment où «toutes les nations ne feraient plus qu'un peuple et la terre, une patrie... Point de liberté avec l'ignorance et point de bonheur sans liberté» (31). Cet auteur est, sans conteste, celui qui illustre le mieux le besoin d'universalité, indispensable rassurement à la révolte contre la divinité et la royauté (32). L'ignorance des peuples n'est nullement fatale car si l'éducation «fait des savants parmi les peuples, les peuples ne sont donc pas condamnés à l'ignorance par nature» (33). Ceux qui veulent asservir les peuples prétendent que le temps passé pour leur instruction les détourne du temps qu'ils doivent consacrer au travail. Spécieux argument qui farde la crainte de voir s'achever la prépotence des despotes et des prêtres, « ces tyrans des tyrans qui ont allumé partout les flambeaux de la discorde » et « excité l'homme contre l'homme » (34). Pour exorciser ce malheur qui n'a rien d'inéluctable, il suffit d'éduquer, d'éclairer, d'apprendre aux hommes l'usage de la raison, de multiplier leurs connaissances grâce, par exemple, aux mathématiques appliquées, à l'histoire et à la science des mœurs. Enfin, l'auteur recommande à tous, en dépit des difficultés qu'il admet, la lecture du *Contrat social*.

L'auteur du manuscrit n° 14 est plus précis en ce qui concerne la mise en œuvre de l'éducation, source du bonheur de l'homme lorsqu'elle est libérée de l'influence des prêtres et de la religion. L'éducation doit embrasser « les lois de la nature et les connaissances préliminaires qui conduisent aux arts » (35), mais elle doit surtout être confiée à des mains pures, celles des instituteurs qui ont pour mission d'apprendre le bonheur à leurs concitoyens. Il est intéressant de signaler le mode de recrutement préconisé : « Les instituteurs ne peuvent être bien choisis qu'au concours, il n'est guère que ce moyen de fixer l'opinion publique sur le talent, lui seul peut bannir l'esprit d'intrigue, lui seul peut exciter l'émulation... » (36). Mais ce discours n'exclut pas la religion comme suprême consolation, comme persuasion de l'immortalité de l'âme et surtout comme « digue à la perversité », car « le méchant, s'il ne croit rien, est doublement dangereux » (37).

Si l'éducation remplit ici un rôle des plus classiques, l'optimisme rationnel n'inspire pas l'ensemble des textes que nous avons examinés. L'éducation se présente, chez bien des concurrents, comme une pédagogie destinée à déniaiser les hommes abusés par les « faiseurs d'opinion » qui ne sont en fait que d'odieux dériseurs. L'auteur du manuscrit n° 1 s'attache, dans un souci de vérité, à dénoncer ceux qui utilisent l'opinion afin de mieux duper les hommes pour parvenir à leurs fins égoïstes et surtout intéressées par le brillement de l'argent. Ils stigmatisent le plan de conquête de ceux qui travestissent leurs appétits des noms de philosophie et de sagesse, ridiculisant la morale, la religion, allant jusqu'à arracher de leur âme la divinité elle-même. Afin de se délivrer de l'idée importune d'un Dieu, « ils divinisent la matière et pour nier l'immortalité de l'âme, ils rendent la matière immortelle » (38). Pour mener les hommes à ce degré d'abrutissement, ces pervers faiseurs d'opinion ont détruit le goût de l'application, de la réflexion, de la lecture, en leur substituant des plaisirs bruyants et des tentations faciles. Seule peut faire pièce à cette subversion du bien et des valeurs traditionnelles une « instruction publique… », des écoles où tous les enfants, de quelque naissance qu'ils fussent, seraient sur le pied de l'égalité la plus parfaite, surveillés et gouvernés par des maîtres doux, fermes et prudents qui sauraient mêler le travail au plaisir » (39). Ainsi, la bonne éducation, « base du bonheur de chaque individu », remplacera celle dispensée par des prêtres ignorants ou paresseux qui ont appris à prendre pour la religion des dogmes au-dessus de la portée des hommes ou des pratiques purement cérémo-nielles » (40). Ce manuscrit s'achève par un pathétique appel aux gens de lettres, aux vrais philosophes, pour qu'ils développent dans leurs écrits « toutes les beautés de la morale de Jésus-Christ » et qu'ils recommandent « la bienfaisance, cette vertu sacrée qui vole devant les besoins des maux de l'humanité souffrante » (41).

L'éducation soustraite aux prêtres, a donc pour fonction le retour à une religion christique destinée à pourfendre les arrivistes et les libertins en faisant l'économie du savoir que dispense la raison et ses exigences de liberté. Nous sommes ici en présence d'exhortations plus moralisantes que morales, issues d'un homme plus effrayé que réfléchi. La crainte exsude sans conteste de la plupart des manuscrits, la crainte de voir s'écrouler un monde qui puisait ses valeurs et son ordre dans la religion, même si elle est dénoncée comme ferment de fanatisme. En effet, l'auteur du manuscrit n° 9 rappelle sans complai-sance la Saint-Barthélémy, la Révocation de l'Edit de Nantes, l'Inquisi-tion, tout en s'efforçant de maintenir le primat de la religion en lui assignant une fonction déterminante dans la formation patriotique du citoyen. La patrie veut des hommes libres et heureux n'obéissant qu'aux lois, seules capables de se dresser contre le despotisme. Mais cette obéissance ne peut être véritablement proposée et vécue que grâce à la religion, car l'obéissance aux lois ne doit pas être « considérée comme un sacrifice mais comme un pas vers l'immortalité » (42). Le véritable bonheur qui réside dans l'amour de la patrie passe donc par la religion, récupérée comme une propédeutique patriotique conçue et enseignée par « des prêtres dignes, conscients de la sainteté du sacerdoce » (43).

En, revanche l'auteur du manuscrit n° 3 élabore une véritable théorie de l'évolution politique qui a pour objet de s'opposer à la révolution en présentant une analyse qui pourrait se réclamer de Bacon et qui préfigure, à bien des égards, celle d'Auguste Comte. Seule la connaissance des faits, tant sur le plan des sciences que sur celui de la politique peut faire cesser un verbalisme rêveur, inutile et dangereux qui fait toujours obstacle à la vérité et au bonheur de l'homme, bonheur qui est envisagé d'ailleurs avec mesure, sans enthousiasme, comme le fruit de la paix, de la douceur et de l'intelligence. Quelle que soit la condition humaine, pourtant si variée, l'ambition de l'auteur du manuscrit n° 3 est d'offrir à chacun, qu'il soit pâtre, simple villageois ou savant comme Montesquieu ou Newton, une méthode qui se résume à une exhortation en forme de devise : « des faits, rien que des faits ».

L'éducation a donc pour mission exclusive « d'apprendre aux hommes à ne considérer qu'eux : diriger l'homme par l'étude des faits, et tout l'art de l'instruction consistera dans le choix et la subordination de ces faits » (44). Foin des théories, des idées abstraites ; l'expérience est là pour fournir à l'homme ce dont il a besoin. Multiplions les faits, découvrons et décrivons leurs rapports, les sciences et les arts ont tout à gagner de l'établissement de bilans successifs et les hommes auront à leur disposition toutes les connaissances dont ils auront besoin (45). La démarche de Newton est à cet égard exemplaire, car « sa philosophie était toute de faits et d'observations, le calcul sublime dont il était l'inventeur n'était point entre ses mains un échafaudage important destiné à soutenir un édifice ruineux ; il n'était qu'un moyen de lier les phénomènes et de les comparer entre eux » (46). Hors de cette conduite, point de salut, car « l'abus des mots et la manie des systèmes », si chers aux philosophes de cabinet, aboutissent à des spéculations creuses et chimériques qui font le lit des préjugés et du fanatisme (47). La philosophie qui se développe loin de l'observation du réel n'est d'aucun secours dans la tourmente qui ébranle la société.

Tandis que le despote « envisage le peuple comme un troupeau de brutes sur lequel on n'agit que par la crainte ou par la douleur, le philosophe transforme ce même peuple en une société d'anges ; il lui donne toutes les qualités et toutes les vertus, il lui attribue des lumières étendues, tandis qu'il est essentiellement borné, surtout d'après l'éducation qu'il reçoit actuellement » (48). Cette critique dévoile la vision politique de l'auteur : il est dans la nature du peuple de céder à l'autorité (49), une autorité qui doit être contenue dans de justes bornes et ne peut en aucun cas empiéter sur les droits que le peuple a reçus de la nature. L'acquisition d'idées simples et claires, l'observation des faits met à l'abri les hommes des chimères, des préjugés et de toutes les figures de l'intolérance civile ou politique qui tantôt condamne la société à une langueur funeste, tantôt la livre à des mouvements confus et convulsifs (50). La vertu civile est par excellence la bienveillance active qui rendrait les hommes heureux si elle était générale. Il s'agit d'une entraide fondée sur l'amour de soi bien compris qui percevra son véritable intérêt : la nécessité d'aimer les autres hommes que « la nature a placés près de vous pour vous rendre l'existence utile et agréable». La leçon de Montesquieu a été profitable. Dans cette approche prudente du bonheur, la religion se voit assigner un rôle modeste : elle n'est que le complément de la morale et on lui demande d'enseigner exclusivement des préceptes pratiques comme la charité, base du christianisme qui n'est rien d'autre – admirons le raccourci – que la bienveillance active.

Le bonheur n'est pas à portée de main, ce n'est pas le produit de quelques semailles hâtives mais bien une marche longue et pénible, souvent interrompue par les orages des passions... On rétrograde souvent au lieu d'avancer et les hommes ne deviendront jamais des anges. Tous veulent étendre les droits et limiter les devoirs (51). Les exigences brouillonnes, toujours fardées en systèmes, ne sont possibles que par la substitution des mots aux choses. A la révolution, on veut décidément opposer l'évolution lente, le progrès méthodique et difficile qui, entendu dans la sérénité, n'en est pas moins un réquisitoire contre les abus de la monarchie qu'il faut amender à l'aide de bilans, mais sans la mettre à bas : «On détruit les abus à mesure qu'ils se présentent, et on le fait avec d'autant plus de confiance que, le système entier reposant sur une base solide, on n'a pas à craindre de le voir crouler dès qu'on y porte la main. On suit la marche des circonstances, on profite des moments favorables, et cette action lente et insensible, en n'excitant aucune commotion, en ne produisant aucun changement trop subit, laisse aux affaires leur cours ordinaire et produit des effets d'autant plus durables qu'elle les produit par degrés... L'étude des faits et leur comparaison sont les seules sources dont on doit attendre des progrès réels... Ce n'est que par les faits qu'on peut apprécier le bonheur dont les hommes jouissent et par conséquent la bonté des gouvernements. Un résumé historique et fidèle des changements qui s'opèrent dans un empire, un état complet de toutes les parties de l'administration relativement à la population, à la culture des terres, à l'aisance des individus, à la pratique des arts, à la justice civile et criminelle montrera à chaque époque quels sont les pas que l'on a faits vers le bien, quels sont les abus qui subsistent encore, quels moyens on doit employer pour achever de les détruire... Les peuples, en faisant comme les particuliers le bilan de leur situation, ne se ruineront plus avec tant de facilité. Ils ne compteront plus sur des ressources imaginaires. En un mot, chacun se trouvera sa place, agira dans sa sphère, se plaira à améliorer son état..., arrêtera tout développement excessif des passions, inspirera ces sentiments de paix et de douceur qui sont les baumes de l'existence» (52). Si la prudence quelque peu frileuse de ce discours dont les maîtres mots sont des faits et des bilans n'est pas révolutionnaire, elle n'est cependant pas réactionnaire. Elle avait le mérite de prévenir le pays contre le règne du sabre ou du goupillon. Comme on l'a vu, c'est à l'éducation que presque tous les textes confient leur espérance de bonheur, même si cette éducation n'est pas comprise de manière univoque. Reste maintenant à examiner l'exception, c'est-à-dire le discours du jeune Bonaparte dont la copie a été heureusement sauvée de la colère de Napoléon (53). Les réflexions du jeune homme attirent d'abord notre attention en ce qu'on n'y trouve jamais la moindre allusion à l'éducation et aux bienfaits des lumières de la raison qui doivent éclairer les peuples et les rendre heureux. Reste que le bonheur est le souci premier comme le prouve la profession de foi liminaire : « L'homme est né pour être heureux. La nature, mère éclairée, l'a doué de tous les organes nécessaires au but de sa création. Le bonheur n'est donc que la jouissance de la vie la plus conforme à son organisation... Notre organisation animale a des besoins indispensables : manger, dormir, engendrer... Une nourriture, une cabane, des vêtements, une femme sont donc d'une stricte nécessité pour le bonheur... Il faut donc manger, dormir, engendrer, sentir, raisonner pour vivre en homme, dès lors, pour être heureux... Hommes de tous les climats, de toutes les sectes, de toutes les religions, y en aurait-il d'entre vous à qui le préjugé de leurs dogmes empêcherait de sentir l'évidence de ce principe ? Eh bien ! qu'ils mettent la main droite sur leur cœur, la gauche sur leurs yeux, qu'ils rentrent en eux-mêmes, qu'ils soient de bonne foi... et qu'ils disent si comme moi ils ne le pensent pas » (54). Mais comment déférer à ces impératifs alors que l'inégalité la plus criante s'étale et que l'honnête homme laborieux, « voit la terre partagée en peu de mains et servir d'aliment au luxe et à la superfluité » (55) ? Un juste sentiment de colère s'empare alors de lui et la lénifiante réponse qu'apporte le prêtre à son indignation ne peut le satisfaire (56). S'adressant alors à son père, le travailleur s'indigne de voir que d'autres cueillent le fruit de son travail (57). La leçon de sagesse du vieil homme plein d'expérience va bientôt apaiser le ressentiment : dès lors que le nécessaire physique est assuré à l'homme, celui-ci est le plus riche de tous s'il sait brider son imagination. Il ne faut pas envier le riche mais jouir de sa propre nature. Mais la leçon serait incomplète si à la résignation ne s'ajoutait une réflexion politique : « Voilà les deux bouts de la chaîne sociale connus. Oui, Messieurs, qu'au premier soit l'homme riche, j'y consens ; mais qu'au dernier ne soit pas le misérable ; que ce soit ou le petit propriétaire, ou le petit marchand, ou l'habile artisan qui puisse, avec un travail modéré, nourrir, habiller, loger sa famille. Vous recommanderez donc au législateur de ne pas consacrer la loi civile où peu pourraient tout posséder; il faut qu'il résolve son problème politique de manière que le moindre ait quelque chose. Il n'établit pas pour cela l'égalité; car les deux extrêmes sont si éloignés, la latitude est si forte, que l'inégalité peut subsister dans l'intervalle... Dans la hutte comme dans le palais, couverts de peaux comme de broderies de Lyon, à la table frugale de Cincinnatus comme à celle de Vitellius, l'homme peut être heureux; mais encore, cette hutte, ces peaux, cette table frugale, encore faut-il qu'il les ait» (58). Ainsi donc, la sagesse paternelle doit être inscrite dans les lois, car ce sont elles qui permettent aux hommes d'être heureux, c'est-à-dire citoyens. En effet, Bonaparte affirme que l'homme «qui n'a point d'intérêt au maintien de la loi civile en est l'ennemi» (59). Il appartient donc au législateur de s'occuper des hommes, d'en faire des citoyens, sans oublier la femme car sans elle «il n'est ni santé ni bonheur». Mais ce n'est pas tant les femmes que les épouses qui occupent la pensée de Bonaparte, car il désire que l'on traque les célibataires (60). L'auteur mobilise les prêtres en leur assignant un rôle consolateur qui sert parfaitement les intérêts du législateur. En effet, celui-ci ayant assuré à chacun son nécessaire physique, il faut apprendre aux hommes à jouir de leur état. Et si d'aventure tout cela ne suffisait pas, alors le spectacle grandiose de la nature apporterait à l'insatisfait la confirmation supplémentaire de son bonheur: «N'êtes-vous pas satisfaits? Grimpez sur l'un des pitons du mont Blanc; voyez le soleil se levant par gradations porter la consolation sous le chaume du laboureur... Descendez au bord de la mer, voyez l'astre du jour sur son déclin se précipiter avec majesté dans le sein de l'infini... Egarez-vous dans la campagne, réfugiez-vous dans la chétive cabane du berger; passez-y la nuit, couchés sur des peaux, le feu à vos pieds; quelle situation! ... Il est minuit, ne l'oubliez pas, quel moment pour rentrer en vous-même» (61). Cette prose grandiloquente et naïve peut paraître simpliste mais à y regarder de plus près, ne peut-on y saisir l'esquisse d'un programme politique? Du pain pour tous, des richesses pour quelques-uns (62), et pour le peuple, une profusion de sensations naturelles: de fabuleux levers de soleil, de chaleureux bivouacs, des aubes incertaines. La conscription assurera les voyages qui permettront de jouir de tous les aspects de la nature: l'Egypte, les Alpes, les chaleurs de l'Estrémadure, les froidures de la Moscovie, tout serait-il déjà inscrit ici?

En l'absence du manuscrit de Daunou, et bien évidemment à l'exception de celui de Bonaparte, on peut trouver dans l'ensemble des dissertations proposées de molles audaces, rarement révolutionnaires, le plus souvent prudentes. La crainte hypothèque trop la générosité qui se déploie dans de timides appels aux Lumières, pourvu qu'elles éclairent sans déranger. Ces manuscrits, examinés par l'Académie de Lyon en pleine Terreur, réclament un nouveau bonheur fait de stabilité – n'excluant pas une mobilité sociale contrôlée –, et de justice à l'ombre de l'ordre et de la religion. Bref, les concurrents des concours de 89 et 93 s'exercent déjà à chanter «Veillons au salut de l'empire» (63), sans savoir que l'empire du chant révolutionnaire est déjà celui de Napoléon.

Henry MÉCHOULAN
(C.N.R.S.)

NOTES

(1) Cet ouvrage est un travail collectif publié sous la signature de l'abbé Raynal. Parmi les rédacteurs on trouve Diderot. Cette *Histoire* connut un succès de librairie considérable, pas moins d'une trentaine d'éditions du vivant de l'abbé Raynal qui a souvent remanié le texte. Sur l'abbé Raynal, voir entre autres, les études de H. WOLPE, *Raynal et la machine de guerre*, Stanford University Press, 1957 et Yves BENOT, *Diderot, de l'athéisme à l'anticolonialisme*, Paris, 1970.

(2) Edition de Genève, 1780, t. X, p. 447.

(3) Les manuscrits des concurrents ont été reçus respectivement en 1789 et 1793. Sur la fortune de ces concours, voir *Coup d'œil sur les quatre concours qui ont eu lieu en l'Académie des Sciences, Belles-Lettres et Arts de Lyon pour le prix offert par l'Abbé Raynal sur la découverte de l'Amérique*, Lyon, 1791; et Jean-Baptiste DUMAS, *Histoire de l'Académie Royale des Sciences, Belles-Lettres et Arts de Lyon*, Paris, 1840, 2 vol. Nous citerons ces manuscrits en faisant précéder le numéro du manuscrit de la mention «premier concours».

(4) Voir édition de Genève 1780, t. X, p. 470 et suiv.

(5) L'Académie n'a pas jugé utile de décerner le prix lors du premier concours. Pour une étude détaillée de celui-ci, voir notre article «La découverte de l'Amérique a-t-elle été utile ou nuisible au genre humain? Réflexions sur le concours de Lyon 1783-1789», *Cuadernos Salmantinos de Filosofía*, XV, 1988, p. 119-152. Les mémoires composant ces

concours sont répertoriés dans le *Catalogue général des manuscrits et bibliothèques de France*, t. 31, p. 117. 2 et p. 132. 274.

(6) *Histoire philosophique...*, édition de 1781, t. III, p. 300.

(7) *Histoire philosophique...*, édition d'Amsterdam, 1778, t. IV, p. 416.

(8) *Esquisse d'un tableau historique des progrès de l'esprit humain*, Genève, 1798, p. 12 et 358.

(9) *Discours composé en 1788 qui a remporté le prix proposé par l'Académie Française sur cette question : quelle a été l'influence de l'Amérique sur la politique, le commerce et les mœurs de l'Europe?*, Paris, 1792, p. 54. Sur l'auteur de ce concours, comme sur l'organisation et la fortune des concours que nous étudions, voir J.-B. DUMAS, *Histoire de l'Académie ...*, *op. cit.*, p. 210.

(10) *Voyage à l'Ile de France*, Paris, 1773, lettre VII.

(11) Abbé RAYNAL, édition de Genève, 1780, t. X, p. 470 et Joseph MANDRILLON, *Recherches philosophiques sur la découverte de l'Amérique, ou discours sur cette question proposée par l'Académie des Sciences, Arts et Belles-Lettres de Lyon*, Amsterdam, 1784, p. 86.

(12) Premier concours, manuscrit n° 6, fol. 12.

(13) Premier concours, manuscrit n° 8, fol. 203 v°.

(14) *Op. cit.*, p. 51.

(15) *Discours composé en 1788 et qui a remporté le prix proposé par l'Académie française sur cette question Quelle a été l'influence de l'Amérique sur la politique, le commerce et les mœurs de l'Europe*, Paris, 1792. Nous utilisons ce texte sous l'appellation "Mémoire de 1792". Il est à remarquer que l'auteur se pare d'un laurier qui ne lui a pas été décerné.

(16) *Op. cit.*, p. 141.

(17) Fol. 218 et suivants.

(18) L'expression est de l'auteur du "Mémoire de 1792", *op. cit.*, p. 8.

(19) Jean-François de CHASTELLUX, *Discours sur les avantages ou les désavantages qui résultent pour l'Europe de la découverte de l'Amérique, objet du prix proposé par Monsieur l'Abbé Raynal*, Londres et Paris, 1787. L'auteur du *Coup d'œil sur les quatre concours...*, *op. cit.*, p. 22 écrit à propos du travail de Chastellux : «C'est sans contredit ce que notre problème a fait éclore de plus spécieux et vraisemblablement il aurait obtenu la couronne s'il avait été mis au concours».

(20) Edition de 1774, t. VII, p. 170 et 214.

(21) *Dissertation sur les suites de la découverte de l'Amérique par un citoyen, ancien syndic de la Chambre de commerce de Lyon*, s. l., 1787, p. 41.

(22) *Ibid.*, p. 72-73.

(23) Premier concours, manuscrit n° 7, fol. 196. Même idée dans le manuscrit n° 10, fol. 33 et dans CHASTELLUX, *op. cit.*, p. 62.

(24) Premier concours, manuscrit n° 1, fol. 71.

(25) Abbé GENTY, *op. cit.*, p. 211.

(26) Edition de Genève, 1780, t. X, p. 470.

(27) Cité par G. WEULERSEE, *La physiocratie sous les ministères de Turgot et de Necker, 1774-1781*, Paris, 1950, vol. 3, p. 332.

(28) En ce qui concerne l'existence du manuscrit de Daunou, nous nous trouvons devant deux affirmations contradictoires. La première, issue de la *Séance publique annuelle de l'Académie Royale des Inscriptions et Belles-Lettres du vendredi 30 juillet 1841 présidée par M. Victor Le Clerc*, Paris, 1841, p. 9-10, nous apprend qu'en 1793 « la position qu'avait M. Daunou a pu ne pas s'accorder avec la publication de son mémoire et il l'aura probablement supprimé ». La seconde, que l'on doit à M. B. Guérard, in *Notice sur M. Daunou*, Paris, 1855, p. 124 note 2, soutient : « L'impression du mémoire couronné a été empêchée par les événements de la Révolution mais le manuscrit subsiste, et l'on doit désirer qu'il ne tarde pas à être mis sous presse ». Rappelons qu'il existe deux lettres de Daunou adressées aux citoyens composant l'Académie des Sciences, Arts et Belles-Lettres de Lyon et au citoyen de la Tourette, Secrétaire perpétuel de l'Académie, en date du 1er août 1793. La première remercie l'Académie d'avoir couronné son manuscrit, d'avoir « récompensé un essai qui, dans les temps orageux où nous sommes, peut remplir du moins une partie de [ses] intentions bienfaisantes ». La seconde manifeste l'intention du lauréat d'apporter quelques changements à son manuscrit, changements qu'il soumettrait à l'Académie. Les deux lettres sont signées : Daunou, député à la Convention nationale, membre du Comité d'Instruction publique (dossier 274).

(29) Deuxième concours, manuscrit n° 11, fol. 26 v°.

(30) *Ibid.*, fol. 14 v°.

(31) *Ibid.*, fol. 14 et suiv.

(32) Voir R. MAUZI, *L'idée du bonheur dans la littérature et la pensée française au XVIIIe siècle*, Genève-Paris, 1979, p. 230-232.

(33) *Ibid.*, fol. 17.

(34) *Ibid.*, fol. 39.

(35) Fol. 250.

(36) *Ibid.*, fol. 267 v°.

(37) *Ibid.*, fol. 281.

(38) Deuxième concours, manuscrit n° 1, fol. 2 v° (paginé par nous).

(39) Fol. 4 v°.

(40) *Ibid.*

(41) Fol. 5 v°.

(42) Manuscrit n° 9, fol. 146 v°.

(43) *Ibid.* Voir fol. 149 et 150. Les manuscrits nos 6, 7 et 10 chantent également les bienfaits de la religion, seule capable de contenir «les classes les moins éclairées et infiniment supérieurs à ceux que peuvent produire la raison, le théisme, les idées abstraites et métaphysiques» (manuscrit n° 6, fol. 126). Le manuscrit n° 2 propose cette formule : «la religion est un principe sûr et universel de vertu, de probité et de sociabilité». C'est à la religion «qu'il appartient d'introduire les vérités dans la route du bonheur» (fol. 27-28).

(44) Fol. 5.

(45) Fol. 9 et suiv.

(46) Fol. 26. Il va sans dire que l'auteur de ce manuscrit ignore l'importance qu'a consacrée Newton au calcul de la date de la seconde arrivée du Christ sur terre.

(47) Fol. 16.

(48) Fol. 16-17.

(49) Fol. 17.

(50) Fol. 22.

(51) Fol. 34.

(52) Fol. 38 et suiv.

(53) Bien des années plus tard, un flatteur présenta à l'empereur son essai. Celui-ci furieux le jeta au feu, mais il ignorait qu'une copie avait été faite et serait publiée par les soins de Gourgaud. Voir sur cette affaire Jean-Baptiste DUMAS, *Histoire de l'Académie...*, *op. cit.*, t. II, p. 143 et suiv. Voir également le *Discours de Lyon*, Editions Albert Morancé, Paris, s. d.

(54) *Discours sur cette question déterminer les vérités et les sentiments qu'il importe le plus d'inculquer aux hommes pour leur*

bonheur. Sujet du prix proposé par l'Académie de Lyon pour le concours de 1791, édité par le général Gourgaud, Paris, 1826, p. 8 et suiv.

(55) *Ibid.*, p. 15.

(56) P. 16.

(57) P. 18.

(58) P. 24.

(59) P. 29.

(60) « Sans femme, avons nous dit, il n'est ni santé ni bonheur. Vous enseignerez donc à la classe nombreuse des célibataires que leurs plaisirs ne sont pas les vrais, à moins que, convaincus qu'ils ne peuvent vivre sans femme, ils ne fondent sur celles des autres la satisfaction de leurs appétits. Vous les dénoncerez dès lors à la société entière », p. 31.

(61) P. 34 et suiv.

(62) En matière d'éducation, les lycées impériaux formeront les cadres de l'administration et l'Ecole polytechnique les officiers des armes savantes.

(63) Pierre BARBIER et France VERNILLAT, *L'histoire de France par les chansons*, Paris, 1957, t. 4, p. 143.

LES DROITS DE L'HOMME ET LA POLITIQUE CONSTITUTIONNELLE : UN DIALOGUE FRANCO-AMÉRICAIN À L'ÉPOQUE RÉVOLUTIONNAIRE

Aux Etats-Unis, les jeunes apprennent qu'en 1776 leur pays a été le premier à s'établir sur le fondement d'une déclaration universelle des Droits de l'homme. En France, les jeunes apprennent que le premier pays à avoir cet honneur a été la France, en 1789. Ces exemples de la tension qui existe entre l'amour-propre et l'amour de l'universel incitent à réfléchir sur le problème que posent les principes du droit pour la politique destinée à les instituer.

Depuis l'Antiquité, les réflexions qu'a suscitées cette tension ont engendré des enseignements divers, non seulement au sujet de la façon dont elle est ou peut être résolue, mais au sujet de sa signification même. De plus, depuis le XVIIIᵉ siècle, les études concernant cette tension ont contribué à l'abandon de l'idée que les droits universels aient même un sens véritable. Abandon qui se retrouve dans des conceptions relevant d'orientations politiques et philosophiques fort différentes : le conservatisme (Burke), le courant utilitariste des Lumières (Bentham), le socialisme scientifique (Marx), le national-socialisme (Heidegger) (1). Plus généralement, le renoncement à cette idée s'est manifesté dans les universités, en science politique, en philosophie comme en droit, sous l'influence de la philosophie de la science et de la philosophie de l'histoire.

Depuis quelques années, pourtant, non seulement les mouvements de défense des Droits civiques, mais l'expérience de tyrannies, qui comptent parmi les plus cruelles que l'humanité ait jamais connues, ont contribué au renouveau de l'intérêt qui s'attache à la question du fondement des droits. Néanmoins, même si l'on considère les auteurs les plus réputés qui illustrent ce renouveau, tels Rawls ou Dworkin, on ne trouve au fondement de leur pensée qu'un « sentiment de la justice », et non une argumentation raisonnée (2). Ainsi, la célébration du bicentaire de la Déclaration des Droits de l'homme fournit l'occasion de repenser le sens de ces droits à partir d'une réflexion sur la pensée de ceux qui les soutenaient à l'époque où ils furent proclamés. Or, l'étude de ces prises de position originelles exige que l'on tienne compte non seulement de l'esprit universaliste qui leur est commun, mais aussi des différentes versions qui témoignent de leurs divergences. Aux Etats-Unis, les différences d'opinions qui se sont manifestées au sein du mouvement pour les Droits de l'homme n'avaient certes pas l'intensité de celles qui séparaient les Montagnards des Girondins et des Monarchiens. Elles faillirent pourtant faire échouer le projet constitutionnel de 1787 ; et, lorsqu'elles se manifestèrent lors des débats entre Fédéralistes et Antifédéralistes, ces divergences opposèrent les personnages les plus illustres de l'Amérique. Ces divisions, à l'intérieur des Etats-Unis comme de la France, dépassèrent leurs frontières pour aboutir à un dialogue entre ces deux alliés, qui furent les premiers défenseurs nationaux des Droits de l'homme.

Condorcet et Turgot, par exemple, critiquèrent la séparation des pouvoirs aux Etats-Unis, qu'ils considéraient comme utile pour entraver un pouvoir monarchique, mais comme injuste lorsqu'il s'agit de brider la volonté populaire. Madison et Hamilton, par contre, estimèrent qu'une déclaration formelle des Droits, si elle est nécessaire dans un régime monarchique, est, pour un régime démocratique, d'une valeur discutable. A cet égard, certains Américains partagèrent les thèses françaises, de même que des Français se montrèrent favorables à la position américaine. Outre Hamilton, Condorcet, Turgot et Madison, figurent aussi dans ce dialogue transatlantique, Lafayette, Washington, Jefferson, Adams, Paine, Sieyès, Franklin, Morris, Destutt de Tracy. Et il faut aussi évoquer, avant eux, les positions philosophiques diverses de ceux qui avaient anticipé le nouvel ordre : Locke, Montesquieu, Voltaire et Rousseau (3).

Interpréter l'issue politique de ces débats, si différente pour les deux pays, uniquement en fonction des conditions historiques ou des rapports de force, aurait pour effet de nous laisser ignorer s'il y a ou non des leçons à tirer des raisonnements de l'époque au sujet du problème général, qui est celui de la nature des principes du droit. De même, célébrer la Déclaration des Droits de l'homme en faisant abstraction du problème de son application historique, semble de nature à justifier la critique de Burke, à savoir que cette idée détourne le jugement de ses partisans de la prudence nécessaire à la pratique politique. Il suffit, à ce propos, de mentionner les crimes commis en Vendée au nom des Droits de l'homme, de même que l'utilisation par

Hitler du droit des peuples à disposer d'eux-mêmes, ou par Staline du droit au travail, aux fins d'instaurer leur autorité illimitée. En effet, depuis Kant la distinction entre jugement et prudence rapproche l'idée des Droits de l'homme de celle de la morale, et les dissocie toutes deux de la pratique machiavélique de l'histoire.

Pourtant, un tel rapprochement des « normes » à l'encontre de « l'empirique » conduit à l'oubli des versions différentes des principes du droit politique. Par exemple, traditionnellement, l'art politique diffère de l'art de gérer des esclaves par le fait qu'il y a une différence qui n'est pas uniquement juridique, mais empirique, voire naturelle, entre un esclave et un être libre. A la différence d'un être servile, dépendant des autres, un être libre possède à la fois la capacité de bien délibérer et la force de caractère qu'il faut pour suivre son jugement. La *politikè epistèmè* classique englobe l'art paradoxal de gérer, non pas des esclaves, mais justement de tels êtres libres. Or, cette idée de liberté révèle qu'elle dépend, pour se réaliser, de la formation du caractère (*ethika*) et du jugement des citoyens de même que des politistes (4).

Or, à l'origine du modernisme, l'idée des droits de l'homme a été développée en accord avec la dissociation par Machiavel de la politique et de la morale. Ainsi, les partisans des Lumières soutenaient que « dans l'état de nature, aucune action ne saurait être qualifiée de faute », et que les hommes ont naturellement droit à tout ce que leur pouvoir peut leur procurer (5). L'écart institué par les modernes entre les Droits et l'éthique manifestait donc une rupture avec la tradition classique touchant les principes de la justice. De même, le rapprochement ultérieur entre la morale et les Droits, opéré bien avant Kant par Rousseau, signale non pas un retour au classicisme, mais une nouvelle idée de la morale et du droit. Les divergences entre les partisans des Droits de l'homme en 1789 reflètent les multiples versions qu'a connues cette idée au cours de son histoire (6). Ainsi, démêler leurs raisonnements peut éclairer les convictions actuelles des héritiers de cette tradition.

Au premier abord, toutefois, une comparaison des Déclarations de 1776, de 1789 et du « Bill of Rights » de 1791 ne semble pas révéler de grandes différences dans leurs contenus. Néanmoins, on note immédiatement qu'aux Etats-Unis, à la différence de ce qui se passa en France, la Déclaration de 1776 n'avait pas été formellement incorporée dans la Constitution, et que le « Bill of Rights », contrairement aux souhaits de certains, ne fut pas placé en tête de la Constitution, mais à la fin de celle-ci (7). D'autre part, pour ce qui est de la Déclaration de 1789, lorsque l'on rapproche l'Article XVI de l'Article VI, sur la séparation des pouvoirs et sur la volonté générale, on observe dans le texte français une ambiguïté qui le distingue du texte américain au sujet de la séparation des pouvoirs. Ces distinctions reflètent plus généralement les différences entre trois options concernant les modes de perception des choses politiques, modes touchant aux problèmes évoqués ci-dessus, au sujet du rapport entre la prudence et les principes du droit, et également de la tension entre l'amour de soi et l'amour du bien général.

En ce qui concerne l'ambiguïté du texte français, on a souvent fait ressortir, dans la doctrine de la séparation des pouvoirs législatif et exécutif, une distinction entre une règle d'indépendance et une règle de spécialisation. La règle d'indépendance signifie, par exemple, que l'exécutif ne doit pas être nommé par le législatif, qu'il n'y aura pas de pouvoir de dissolution, et que les membres d'une branche ne dépendront pas de l'autre pour leurs émoluments (8). La règle de spécialisation, par contre, signifie que les membres du législatif et ceux de l'exécutif s'occuperont uniquement de leurs propres fonctions et ne s'immisceront pas dans les fonctions des autres branches du pouvoir. La première règle correspond au principe de «poids et contrepoids» provenant de Montesquieu. La deuxième, qui reprend les thèses de Rousseau, anticipe le système parlementaire moderne. L'Article XVI de la Déclaration française permet l'une ou l'autre de ces règles. La Constitution américaine semble adopter nettement le principe de Montesquieu (9).

Bien que sa pensée soit fort éloignée de celle de Rousseau, Condorcet, dans sa critique de la pratique américaine, anticipe une interprétation rousseauiste de l'Article XVI, surtout lorsque cet article est rapproché de celui qui concerne la volonté générale. Pourtant, l'ambiguïté de l'Article XVI est double, puisque même si on le rapproche de l'Article VI, il est possible également de l'interpréter à partir des principes exprimés par Diderot, dans l'*Encyclopédie*, au sujet du «Droit Naturel». Quelles que puissent être les différences qui séparent les Encyclopédistes, ou Condorcet, de Rousseau au sujet de la volonté générale, l'idée même de cette volonté implique un principe des Droits de l'homme radicalement différent de celui qu'implique la Constitution américaine.

Cette différence s'éclaire lorsqu'on examine les raisons pour lesquelles James Madison, auteur principal du «Bill of Rights» américain, s'est opposé à ce que ce «Bill» soit placé en tête de la Constitution. Pour Madison, si une déclaration des Droits n'est pas d'abord soutenue par l'établissement d'un régime constitutionnel, une telle déclaration ne saurait être qu'une « barrière de papier » contre le despotisme (10). Or, l'établissement d'un gouvernement constitutionnel, ou non despotique, n'exige pas seulement l'établissement de bornes efficaces imposées à l'exercice du pouvoir public. Il exige aussi l'instauration des conditions propres à permettre à ce gouvernement d'être à la fois stable, compétent et énergique dans l'accomplissement de ses tâches (11). En effet, d'après Madison, la liberté n'est pas moins mise en péril par une insuffisance que par un excès de pouvoir public (12). Aussi une déclaration des Droits mal conçue risque-t-elle d'inculquer aux citoyens, à l'égard de l'autorité, un esprit critique si développé qu'il entrave le gouvernement populaire, au point que celui-ci soit affecté d'une incompétence méprisable.

Puisque le but des Constituants américains était d'établir un régime populaire, respectueux des Droits de l'homme et capable d'accomplir les tâches quotidiennes de la politique, ils ont cherché à opérer une synthèse des principes du droit et des exigences de la raison pratique. A la différence de Condorcet, pourtant, ils n'estimaient pas qu'une telle synthèse pût être obtenue en rattachant simplement à une déclaration des Droits une répartition des compétences publiques visant à mettre efficacement en application la volonté populaire. Tandis que Condorcet a critiqué les entraves qu'impose à la volonté populaire le système constitutionnel de poids et de contrepoids, les Fondateurs américains se sont préoccupés du problème né du fait que cette volonté s'inspire, non pas d'une idée raisonnée du bien général, mais plutôt de la concurrence entre des ambitions et des intérêts divers. Ainsi, le fait qu'une volonté soit populaire, ou générale, ne signifie pas pour autant qu'elle soit sage, ou même honnête.

« Dans une nation de philosophes », dit Madison, « cette considération ne mériterait pas de nous occuper. Mais une nation de philosophes n'est pas moins impossible que la race philosophique de rois désirée par Platon » (13). Bien que, dans un régime populaire, le peuple soit souverain, « le but de toute Constitution politique est, ou doit être, tout d'abord de choisir pour gouvernants les hommes qui ont le plus de sagesse pour discerner, et le plus de vertu pour obtenir le bien public... » (14). Les contrôles imposés par la Constitution américaine sur la volonté populaire ont ainsi pour but de rendre les choix de cette dernière plus délibérés, voire plus prudents qu'ils ne risquent de l'être en l'absence d'une amitié souveraine pour la sagesse (*philia tès sophias*) (15). On voit que par cette idée de prudence les Constituants américains se démarquent nettement non seulement de Kant ou de

Rousseau en ce qui concerne la légitimité politique, mais également de Condorcet ou de Diderot pour ce qui est du droit naturel (16).

En effet, la thèse des Encyclopédistes quant à la volonté générale correspond à la notion que la loi doit être formulée d'après les critères universalistes de la raison scientifique *(epistèmè)*. Si le droit est exprimé sous une forme universelle non-contradictoire, alors elle ne peut pas errer (17). Un tel formalisme correspond à celui dont témoigne la thèse de l'égalité des hommes dans leur liberté naturelle ou volontaire. Dans chaque cas, la spécificité des hommes est ignorée en faveur de ce qui leur est universel ou commun. En fonction de cet esprit universaliste, dès qu'une loi, exprimée sous une forme générale, est applicable également à tous, cette loi est «légitime», voire rationnelle. Ainsi, dans un tel système de droit constitutionnel, il n'y aurait pas de justification à recourir au bicaméralisme ou aux «poids et contrepoids» pour brider la volonté générale.

Or, bien que la Déclaration américaine de 1776 anticipe l'esprit universaliste de 1789, en affirmant que «tous les hommes sont créés égaux» et qu'«ils sont doués par le Créateur de certains droits inaliénables», cette même Déclaration de 1776 se réfère à ce que «la prudence enseigne» et à «l'expérience de tous les temps» (18). Quand les Fondateurs américains font allusion à l'égalité des hommes dans leurs droits, cela ne signifie pas que, dans l'établissement d'un régime en vue d'assurer ces droits, l'on doive ignorer les inégalités entre les hommes en qualités et en défauts. Chacun, indépendamment de sa naissance, mérite également la justice; mais le contenu de cette justice est variable, toujours indépendamment de la naissance, selon les mérites particuliers de chacun (19).

Par conséquent, à la différence du rationalisme scientifique, «la prudence enseigne» que, dans l'élaboration des Constitutions, on devrait tenir compte des qualités et des défauts que les êtres humains peuvent avoir. Cela signifie que la séparation des pouvoirs sera conçue, non pas à partir d'une analytique fonctionnelle des institutions politiques, mais à partir d'une réflexion sur la psychologie humaine. C'est cette réflexion qui oblige la logique formelle de la science juridique à céder le pas à la logique de la raison prudentielle de la politique (20).

Bien qu'«on trouve dans la nature humaine des qualités qui méritent dans une certaine mesure l'estime et la confiance», et que «le gouvernement républicain suppose plus qu'aucune autre forme l'existence de ces qualités», néanmoins l'établissement d'un tel gouvernement n'implique pas la disparition des qualités contraires (21).

Si les hommes étaient des anges, il ne serait pas besoin de gouvernement ; si les hommes étaient gouvernés par des anges, il ne faudrait aucun contrôle extérieur ou intérieur sur le gouvernement. Lorsqu'on fait un gouvernement qui doit être exercé par des hommes sur des hommes, la grande difficulté est la suivante : il faut d'abord mettre le gouvernement en état de contrôler les gouvernés, il faut ensuite l'obliger à se contrôler lui-même. La dépendance vis-à-vis du peuple est, sans doute, le premier contrôle sur le gouvernement ; mais l'expérience a montré la nécessité de précautions complémentaires (22).

Puisque des ambitions et des intérêts affectent toujours les débats politiques, l'autorité publique doit être divisée de manière à préserver, au milieu des passions en concurrence, la possibilité qu'un esprit plus noble, plus raisonnable, puisse y exercer son influence (23). Or, une simple séparation fonctionnelle des pouvoirs n'empêchera pas une majorité, organisée autour d'un projet injuste ou déraisonnable, de s'emparer à la fois du pouvoir législatif et du pouvoir exécutif. Pour prévenir une telle éventualité, les Constituants américains avaient séparé les pouvoirs publics de telle façon que les bases de la majorité présidentielle fussent toujours différentes de celles de la majorité législative. Outre le bicaméralisme, les durées différentes des mandats, de même que les élections échelonnées, sont des exemples de cette stratégie visant à protéger les droits dans un régime populaire (24). Plus importante encore est, dans cette stratégie, la tentative pour atténuer la force des passions politiques par la multiplication des intérêts auxquels elles se rattachent. Pour ce faire, il fallait donc diversifier l'économie – agricole à l'époque – par des incitations en faveur du développement commercial.

De là proviennent la protection constitutionnelle des droits de brevets, ainsi que l'élimination des barrières tarifaires entre les Etats-membres, et les protections dont la propriété privée et les contrats font l'objet (25). Dans le but de multiplier les «factions» politiques, ou les groupes d'intérêts autonomes, les encouragements au commerce exigent également que soit maintenue une multiplicité de sièges de pouvoir, ce que réalise le système fédéral des Etats-Unis. Si le vrai pouvoir était concentré en un seul organe, cible unique pour les ambitions, les groupes intéressés, dans ce cas, abandonneraient par nécessité leur autonomie pour forger des alliances permanentes visant à l'obtention du pouvoir central. Au contraire, la dispersion du pouvoir dans les localités incite au maintien de l'autonomie des factions que l'économie commerciale a fait naître (26). Par «ces inventions de la prudence» les Constituants américains étaient en mesure d'estimer que :

dans la vaste république des Etats-Unis, et au milieu de la grande variété des intérêts, des partis et des sectes qu'elle contient, une coalition de la majorité de la nation toute entière aura rarement lieu pour d'autres motifs que la justice et l'intérêt général ... (27).

Cependant, pour qu'elle réussisse à empêcher une politique d'affrontements des grands blocs ou des classes intéressées, cette stratégie exige non seulement qu'on élimine les obstacles à l'égalité des chances, mais en même temps qu'on s'oppose à une politique d'égalité des résultats. Assurément, l'inégalité des chances aurait pour conséquence la formation d'une conscience de classe parmi ceux qui n'ont pas d'espoir individuel d'améliorer leurs conditions. De même, une politique d'égalité des résultats empêcherait la multiplication des factions qui est nécessaire à la stratégie constitutionnelle. Ainsi, l'idée américaine d'égalité des droits dépend d'un jugement politique apte à discerner là où l'égalité doit être établie et là où elle est injuste.

De toute évidence, cette solution s'inspire des écrits philosophiques de Montesquieu, Locke, Hume et Adam Smith, au sujet de la république commerciale (28). D'après ces auteurs, si l'esprit intéressé est libéré des contraintes de l'éthique et canalisé par des institutions bien conçues, il pourrait «suppléer ... à l'absence de motifs meilleurs» pour assurer les Droits de l'homme (29). De cette manière, la tension entre l'amour-propre et l'amour du bien général peut être supprimée, mais apparemment au prix des finalités classiques de la justice.

Or, presque dès son apparition, quarante ans avant les débats de 1789, cette solution moderne de l'économie politique avait provoqué la célèbre remontrance de Jean-Jacques Rousseau : «Les anciens politiques parlaient sans cesse de mœurs et de vertu ; les nôtres ne parlent que de commerce et d'argent» (30). Cette voix isolée en 1750 a eu de telles résonances que Rousseau a pu être qualifié par la suite de «Législateur de la Révolution française» (31).

La critique rousseauiste de «la société bourgeoise» a eu pour effet, depuis lors, d'encourager à ranger dans une catégorie unique Madison, les Encyclopédistes (donc Condorcet), et les libéraux modernes, comme étant tous les défenseurs d'une société d'égoïstes, dénuée de qualités, et marquée par l'indifférence à l'égard de l'exploitation et des souffrances des déshérités (32). Avec cette critique s'affirme donc une autre idée des Droits de l'homme, qui se heurte à la vision moderne précédente. Selon Rousseau, le courant des Lumières qui se définit par la vision précédente des Droits mine par son scepticisme l'esprit civique qui est une condition nécessaire de la réalisation de ces Droits. Au lieu de s'en tenir au rationalisme scientifique ou à la prudence classique, Rousseau essaie, « pour achever l'homme ... de perfectionner la raison par le sentiment » (33).

Pourtant, malgré les différences qui séparent Rousseau des Encyclopédistes, le projet de Rousseau manifeste l'accord qui existe entre eux, et qui les oppose à la tradition classique, en ce qui concerne la subordination de la raison au non-rationnel. Pour Rousseau, de même que pour les Encyclopédistes, c'est l'amour de soi-même, et non l'amour de l'universel, qui est toujours le point de départ (34). Toutefois, le projet « de perfectionner la raison par le sentiment » procède d'une autre idée de la « fonction de l'observateur et du philosophe », celui-ci étant défini dorénavant comme celui « qui sait l'art de sonder les cœurs en travaillant à les former » (35). Le philosophe devient poète, et sa fonction est celle du Législateur. Se distinguant en cela des Encyclopédistes, dans l'exercice de ce « sondage » – et au milieu des passions et des intérêts qui divisent les hommes – Rousseau cherche un sentiment qui les rapproche.

D'après lui, la primauté de la sensibilité morale sur le jugement peut s'accomplir dans la conscience politique par une synthèse de plusieurs éléments de l'esprit moderne : notamment le scepticisme dogmatique, l'utilitarisme, la pitié, l'égalitarisme, l'amour-propre. Les deux premiers constituent l'horizon intellectuel des Encyclopédistes. Avec une version nouvelle de l'égalitarisme, Rousseau ajoute à cet horizon de l'esprit la pitié et l'amour-propre. Ainsi, par la force de sa plume Rousseau essaie, comme l'avaient fait auparavant la Bible et l'*Encyclopédie,* de forger l'esprit des intellectuels, qui pourraient à leur tour former des citoyens engagés ou des politiques.

Le point de départ de Rousseau est le même que celui des Encyclopédistes : le refus de la philosophie, voire de la « métaphysique », en faveur du scepticisme dogmatique (36). Effectivement, si la sagesse est impossible, il en va de même de sa poursuite (*philia tès sophias).* De par sa récusation de la philosophie ou de la poursuite de la sagesse, le mouvement des Lumières se révèle donc comme une émanation de l'imaginaire. Pourtant, bien que la sagesse soit considérée comme impossible, et que les hommes soient condamnés à vivre dans des illusions, selon Rousseau cette conclusion n'empêche pas pour autant qu'il y ait dans la Caverne des régimes libres (37). La démocratie ne dépend pas des Lumières, et le scepticisme des Modernes, au lieu de miner l'esprit civique, pourrait même le servir (38).

Premièrement, la propagation du scepticisme conduit, chez le grand nombre, à l'utilitarisme, voire à l'incapacité de prendre au sérieux les idées qui ne seraient pas « utiles », ou qui ne se référeraient pas au sensible (39). L'apparence d'une ouverture de l'esprit à l'égard de «l'empirique» masque sa fermeture à l'égard des fondements qui déterminent ses perceptions. Tout comme Emile, le citoyen moderne doit avoir un esprit «net et borné» (40). Dans l'ordre des mœurs, cette «induction» empirique conduit d'abord à l'épicurisme. Pourtant, à la différence de l'épicurisme vulgaire ou réductionniste des partisans des Lumières, Rousseau insiste, en ce qui a trait aux principes de l'action humaine, sur la distinction entre les plaisirs ou les souffrances provenant des sensations, et ceux qui proviennent des sentiments (41). C'est à partir de cette distinction que Rousseau découvre, dans le sentiment de la pitié, un principe épicurien qui pourrait rapprocher les hommes par delà les intérêts qui les divisent (42).

Certes, fidèle à l'abandon par les modernes de la téléologie classique, Rousseau met l'accent moins sur le plaisir que sur l'impact que l'image des souffrances exerce sur la sensibilité populaire. Les souffrances que l'on fuit, c'est-à-dire une négation, unifient les hommes dans le sentiment de l'humanité, ou de la pitié généralisée «sur tout le genre humain» (43). Or, bien qu'elle soit fondée sur une négation, la pitié n'est pas dépourvue de tout sentiment de plaisir. «La pitié est douce, parce qu'en se mettant à la place de celui qui souffre, on sent pourtant le plaisir de ne pas souffrir comme lui» (44). L'image d'un être souffrant suscite la pitié dans la mesure où l'on ne souffre pas soi-même, mais où l'on s'imagine pouvoir souffrir comme l'autre. Ainsi, la pitié, ou le sentiment de l'humanité, représente une projection imaginaire de l'amour de soi-même. «En effet, comment nous laissons-nous émouvoir à la pitié, si ce n'est en nous transportant hors de nous et nous identifiant avec l'animal souffrant, en quittant, pour ainsi dire, notre être pour prendre le sien? Nous ne souffrons qu'autant que nous jugeons qu'il souffre; ce n'est pas dans nous, c'est dans lui que nous souffrons. Ainsi nul ne devient sensible que quand son imagination s'anime et commence à le transporter hors de lui» (45). Pour compléter cette aliénation, le poète-législateur doit s'exprimer sur un ton qui évoque l'image de l'humanité souffrante.

> Nous nous attachons à nos semblables moins par le sentiment de leurs plaisirs que par celui de leurs peines; car nous y voyons bien mieux l'identité de notre nature et les garants de leur attachement pour nous. Si nos besoins communs nous unissent par intérêt, nos misères communes nous unissent par affection (46).

Pour éveiller ce sentiment, donc, tous les obstacles à la capacité de s'identifier à l'autre, notamment les distinctions de classe ou de hiérarchie sociales, doivent être évincés. Le sentiment de l'humanité, en tant que principe du droit, exige une politique égalitaire. Or, cette même exigence oblige que l'on occulte le bonheur rare et spécifique de l'homme naturel. «L'aspect d'un homme heureux inspire aux autres moins d'amour que d'envie; on l'accuserait volontiers d'usurper un droit qu'il n'a pas en se faisant un bonheur exclusif; et l'amour-propre souffre encore en nous faisant sentir que cet homme n'a nul besoin de nous» (47). Puisque l'image ou l'idée de la supériorité provoque l'envie, l'amour-propre de l'homme du commun devient alors le gardien de l'esprit égalitaire. «Etendons l'amour-propre sur les autres êtres, nous le transformerons en vertu, et il n'y a point de cœur d'homme dans lequel cette vertu n'ait sa racine» (43).

Or, rapproché du sentiment de l'humanité par l'égalitarisme, l'amour-propre partage les plaisirs qui vont avec ce sentiment et les redouble dans ceux du «bon témoignage de soi-même» (49). Ainsi composé, l'esprit critique de la conscience démocratique peut éteindre à la fois l'honneur de la noblesse et l'esprit intéressé qu'inspirent les Lumières. A la différence de la stratégie conçue par Madison pour réaliser les Droits de l'homme, celle de Rousseau, et de ceux qu'il inspire, consiste largement dans la tentative pour éveiller cette conscience. Or, puisqu'elle repose sur un sentiment, son évocation dépend d'une nouvelle rhétorique, celle de «la langue des signes», des symboles, des chants. «Une des erreurs de notre âge est d'employer la raison trop nue, comme si les hommes n'étaient qu'esprit. En négligeant la langue des signes qui parlent à l'imagination, l'on a perdu le plus énergique des langages. L'impression de la parole est toujours faible, et l'on parle au cœur par les yeux bien mieux que par les oreilles» (50). Le poète-législateur conduit le citoyen à se plaire dans l'aliénation de sa nature, par l'effet du sentiment de l'humanité, principe du jugement qui perfectionne sa raison politique (51). Ainsi l'amour-propre et l'amour des Droits de l'homme deviennent identiques.

Lorsque Kant nomma Rousseau «le Newton de l'univers moral», il avait perçu la révolution que Rousseau avait introduite dans les jugements concernant le bien et le mal (52). Cette révolution préparait les idées relatives aux Droits de l'homme qu'allait exposer la philosophie criticiste, philosophie qui elle-même, en abandonnant la psychologie, est fidèle à l'idée rousseauiste qu'il est nécessaire que le citoyen oublie ses origines naturelles. Or, cet oubli des origines occulte les composantes de l'esprit critique en même temps qu'il conduit à se méprendre sur ses conséquences.

Certes, à l'encontre des dérives nihilistes du mouvement des Lumières, le plaisir du « bon témoignage de soi-même » peut faire de l'esprit critique une ancre qui affermit les convictions du jugement politique et moral. Composé d'amour-propre, d'épicurisme raffiné et de scepticisme dogmatique, le sentiment de l'humanité réagit avec indignation à toute image d'oppression ou d'injustice manifeste. Pourtant, étant l'*archè* même du jugement pratique, ce sentiment ne comporte pas de mesure, de juste milieu, en soi. Ainsi, face à l'impression causée par les « inégalités », l'indignation morale qu'engendre le sentiment de l'humanité ne saurait guère être disposée à délibérer sur la nature véritable d'une injustice apparente (53). De plus, vis-à-vis de ceux ainsi disposés, dans le cas où les conclusions de leurs délibérations ne semblent pas être « humaines », on serait prêt, loin de suivre leurs raisonnements, à les taxer d'« insensibilité ». De cette manière l'amour-propre, rattaché au sentiment de l'humanité, conduit à une version démocratique du mépris qu'avait la noblesse pour les goûts vulgaires. « Ces impressions diverses », dit Rousseau, « ont leurs modifications et leurs degrés, qui dépendent du caractère particulier de chaque individu et de ses habitudes antérieures ; mais elles sont universelles, et nul n'en est tout à fait exempt. Il en est de plus tardives et de moins générales, qui sont plus propres aux âmes sensibles ... » (54).

Puisque les « âmes sensibles » et les âmes « bourgeoises » ne percevront pas les choses humaines de la même façon, il ne pourra pas y avoir de véritable communication entre elles (55). Il en est de même de leurs rapports avec celles qui sont disposées à délibérer prudemment sur les problèmes des affaires publiques. D'où résultent les malentendus entre les divers partisans des Droits de l'homme.

Condorcet en a été la victime. Dans sa tentative pour faire de la politique une science objective, il ignorait la force d'autres sensibilités que celle de l'esprit intéressé. Méprisant dans ses calculs les « inventions de la prudence » qui expliquent la séparation des pouvoirs, il a subi, avec la Vendée, les conséquences de son innocence, dès que l'Assemblée eut dégagé une majorité prête à exercer différemment un pouvoir sans frein (56).

Ce n'est pas par égoïsme que Madison tenait à étayer la séparation des pouvoirs par la création d'une république commerciale, mais par le souci d'atténuer la force des passions que les différences engendrent parmi les êtres humains (57). Conçue d'après une autre modération que celle soutenue par Rousseau à l'encontre de l'épicurisme vulgaire, la république commerciale de Madison n'est pas une fin en soi, mais un moyen prudentiel d'assurer la justice ou le bien commun. Ainsi, les compromis qu'il a. passés avec les Etats esclavagistes ne signifiaient pas de sa part un abandon des principes des Droits de l'homme. Au contraire, ils étaient conçus de manière à inciter ces Etats à accéder paisiblement à un régime voué à ces principes et destiné, par le biais d'une diversification commerciale de l'économie, à faire disparaître l'état de despotisme dans le Sud (58). N'acceptant ni la rigidité des Puritains, ni les faiblesses des Epicuriens, le projet de Madison représente une synthèse de la prudence et des principes du droit. Le soutien fourni par la Constitution américaine à l'égalité des chances, couplé aux barrières qu'elle oppose à l'égalité des résultats, s'accorde avec la protection constitutionnelle, à l'intérieur du régime, de la raison pratique qui l'avait fondée.

L'échec provisoire de ce projet, qui a conduit à la tragédie de la Guerre Civile, indique toutefois que la protection constitutionnelle des vertus politiques ne suffit pas pour les produire. Madison lui-même ne s'y trompait pas, comme en témoigne la nécessité reconnue par lui d'une éducation libérale et politique complémentaire (59). A la différence d'autres thèses sur les Droits de l'homme, la synthèse madisonnienne des droits et de la prudence ne provient pas, en fin de compte, de celle de Locke ou de Montesquieu, de Voltaire ou de Hume. Une lecture attentive du *Fédéraliste* révèle que la prudence que l'on y trouve n'est pas fondée sur une passion pour la sécurité, mais sur un souci pour la disposition d'âme nécessaire à une délibération juste, donc raisonnable, des affaires publiques (60).

Le soutien que Madison a apporté par la suite à la Révolution de 1789 est attesté par son acceptation de la citoyenneté française. Il pensait voir dans les Déclarations de 1789 et de 1776 l'illustration de ce même principe universel, que les droits reposent non sur la naissance mais sur le mérite de chacun (61). Or, l'idée qu'il se faisait de ce principe universel, associé à celui de la raison pratique, procède d'une idée antérieure à la pensée dominante de l'époque des Lumières. Contrairement au point de vue moderne selon lequel la sagesse, et par conséquent la philosophie, sont impossibles, Madison se borne à faire ressortir la probabilité de leur absence parmi le grand nombre de ceux qui s'occupent de la politique. Or, cette absence ne signifie pas que l'on doive oublier le besoin des qualités qui font défaut. Au contraire, cela signifie que, dans l'établissement d'un régime non despotique, on doit élaborer les institutions pour suppléer à l'absence de ces qualités, en vue de les réaliser dans la mesure du possible.

Une telle synthèse de la prudence et des principes du droit signale une autre science politique que celle qui a inspiré les principes de 1789, et qui depuis lors a prévalu dans les universités des Etats-Unis et d'Europe. Pour les Constituants réunis à Philadelphie, la meilleure garantie des droits de l'homme, de la liberté et de l'égalité repose non pas sur la formulation de Déclarations, mais sur l'établissement d'un gouvernement constitutionnel. Or, un tel gouvernement non despotique, dépend à son tour, non pas d'un amour-propre humaniste généralisé et sans autre mesure, mais d'une reconnaissance du fait que les hommes ordinaires, bien qu'investis des droits, ne sont ni des anges ni des dieux (62). Par delà l'histoire, le soutien rationnel pour les droits de l'homme dépend d'abord, semble-t-il, d'une mnémonique de la sagesse dont les hommes ont besoin et d'une reconnaissance de l'imprévisibilité de sa présence dans la Cité (63).

Terence MARSHALL
(Université de Paris-X)

NOTES

(1) Edmund BURKE, *Réflexions sur la Révolution de France,* Paris, Hachette, 1989; Jeremy BENTHAM, *Anarchical Fallacies,* ed. Bowring, in *Works,* Edinburgh, W. Tait, 1838-1843, Tome II, p. 489-534; Karl MARX, *A Propos de la Question Juive,* éd. N. Rubel, *Œuvres,* Paris, Gallimard (La Pléïade), 1982, Tome III, p. 365-373; Martin HEIDEGGER, *Introduction à la Métaphysique,* Paris, Gallimard, 1967, p. 201-202. Cf. Friedrich NIETZSCHE, *Par-delà Bien et Mal,* aph. 38, 44; *La Volonté de Puissance,* aph. 120, 315, 362.

(2) John RAWLS, *A Theory of Justice.,* Cambridge, Ma., Harvard University Press, 1971, p. 46, 486, 490, 506; Ronald DWORKIN, *Taking Rights Seriously,* Cambridge, Ma., Harvard University Press, 1977, p. 128. Cf. Richard RORTY, *Consequences of Pragmatism,* Minneapolis, University of Minnesota Press, 1982, p. 208.

(3) Voir CONDORCET, *L'Influence de la Révolution de l'Amérique sur l'Europe,* in *Œuvres,* éd. François Arago et Arthur Condorcet-O'Connor, Paris, F. Didot Frères, 1847-1849, Tome VIII, p. 12-14; John ADAMS, *Défense des Constitutions Américaines,* Paris, Librairie Buisson, 1792; DESTUTT DE TRACY, *Commentaire sur «l'Esprit des Lois» de Montesquieu, suivi d'Observations Inédites de Condorcet,* Paris, Delaunay, 1819 (traduction anglaise en 1811 par William Duane et Thomas Jefferson, publiée à Philadelphie); Alexander HAMILTON, John JAY, et James MADISON, *Le Fédéraliste,.* Paris, Economica, 1988, nᵒˢ 9 et 47; LAFAYETTE, *The Letters of Lafayette and Jefferson,* Baltimore, The Johns

Hopkins University Press, Les Belles Lettres, 1929; Gouverneur MORRIS, *Mémorial de Gouverneur Morris. Ministre Plénipotentiaire des Etats-Unis de 1792 à 1794*, Paris, Renouard, 1842. Cf. Patrice HIGONNET, *Sister Republics : The Origins of French and American Constitutionalism*, Cambridge, Ma., Harvard University Press, 1988; James W. MULLER, «The American Framers' Debt to Montesquieu», in James W. MULLER, ed., *The Revival of Constitutionalism*, Lincoln, University of Nebraska Press, 1988.

(4) ARISTOTE, *Ethique à Nicomaque*, 1095b 5-10, 1140b 10-25; *Politique*, 1254b 1 – 1255b 20, 1327b 20-35.

(5) SPINOZA, *Traité de l'Autorité Politique*, II.18; John LOCKE, *Essay Concerning Human Understanding*, II. xxi, sec. 43-56; Thomas HOBBES, *Leviathan*, I. 13-15; HELVETIUS, *De L'Esprit*, II; D'HOLBACH, *Le Bon Sens*, Préface et ch. clxxi, clxxix.

(6) Lettre de Thomas Jefferson à Henry Lee, le 8 mai 1825, in *The Political Writings of Thomas Jefferson*, Indianapolis, The Bobbs-Merrill Co., 1955, p. 8. Cf. ARISTOTE, *Ethique à Nicomaque*, V, par rapport aux citations de la note 5 ci-dessus, ainsi que par rapport à ROUSSEAU, *Emile*, Paris, Garnier, 1964, p. 70, 93, 99, 224, 260-279. Voir Charles KESLER, «The Founders and the Classics», in J. Jackson BARLOW, Leonard LEVY et Ken MASUGI, *The American Founding*, New York, Greenwood Press, 1988; Thomas PANGLE et Clifford ORWIN, «The Philosophical Foundations of Human Rights», in Marc PLATTNER, ed., *Human Rights in Our Time*, Boulder, Westview Press, 1984; Roger BARNY, *Prélude Idéologique à la Révolution Française*, Paris, Les Belles Lettres, 1985.

(7) Herbert J. STORING, «The Constitution and the Bill of Rights», in Robert A. GOLDWIN et William SCHAMBRA, *How Does the Constitution Secure Rights?*, Washington, D.C., The American Enterprise Institute Press, 1985, p. 33-35.

(8) Michel TROPER, «Montesquieu and the Separation of Powers in the United States», Communication au Colloque organisé par la Fondation Internationale des Sciences Humaines, Université de Virginie (Charlottesville), les 18-22 novembre 1987, p. 6.

(9) Voir *Le Fédéraliste*, n°s 9 et 47. Cf. pourtant la p. 13 *infra* et de l'auteur, «La Raison Pratique et le Constitutionnalisme Américain», *Revue Française de Science Politique*, Vol. 38, n° 6 (décembre 1988), p. 917-923.

(10) *Le Fédéraliste*, n°s 48 et 84. Dans le n° 48 Madison critique les Constitutions de Virginie et de Pennsylvanie, qui ont servi de modèles pour les Constituants français. Cf. Herbert STORING, «The Constitution

and the Bill of Rights» et Walter BERNS, «The Constitution as Bill of Rights», in Robert GOLDWIN et William SCHAMBRA, eds., *How Does the Constitution Secure Rights ?, op. cit.,* p. 15-35 et p. 50-73.

(11) *Le Fédéraliste,* n° 37, par rapport aux n°s 10, 48, 49, 51.

(12) James MADISON, *The Writings of James Madison,* Gaillard Hunt, ed., New York, G.P. Putnam's Sons, Inc., 1900-1910. T. VI, p. 101 ; *Le Fédéraliste,* n° 63, p. 528-529.

(13) *Le Fédéraliste,* n° 49, p. 418-419.

(14) *Ibid.,* n° 57, p. 474.

(15) *Ibid.,* n° 55, p. 461, n°s 63 et 71, p. 524-525 et 595-596 par rapport au n° 49, p. 418-419. Cf. n° 10, p. 71 ; ARISTOTE, *Ethique à Nicomaque,* 1144a 22-1145a 12.

(16) Cf. de l'auteur, «La Raison Pratique et le Constitutionnalisme Américain», *op. cit.,* p. 917-923. Voir la critique rousseauiste de Diderot au sujet de la volonté générale et du droit naturel, in *Du Contrat Social,* 1ᵉ Version, *Œuvres Complètes,* Paris, Bibliothèque de la Pléiade, t. III, p. 284-289.

(17) ROUSSEAU, *Du Contrat Social,* II. 3 ; KANT, *Critique de la Raison Pratique,* Livre I, ch. 1, sec. 7. Cf. DIDEROT, «Droit Naturel», *Œuvres Politiques,* Paris, Garnier, 1963, p. 32-35.

(18) *Déclaration de l'Indépendance des Etats-Unis,* in Maurice DUVERGER, *Constitutions et Documents Politiques,* P.U.F., 1974, p. 417. La traduction est de Thomas Jefferson lui-même. Les allusions à la prudence, à l'honneur, et au Dieu Créateur furent ajoutées par d'autres membres de la Commission chargée de l'élaboration de ce texte. Jefferson était plus proche des Encyclopédistes, ce qui explique dans une large mesure ses différences d'opinion avec Madison au sujet des Droits de l'homme. Cf. Carl BECKER, *The Declaration of Independence : A Study in the History of Ideas,* New York, Knopf, 1948.

(19) Abraham LINCOLN, *Collected Works,* ed. Roy Basler. New Brunswick, Rutgers University Press, 1953, t. II, p. 405-406 ; *Le Fédéraliste,* n° 10, p. 68-69. Les Articles I et VI de la *Déclaration des Droits de l'homme,* sur la justice distributive, restent ambigus dans la mesure où ils peuvent s'accorder autant à la thèse rousseauiste de la justice distributive qu'à celle de la tradition antérieure. Cf. ROUSSEAU, *Discours sur l'Origine de l'Inégalité, Œuvres Complètes, op. cit.,* t. III, p. 222, par rapport à HOBBES, *Leviathan,* I.15, «Justice Commutative, and Distributive»; et ARISTOTE, *Ethique à Nicomaque,* V, 1130b 30 et sq.

(20) *Le Fédéraliste,* n° 10, p. 72-73. Cf. n°s 47-51, et notamment les p. 409, 411, 418.

(21) *Ibid.*, n° 55, p. 465-466. Cf. p. 69-71, 418, 430-431. Bien que Marx fasse une critique analogue du formalisme juridique du *Rechtsstaat*, il ne tient pas compte des problèmes permanents de la psychologie humaine, tels ceux provenant de la volonté despotique de puissance, problèmes qui préoccupent les fondateurs américains, de même que Rousseau.

(22). *Le Fédéraliste,* n° 51, p. 430.

(23) *Ibid.*, n° 55, p. 461 ; n° 63, p. 524-525 ; n° 71, p. 595-596, par rapport aux p. 73, 465-466, 603.

(24) Par rapport au *Fédéraliste* n° 10, p. 75, voir les p. 59-60, 434-435 et 524-525. Cf. Martin DIAMOND, *The Democratic Republic*, Chicago, Rand McNally & Co., 1970, p. 161-163 ; «Democracy and the Federalist», *American Political Science Review, LIII* (mars 1959), p. 66.

(25) *Le Fédéraliste,* n° 10, p. 68-69 ; La Constitution des Etats-Unis, Art. I, sec. 8, parag. 8. Cf. Robert GOLDWIN, «Rights versus Duties», *in* Daniel CALLAHAN et Arthur CAPLAN, ed., *Ethics in Hard Times,* New York, Plenum Publishing Corporation, 1981 ; de l'auteur, «Dissidence et Orthodoxie dans l'Interprétation de la Politique Constitutionnelle des Etats-Unis», *Revue Française de Science Politique,* Vol. 38, n° 2 (avril 1988).

(26) *Le Fédéraliste,* n° 10, p. 75 ; n° 51, p. 432-433.

(27) *Ibid.*, p. 431, 434.

(28) Douglass ADAIR, «The Tenth Federalist Revisited» et «'That Politics May be Reduced to a Science' : David Hume, James Madison and the Tenth Federalist», in Douglass ADAIR, *Fame and the Founding Fathers,* New York, W.W. Norton & Co., 1974 ; Martin DIAMOND, «The Separation of Powers and the Mixed Regime», *Publius,* Vol. 8, n° 3 (été 1978) ; Thomas PANGLE, *The Spirit of Modern Republicanism,* Chicago, The University of Chicago Press, 1988 ; Anne COHLER, *Montesquieu's Comparative Politics and the Spirit of American Constitutionalism,* University Press of Kansas, 1988.

(29) *Le Fédéraliste,* n° 51, p. 430. Le texte anglais dit : «This policy of supplying by opposite and rival interests, the defect of better motives...» Cf. MONTESQUIEU, *De l'Esprit des Lois,* XX.1.

(30) ROUSSEAU, *Discours sur les Sciences et les Arts, Œuvres Complètes,* t. III, p. 19. Cf. MONTESQUIEU, *De l'Esprit des Lois, III.3.*

(31) L'expression vient d'Edgar Quinet, cité dans François FURET et Mona OZOUF, *Dictionnaire Critique de la Révolution Française,* Paris, Flammarion, 1988, p. 872. Cf. Leo STRAUSS, *Liberalism Ancient and Modern,* New York, Basic Books, 1968, p. 5.

(32) Aux Etats-Unis cette thèse a été largement diffusée dans les milieux intellectuels à partir de la publication d'ouvrages tels que : J. Allan SMITH, *The Spirit of American Government. A Study of the Constitution : Its Origin, Influence and Relation to Democracy*, New York, Macmillan, 1907; Charles A. BEARD, *An Economic Interpretation of the Constitution of the United States*, New York, Macmillan, 1913; Richard HOFSTADTER, *The American Political Tradition*, New York, Vintage Books, 1956; Louis HARTZ, *The Liberal Tradition in America*, New York, Harcourt, Brace & World, 1955; Gordon WOOD, *The Creation of the American Republic*, 1776-1787, New York, W.W. Norton & Co., 1972; Joyce APPLEBY, *Capitalism and a New Social Order*, New York, New York University Press, 1984. Cf. ROUSSEAU, *Emile*, *op. cit.*, p. 10, 70, 217-229, 438-443, par rapport aux p. 583-597, 600; *Discours sur l'Origine de l'Inégalité*, *op. cit.*, p. 164-194, 202-208, 222-223.

(33) *Emile*, III, *op. cit.*, p. 237.

(34) *Ibid.*, p. 88, 247 ff. Cf. *Dialogues*, *Œuvres Complètes*, *op. cit.*, p. 805-818; *Discours sur l'Origine de l'Inégalité*, *op cit.*, p. 125-126.

(35) *Emile*, IV, *op. cit.*, p. 266. Cf. *Du Contrat Social*, II.7 par rapport à *Emile*, I, p. 9.

(36) *Emile*, IV, *op. cit.*, p. 324. Cf. p. 184, 278-279, 282, 321-325, 344.

(37) De même que l'*Emile* a été en partie conçu pour remplacer le projet de la *République* de Platon, également le *Contrat Social*, qui est un appendice de l'*Emile*, commence à partir d'une allusion aux habitants de la Caverne. Cf. *Du Contrat Social*, I. 1 par rapport à PLATON, *La République*, VII, 514a-c. Cf. *Du Contrat Social*, Iʳᵉ Version, *Œuvres Complètes, op. cit.*, p. 284-288 par rapport à *La République*, II, 357a – 367e. Voir aussi *De l'Imitation Théâtrale : Essai Tiré des Dialogues de Platon*, où Rousseau repense les sujets de *La République*, X et des *Lois*, II. Cf. *Emile*, I, *op. cit.*, p. 10.

(38) *Emile*, IV, p. 266, par rapport au *Discours sur les Sciences et les Arts*, *op. cit.*, p. 30.

(39) *Emile*, III, p. 202, par rapport aux p. 121, 201, 230, 392, 396. Cf. TOCQUEVILLE, *De la Démocratie en Amérique*, t. II, Partie I, ch. 1; Partie II, ch. 8-11, 17.

(40) *Emile*, II, p. 177. Cf. p. 217, 221, 239, 295, 392, 394, 419, 422. Cf. Hiram CATON, « Carnap's First Philosophy », *The Review of Metaphysics* (U.S.A.), Vol. 23, n° 4 (juin 1975) p. 622-659.

(41) *Dialogues, op. cit.*, p. 805-818 ; *Emile, op. cit.*, 267-268, 278-279, 348-350. *Notes sur « De l'Esprit » d'Helvétius, Œuvres Complètes, IV, op. cit.*, p. 1121 ff.

(42) *Discours sur l'origine de l'Inégalité, op. cit.*, p. 125-126 ; *Emile, op. cit.*, 260-266, 273, 302-303.

(43) *Emile, op. cit.*, p. 303. Cf. p. 260-261, 270 par rapport à la p. 83.

(44) *Ibid.*, p. 259-260, p. 270.

(45) *Ibid.*, p. 261.

(46) *Ibid.*, p. 259.

(47) *Ibid.*, p. 259. Cf. les notes aux p. 93, 99 qui indiquent la signification ironique de la p. 442 sur l'esprit communautaire.

(48) *Ibid.*, p. 303. Cf. p. 279 et *Discours sur l'Origine de l'Inégalité, op. cit.*, p. 189 ; ainsi que *Discours sur l'Economie Politique, Œuvres Complètes, op. cit.*, t. III, p. 254-255.

(49) *Emile, op. cit.*, p. 341, 351, 355, 356, 357, 358. Cf. p. 279, 303.

(50) *Ibid.*, p. 398. Cf. p. 399-401, 406. *Essai sur l'Origine des Langues*, ch. 12.

(51) *Emile, op. cit.*, p. 9-11, 256, 259-261, 266.

(52) KANT, *Remarques Touchant les Observations sur le Sentiment du Beau et du Sublime*, Akademie Ausgabe, t. XX, p. 58.

(53) Cf. pourtant, *Discours sur l'Origine de l'Inégalité, op. cit*, p. 191 et son influence sur Tocqueville, *De la Démocratie en Amérique*, t. II, Partie II, ch. 1. Voir Jean-Claude LAMBERTI, *Tocqueville et les Deux Démocraties*, Paris, P.U.F., 1983.

(54) *Emile, op. cit.*, p. 267. Cf. *Dialogues, op. cit.*, p. 672.

(55) *Emile, op. cit.*, p. 56, 110, 121, 298, 392-393. A ce sujet la théorie de Habermas de l'agir communicationnel correspond à la pensée d'Emile par rapport à celle de Rousseau.

(56) La pensée de Destutt de Tracy, qui a survécu à la Terreur, illustre combien les préjugés des Encyclopédistes pouvaient résister aux leçons de l'expérience. Voir Emmet KENNEDY, *A Philosophe in the age of Revolution : Destutt de Tracy and the Origins of 'Ideology'*, Philadelphia, The American Philosophical Society, 1978.

(57) Voir de l'auteur, « Dissidence et Orthodoxie dans l'Interprétation de la Politique Constitutionnelle des Etats-Unis », *Revue Française de Science politique*, Vol. 38, n° 2 (avril 1988) ; ainsi que « La Raison Pratique et le Constitutionnalisme Américain », *op. cit.*, p. 917-923.

(58) *Ibid.*, p. 187-198. – Cf. Herbert J. STORING, «Slavery and the Moral Foundations of the American Republic», in Robert HORWITZ, ed., *The Moral Foundations of the American Republic*, Charlottesville, The University Press of Virginia, 1977; Harry JAFFA, *Crisis of the House Divided*, Seattle, University of Washington Press, 1973, p. 308-329.

(59) Jonathan ELLIOT, *The Debates of the State Conventions on the Adoption Of the Federal Constitution as Recommended by the General Convention at Philadelphia in 1787*, Philadelphia, J.B. Lippincott, 1866 (2ᵉ éd.), Vol. 3, p. 536-537; Cf. Marvin MEYERS, ed., *The Mind of the Founder : Sources of the Political Thought of James Madison*, Hannover, The University Press of New England, 1981, p. 347 ff.

(60) *Le Fédéraliste*, n° 55, 63, 71, p. 461, 524 525, 595-596 par rapport à Montesquieu, *De l'Esprit des Lois*, VI.5, XI.6, XIX. 11 et par rapport à Aristote : *Ethique à Nicomaque*, VI.

(61) Marvin MEYERS, ed. *The Mind of the Founder*, *op. cit.*, p. 195. Cf. pourtant, Morton J. FRISCH, ed., *Selected Writings and Speeches of Alexander Hamilton*, Washington, D.C., The American Enterprise Institute, 1985, p. 413-416, 467-468, 470.

(62) *Le Fédéraliste*, n° 51, p. 430, par rapport à la *Déclaration de l'Indépendance des Etats-Unis*, *op. cit.*, p. 417, à l'encontre de la thèse *vox populi, vox dei*.

(63) *Le Fédéraliste*, nᵒˢ 10 et 49, p. 71, 418-419.

LA CONSTRUCTION DU CONCEPT UNIVERSEL
DE L'HOMME : DE LA TRADITION LIBÉRALE
À LA RÉVOLUTION FRANÇAISE

La Révolution française occupe dans l'histoire une place privilégiée : ses contemporains s'en sont tout de suite rendu compte, déjà en lisant la *Déclaration des Droits de l'Homme*. Celui qui est considéré comme le titulaire de droits inaliénables, c'est l'homme en tant que tel, l'homme dans son universalité. Voilà donc que fait irruption une catégorie nouvelle, absente dans la «Glorieuse Révolution» de 1688-89, qui pourtant marque l'acte de naissance de l'Angleterre libérale. Ce n'est pas un hasard si le *whig*, ou libéral, Edmund Burke, développe son réquisitoire contre la Révolution française, opposant le caractère «abstrait» des droits de l'homme au caractère concret des droits de l'Anglais : la liberté, ou plutôt les libertés, reviennent alors non pas à l'homme en tant que tel, mais au citoyen anglais, bénéficiaire d'un patrimoine héréditaire, qui lui a été transmis, de façon exclusive, par ses ancêtres. C'est pour cela que déjà en 1790 Burke refuse à la Révolution française, et à ses partisans en Angleterre, le droit de se réclamer de la «Glorieuse Révolution» : l'élément discriminant n'est pas constitué par le jacobinisme (qui est encore à venir), mais justement par la catégorie d'homme et de droits de l'homme. Si la radicalisation de cette catégorie conduit la Révolution française à abolir, en 1794, l'esclavage dans les colonies, il est significatif qu'un des premiers actes de l'Angleterre, à l'issue de sa «Glorieuse Révolution», ait été d'arracher à l'Espagne, par la paix d'Utrecht (1714), l'*Asiento*, c'est-à-dire le monopole de la traite des Nègres.

La catégorie de l'homme dans son universalité ne pouvait pas se développer pleinement non plus au cours de la Révolution américaine, qui finit par consacrer la légitimité de l'esclavage même au niveau de la Constitution Fédérale : sur la base de l'article 1, le nombre des représentants et le montant des charges fiscales de chaque Etat sont

déterminés « en ajoutant au total des hommes libres (...) les trois cin-
quièmes du reste de la population ». De cette façon – observe la revue
Le Fédéraliste (n° 54), dans un article de Hamilton ou de Madison – les
esclaves noirs sont considérés « à la fois comme des personnes et
comme des propriétés ». Pour mieux dire, les Noirs étaient considérés
explicitement comme partie constitutive de la propriété objet de
taxation, et n'étaient considérés comme des personnes que dans la
mesure où leurs propriétaires avaient droit à un nombre supplémentaire de mandats et de sièges, proportionnellement aux esclaves
possédés. Au début de la Révolution française, les colons blancs de
Saint-Domingue avancent une prétention analogue. Mais Mirabeau la
repousse énergiquement : « Si les colons veulent que les nègres et les
gens de couleur soient hommes, qu'ils affranchissent les premiers, que
tous soient électeurs, que tous puissent être élus. Dans le cas contraire,
nous les prions d'observer qu'en proportionnant le nombre des députés
à la population de la France, nous n'avions pas en considération la
quantité de nos chevaux ni de nos mulets : qu'ainsi la prétention des
colonies d'*avoir vingt représentants* est absolument dérisoire » (1).

C'est en des termes analogues que s'exprime Condorcet, lorsqu'aux
prétentions des colons il oppose à plusieurs reprises les « droits naturels de l'humanité », les « droits sacrés du genre humain » : « un
homme ne peut être la propriété d'un autre homme », et le réduire « à
la condition des animaux domestiques » est donc un outrage à l'« espèce
humaine » (2). La condamnation de l'esclavage repose sur le *pathos* de
l'homme en tant que tel. Pour Condorcet, qui pourtant l'admire, la
limite de la Révolution américaine réside dans le fait qu'elle a eu « pour
principe l'identité des intérêts, plus encore que l'égalité des droits » ;
en ce sens les principes révolutionnaires français « sont plus purs, plus
précis, plus profonds, que ceux qui ont dirigé les Américains » (3).

Avant 1789, aucune des grandes révolutions qui ont marqué la
naissance du monde moderne et de l'Europe libérale n'a vraiment mis
en discussion l'esclavage comme institution : ni la révolution américaine ou anglaise, ni non plus, en remontant dans le temps, la révolution hollandaise. La Hollande, libérée du joug de l'Espagne de
Philippe II, et en vigoureuse croissance économique, engage un
nombre considérable de navires dans le transport lucratif des esclaves
noirs des côtes africaines au Nouveau Monde. Et pour Grotius,
interprète d'une certaine façon des résultats de la révolution hollandaise, il est hors de discussion que l'on puisse réduire en esclavage non
seulement des individus, mais jusqu'à des peuples entiers (4). Il se
réfère clairement aux peuples colonisés, étant donné que sont

explicitement exclues «les nations» (*gentes*) chez lesquelles «jus illud servitutis ex bello in usu non est» (5).

Par rapport à Grotius, Locke se préoccupe de distinguer avec plus de soin entre travail salarié (en métropole) et travail servile (dans les colonies); mais pour le reste, le premier des *Deux Traités sur le Gouvernement* (§ 130) parle comme d'un fait évident des «planteurs des Indes Occidentales» qui possèdent esclaves et chevaux sur la base des droits acquis par un acte de vente régulier. Il est vrai qu'en une autre occasion, Locke écrit que ce sont les enfants qui considèrent que «le nègre n'est pas un homme» (6). Toutefois, quand il parle du commerce colonial avec l'Afrique, il déclare à plusieurs reprises que «les marchandises qui proviennent de ces pays sont l'or, l'ivoire et les esclaves» (7). La justification de l'esclavage dans les colonies est sans équivoque, mais ce qui est important surtout, c'est le fait que l'esclave ne soit pas encore pleinement compris dans la catégorie d'homme.

Mais ce n'est pas seulement à l'institution de l'esclavage que la construction du concept universel d'homme a dû se heurter. Burke, que nous avons vu polémiquer contre les droits de l'homme en tant que tel, procède ensuite à une configuration du travail salarié dans la mère patrie qui laisse à penser. Reprenant la distinction de l'érudit romain Varron entre *instrumentum mutum* (la charrue), *instrumentum semivocale* (le bœuf) et *instrumentum vocale* (l'esclave), Burke déclare que le travailleur ne doit pas nourrir de soupçon et de défiance à l'égard de son patron, qui a naturellement souci et intérêt à sauvegarder le plus précieux de ses instruments de travail, justement l'*instrumentum vocale* (8). Certes, en Angleterre le travailleur n'était plus esclave comme dans l'antiquité (et comme dans les colonies), mais il continuait à être compris plutôt dans la catégorie des instruments de travail que dans la catégorie d'homme. Locke à son tour n'hésite pas à affirmer qu'«il y a entre certains hommes et d'autres une distance plus grande qu'entre certains hommes et certaines bêtes». Il est vrai qu'on peut déjà lire une observation analogue chez Montaigne, mais c'est Locke seulement qui, pour éclairer l'énorme distance qu'il y a entre homme et homme, donne l'exemple d'une part du «palais de Westminster» et de la «Bourse», et de l'autre des «asiles de mendicité» (outre «l'asile de fous»). Le pensionnaire de l'asile de mendicité ne semble pas être pleinement admis dans la catégorie d'homme : son existence semble dangereusement proche de celle des espèces animales (9).

Un grand sociologue comme Tawney a remarqué que, dans l'Angleterre du XVIIe et du XVIIIe siècles, à l'égard du prolétariat industriel se répand une attitude «telle qu'elle ne trouve aucun équiva-

lent de nos jours, sinon dans le comportement des colonisateurs blancs
les plus abjects à l'égard des travailleurs de couleur » (10). Locke
déclare – et cela est significatif – que « a day labourer » – un travailleur salarié – n'est pas « more capable of reasoning than almost a
perfect natural » (11), c'est-à-dire n'est pas capable de raisonner, pour
ainsi dire, mieux que les « indigènes » vivant à l'état de nature. Le
problème qui se pose pour les travailleurs salariés est au fond analogue
à celui qui se pose pour les « indigènes » : il s'agit de les amener « au
niveau de créatures raisonnables et de chrétiens » (12).

Mais l'attitude dénoncée par Tawney ne concerne pas seulement
l'Angleterre. Même l'auteur du manifeste sans doute le plus célèbre de
la Révolution française, à savoir Sieyès, parle de la « plus grande partie
des hommes » comme de « machines de travail » ou comme d'« instruments humains de la production » ou d'« instruments bipèdes » (13). Il
s'agit d'ailleurs d'une vision qui exprime la réalité sociale du temps,
mais l'exprime en la justifiant en même temps comme quelque chose de
naturel.

Par rapport à la réalité sociale existant dans les colonies et dans la
métropole, la *Déclaration des Droits de l'Homme et du Citoyen* ne
pouvait manquer d'avoir des effets explosifs. Et en effet, avant même
d'être proclamée, elle est mise en accusation par certains orateurs à
l'Assemblée Nationale, comme susceptible d'exciter la « multitude
immense d'hommes sans propriétés », « les classes malheureuses de la
société », « les hommes placés par le sort dans une condition dépendante » et « dépourvus de lumières et de moyens », auxquels on devrait
enseigner « plutôt les justes limites que l'extension de la liberté naturelle ». Celui qui s'exprime ainsi, c'est Malouet, qui à ce moment-là
considère avec une certaine préoccupation les masses populaires en
France, mais qui, plus tard, sera l'un des adversaires les plus tenaces de
l'émancipation revendiquée, au nom des droits de l'homme, par les
esclaves noirs des colonies. Mais revenons au débat à l'Assemblée
Nationale. Il y a le risque – renchérit un autre orateur – que le peuple
prenne trop au sérieux l'idée d'« égalité originelle », sans se rendre
compte que dans la réalité sociale, elle n'est pas autre chose qu'une
« fiction philosophique ». Et tout cela – les deux orateurs sont d'accord
– à cause du caractère « métaphysique » et « abstrait » du discours sur
les droits de l'homme, à cause du recours à des « principes généraux et
absolus » qui, pour poursuivre les « droits naturels », négligent et
effacent les droits positifs et la tradition historique, le « droit positif
propre à un grand peuple, réuni depuis quinze siècles » (14). Ce sont

les chefs d'accusation et les motifs qui plus tard retentiront dans le réquisitoire grandiloquent de Burke .

Mais la critique de Burke semblerait avoir fait école également auprès d'autres courants idéologiques et politiques. De nos jours, Karl Mannheim a rapproché et même assimilé la critique que d'une part Burke et Maistre, d'autre part Hegel et Marx, ont adressée à l'«abstraction» de la catégorie d'homme (15). Mais pour se rendre compte du caractère insoutenable de ce schéma, il suffit de rapprocher deux citations. Maistre : «Il n'y a point d'*homme* dans le monde. J'ai vu dans ma vie des Français, des Italiens, des Russes, etc., je sais même, grâce à Montesquieu, *qu'on peut être Persan* : mais quant à l'*homme*, je déclare ne l'avoir rencontré de ma vie; s'il existe, c'est bien à mon insu» (16). Chez Hegel, au contraire, nous pouvons lire : «Il faut considérer comme quelque chose de grand le fait qu'aujourd'hui l'homme en tant qu'homme soit considéré comme titulaire de droits, si bien que l'être humain est quelque chose de supérieur à son *status* (...). Maintenant sont en vigueur, comme source du droit, des principes universels, et ainsi dans le monde a commencé une nouvelle époque» (17). Burke oppose les droits de l'Anglais dans ce qu'ils ont de concret aux droits de l'homme nés de «principes abstraits» et abstraitement «généraux» de la Révolution française. Mais pour Hegel, l'élaboration du concept abstrait, général, d'homme est justement une étape décisive du progrès historique : «Ni Socrate ni Platon ni Aristote n'ont eu conscience que l'homme abstrait, universel, soit libre. Cette notion surgit avec l'approfondissement de l'homme en lui-même». «Pour qu'il n'y ait pas d'esclave est nécessaire avant tout (...) la notion que l'homme comme tel est libre.» (18).

L'attitude de Marx et d'Engels apparaît comme moins claire. Ne parlent-ils pas de la Révolution française comme de révolution bourgeoise? Toutefois, au cours de son développement viennent en lumière des idées et des motifs qui vont bien au-delà du cadre bourgeois (19) : Marx et Engels en sont conscients, même s'ils n'ont peut-être pas développé et souligné ce moment d'une façon adéquate. Pour stimuler toutes les énergies nécessaires afin d'abattre l'Ancien Régime, avec sa charge de privilèges et de discriminations, les protagonistes et les idéologues de la Révolution française font prise sur un *pathos* de l'homme dans son universalité, qui ensuite se révèle comme pas du tout fonctionnel pour les intérêts de la bourgeoisie. Quand il polémique contre les «privilégiés», Sieyès les accuse de «se regarder comme une autre espèce d'homme» (20). Mais dans l'«espèce d'homme» unitaire, revendiquée en polémique contre la noblesse, il ne semble pas ensuite pouvoir subsumer pleinement le travailleur salarié réduit à être « instrument bipède » et « machine de travail ». Or, le *Manifeste du Parti Communiste* reproche au capitalisme de traiter les ouvriers comme « des instruments de travail qui coûtent plus ou moins selon l'âge et le sexe » (21). C'est pourquoi – déclarent les *Manuscrits économico-philosophiques* – « sous les apparences d'une reconnaissance de l'homme, l'économie politique (...) n'est, plutôt, que la réalisation cohérente du reniement de l'homme » (22). Le *pathos* de l'homme et de son universalité est évident. Dans cette perspective, les « droits de l'homme » sont « abstraits » seulement dans la mesure où ils ne réussissent pas à empêcher dans la réalité ce que les *Manuscrits economico-philosophiques* dénoncent comme le « reniement de l'homme ».

Si Burke et J. de Maistre critiquent l'élaboration de l'idée universelle d'homme, Marx dénonce le caractère purement formel de cette idée, la non-subsomption concrète du prolétariat sous l'idée universelle d'homme. Dans la société bourgeoise, « *l'essence humaine* n'a pas de vraie réalité », l'homme n'est pas réellement conçu et traité comme « être générique » (23). Cette critique ne touche les droits de l'homme que dans la mesure où ils fonctionnent comme instrument de consécration idéologique de la société bourgeoise ; d'un autre côté, l'égalité des déclarations révolutionnaires des droits de l'homme est célébrée par la *Sainte Famille* comme « l'expression française pour l'unité humaine essentielle, pour la conscience et le comportement génériques de l'homme » (24). Mais cette égalité ne trouve pas de réalisation concrète dans la société bourgeoise, qui parle d'« homme » comme titulaire de droits, mais en réalité entend le bourgeois. L'admission de ce fait, Marx pense pouvoir la surprendre au § 190 de la *Philosophie du Droit*, où Hegel déclare que ce n'est qu'au niveau des « besoins » propres au membre de la société civile, au « bourgeois », que la « représentation » d'« homme » acquiert un caractère concret. Et donc – commente *Le Capital* – « dans la société bourgeoise, le général ou le banquier joue un grand rôle, tandis que l'homme en tant que tel joue un rôle plutôt médiocre » (25). C'est un commentaire qui se prête à son tour à deux commentaires ultérieurs. Dans sa maturité encore, Marx continue à critiquer la société bourgeoise sur la base d'un *pathos* de l'homme qui d'une certaine façon hérite du discours des droits de l'homme et le radicalise. D'un autre côté, il faut remarquer l'équivoque contenue dans la critique adressée à Hegel : ce dernier, en soulignant le fait que, pour devenir concret, le discours sur l'homme et les droits de l'homme présuppose la satisfaction des besoins, se meut justement sur la ligne développée ensuite par Marx. Le bourgeois dont parle le § 190 de la *Philosophie du Droit* est le membre de la société civile, non de la classe bourgeoise. «Bourgeois» n'est pas seulement et en premier lieu le «banquier» ou le «général». C'est pour cela que Hegel peut déjà théoriser l'existence de «droits matériels» (*materielle Rechte*), et en particulier d'un «droit à la vie» (*Recht zu leben*). C'est pour cela que Hegel voit dans l'affamé qui risque de mourir de faim une situation de «manque total de droits» et donc, en substance, d'esclavage. Et l'institution de l'esclavage constitue pour Hegel la négation la plus radicale du concept universel d'homme (26). D'autre part, Marx lui-même remarque que Hegel ne se reconnaît pas dans la société civile-bourgeoise qui rend impossible la réalisation de l'homme comme «être générique» : cette société n'est pour Hegel que *der Not- und Verstandesstaat*, certes pas la communauté politique authentique (27).

Mais il est bon de s'arrêter maintenant sur le rapport abstrait-concret chez Hegel. Celui-ci observe que l'attitude altière du maître à l'égard du serf, à son apogée dans la Prusse encore féodale, est une forme de pensée «abstraite», dans la mesure où cette attitude ne tient pas compte du caractère concret de l'homme pour le fixer en une détermination unique «abstraite» qui est celle de la richesse ou du rang social. A ce comportement Hegel oppose, en se référant à la France née de la Révolution, les rapports cordiaux et même amicaux, fondés en dernière analyse sur le caractère «concret» de l'égale dignité humaine, qui lient le domestique à son maître (28). Il est intéressant de réfléchir sur l'usage du terme «abstrait» chez Hegel. Lorsqu'il dénonce les limites de l'éthique grecque, encore en deçà du «concept abstrait, universel» d'homme, «abstrait» a clairement une connotation positive; d'autre part nous avons vu la dénonciation de l'«abstraction» inhérente à l'absolutisation de l'empirisme immédiat de la richesse ou du statut social, absolutisation qui détruit l'universalité du genre «homme». «Abstrait» a une signification positive lorsqu'il coïncide avec «universel». Il n'y a pas de doute : derrière, c'est la *Déclaration des Droits de l'Homme* qui agit.

Le schéma de Karl Mannheim (tout occupé dans la tentative désespérée d'assimiler les critiques de Burke, de Maistre, de Hegel, de Marx, de Lénine, les critiques de «droite» et de «gauche» aux «abstractions» de la société libéralo-bourgeoise) est donc insoutenable. Sur le versant opposé à celui de Hegel et de Marx, il peut être intéressant de voir les difficultés que la tradition libérale anglaise a rencontrées pour emprunter et assimiler le concept universel de l'homme. De Burke, on a déjà parlé. Mais il y a aussi Bentham, qui polémique lui aussi durement contre les «propositions générales» de la *Déclaration des Droits de l'Homme*. Selon celle-ci, «*tous les hommes demeurent égaux en droits*»; et Bentham de dire : «tous les hommes, c'est-à-dire tous les êtres de l'espèce humaine. Ainsi l'apprenti est égal en droit à son maître; il a le même pouvoir de gouverner et de punir son maître, que son maître de le gouverner et de le punir». C'est clair : la théorie des «droits de l'homme» et de l'«égalité» ne peut plaire qu'à l'«ignorante multitude» et aux «fanatiques» Dans ce cadre, Bentham considère avec méfiance même la théorisation du droit de propriété. L'insérer parmi les droits de l'homme sans spécifier le sujet et l'objet du droit de propriété, «c'est établir, en d'autres termes, un droit de propriété universelle; c'est dire que tout est commun à tous». Et donc «les partisans de Babeuf» sont «les vrais interprètes de la déclaration des droits de l'homme». Ce qui est l'objet d'une condamnation sans appel, ce sont les catégories mêmes d'«homme» (distinct du «citoyen» d'un Etat concret) et de droits de l'homme : «Tel est le fanatisme renfermé dans ces fausses notions de droits naturels et de droits imprescriptibles (...). C'est précisément le langage de Mahomet : 'Pense comme moi ou meurs'» (29).

Aujourd'hui, c'est une mode que d'accuser les Jacobins de fanatisme aveugle, et quelqu'un est allé jusqu'à comparer Robespierre à Khomeiny; mais pour Bentham, ce qui est «fanatique» et «mahométan», c'est la théorisation même des droits inaliénables et imprescriptibles qui reviennent à l'homme en tant que tel, à l'homme dans son universalité. C'est un fait sur lequel il vaut peut-être la peine de réfléchir : comme pour Burke, pour Bentham également, le dérapage de la Révolution est déjà tout entier contenu dans la *Déclaration des Droits de l'Homme*. Mais ce dérapage est le plus haut titre de mérite de la Révolution française. Dans les radicalisations et les configurations qu'elle a connues par la suite, l'idée de droits inaliénables qui reviennent à l'homme dans son universalité a continué à inspirer les mouvements et les processus de transformation démocratique et révolutionnaire, et aujourd'hui encore elle est bien loin d'avoir épuisé sa fonction historique propulsive.

Domenico LOSURDO
(Université d'Urbino)

NOTES

(1) Rapporté in P. DOCKES, *Condorcet et l'esclavage des nègres*, in *Idées économiques sous la Révolution 1789-1794*, par J. M. Servet, Lyon, Presses Universitaires de Lyon, 1989, 86.

(2) *Au corps électoral contre l'esclavage des Noirs* et *Sur l'admission des députés des planteurs de Saint-Domingue, dans l'Assemblée Nationale*, in *Œuvres de Condorcet*, publiées par A. Condorcet-O'Connor et F. Arago, Paris, Firmin Didot Frères, 1847-49, nouvelle impression en facsimilé, Stuttgart-Bad Cannstatt, Frommann-Holzboog, 1968, t. 9, 473, 480, 483.

(3) *Esquisse d'un tableau historique des progrès de l'esprit humain*, in *Œuvres de Condorcet*, *op. cit.*, t. 6, 198 et 202; à ce propos cf. D. LOSURDO, «La Révolution Française a-t-elle échoué?», *La Pensée*, vol. 267 (1989), 85-93.

(4) *De jure belli ac pacis*, liv. III, chap. VIII (*De imperio in victos*), § 1.

(5) *Ibidem*, liv. III, chap. XIV (*Temperamentum circa captos*), § 9.

(6) *An Essay concerning Human Understanding*, IV, vii, 16, in *The Works of John Locke*, London, Tegg et autres, 1823, t. 3, 40.

(7) *The Whole History of Navigation*, in *The Works of John Locke*, *op. cit.*, t. 10, 414 et 415.

(8) *Thoughts and Details on Scarcity*, in *The Works of the Right Honourable Edmund Burke*, t. 7, London, C. and J. Rivington, 1826, 383.

(9) *An Essay concerning Human Understanding*, IV, xx, 5, *op. cit.*, 162-3; cf. MONTAIGNE, *Essais*, éd. présentée par Pierre Michel, Paris, Gallimard, 1983, t. 1, I, XLII, 368 et suivantes.

(10) *Religion and the Rise of Capitalism*, in R.H. TAWNEY, *Opere*, tr. it. par F. Ferrarotti, Torino, Utet, 1975, 513.

(ll) *Conduct of Understanding*, § 6, in *The Works of John Locke*, *op. cit.*, t. 3, 221.

(12) *Ibidem*, § 8, 226.

(13) E.J. SIEYÈS, *Ecrits politiques*, éd. par R. Zapperi, Paris, Editions des archives contemporaines, 1985, 236, 75 et 81; à ce propos, cf. D. LOSURDO, «Marx, la tradition libérale et le concept universel d'homme», *Actuel Marx*, vol. 5 (1989).

(14) Voir les interventions de Malouet et de Delandine, rapportées in *L'an I des droits de l'homme*, éd. par A. de Baecque, W. Schmale, M. Vovelle, Paris, Presses du CNRS, 1988, 104-110.

58   D. LOSURDO

(15) *Das konservative Denken*, in K. MANNHEIM, *Wissenssoziologie. Auswahl aus dem Werk*, hrsg. von K.H. Wolff, Berlin-Neuwied, Luchterhand, 1964, 425 (n. 15), 429 et 486 (n. 130 et 131).

(16) *Considérations sur la France*, in J. DE MAISTRE, *Œuvres Complètes*, t. 1, Lyon, Vitte et Perrussel, 1884; nouvelle impression en facsimilé, Hildesheim – Zürich – New York : Olms, 1984, 74.

(17) *Vorlesungen über Rechtsphilosophie*, hrsg. von K.H. Ilting, t. 3, Stuttgart-Bad Cannstatt, Frommann-Holzboog, 1974, 98.

(18) *Vorlesungen über die Philosophie der Weltgeschichte*, hrsg. von G. Lasson, Leipzig, Meiner, 1919-20, 611.

(19) Cf. D. LOSURDO, *Der Begriff « bürgerliche Revolution » bei Marx und Engels*, in *Die Französiche Revolution 1789-1989. Revolutionstheorie heute,* «Marxistische Studien», Jahrbuch des IMSF, XIV, 273-284.

(20) *Essai sur les privilèges*, in *Ecrits politiques*, éd. cit., 99.

(21) K. MARX-F. ENGELS, *Werke*, Berlin, Dietz, 1955 sqq, (cidessous abrégé en MEW), t. 4, 469.

(22) MEW, t. 1 (Ergänzungsbd.), 530-531.

(23) MEW, t. 1, 378 (*Zur Kritik der Hegelschen Rechtsphilosophie. Einleitung*) et 366 (*Zur Judenfrage*).

(24) MEW, t. 2, 41.

(25) MEW, t. 23 ; mais ce thème est déjà présent dans la *Sainte Famille*, MEW, t. 2, 41-20.

(26) Nous avons développé ces thèmes dans «Diritto e violenza : Hegel, il *Notrecht* e la tradizione liberale», *Hermeneutica*, vol. 4 (1985), 111-136 ; *Hegel et les libéraux*, Paris, P.U.F., 1992 ; *Realismus und Nominalismus als politische Kategorien*, in D. Losurdo-H.J. Sandkühler (Hrsg.), *Philosophie als Verteidigung des Ganzen der Vernunft,* Köln, Pahl-Rugenstein, 1988, 170-196.

(27) MEW, t. 1, 366 (*Zur Judenfrage*).

(28) *Wer denkt abstrakt?*, in G.W.F. HEGEL, *Werke in zwanzig Bänden*, hrsg. von E. Moldenhauer und K.M. Michel, Frankfurt a.M., Suhrkamp, 1969-79, t. 2, 580.

(29) *Œuvres de J. Bentham*, éd. par E. Dumont, 3e éd., Bruxelles, Société belge de librairie, 1840, t. 1, 509-510 et 512-514.

LA NOTION DE DROIT NATUREL
DANS LA DÉCLARATION DES DROITS DE L'HOMME
ET DU CITOYEN DE 1789

INTRODUCTION :
DU SENS PHILOSOPHIQUE DE LA DÉCLARATION DE 1789

Le 9 juillet 1789, Mounier déclarait au nom du comité de distribution du travail sur la constitution :

Le but de toutes les sociétés étant le bonheur général, un gouvernement, qui s'éloigne de ce but, ou qui lui est contraire, est essentiellement vicieux. Pour qu'une constitution soit bonne, il faut qu'elle soit fondée sur les droits des hommes, et qu'elle les protège évidemment ; il faut donc, pour préparer une constitution, connaître les droits que la justice naturelle accorde à tous les individus, il faut rappeler les principes qui doivent former la base de toute espèce de société, et que chaque article de la constitution puisse être la conséquence d'un principe. Un grand nombre de publicistes modernes appellent l'exposé de ces principes une déclaration des droits (1).

Le propos de Mounier exprime bien l'esprit qui présidera à l'élaboration de la Déclaration et à l'adoption de ses articles entre le 20 et le 26 août 1789. Certes, il y aura, comme on le sait, des oppositions sur le statut, la fonction et même l'existence d'une telle déclaration, mais les principes qui prévaudront sont déjà clairement énoncés. Or, c'est entre l'œuvre clairement conçue comme inachevée le 27 août 1789 et l'affirmation en 1791 de son «caractère religieux et sacré [...] symbole de la foi politique» (2), où elle acquiert le statut de «catéchisme national» que Barnave appelait de ses vœux dès le premier août 1789, que se situe toute la difficulté de l'interprétation. D'un côté, nous avons un texte constitué à coups d'amendements et qui garde les traces de sa difficile élaboration, de l'autre, un texte sacralisé qui

relève moins du commentaire philosophique que de la foi. Reste
qu'entre ces deux extrêmes, il faut à la fois reconnaître l'impossibilité
d'une lecture univoque de la Déclaration et la nécessité de son interprétation philosophique, puisqu'elle proclame des valeurs qui sont non
seulement essentiellement liées à la Révolution mais en outre constituent depuis des principes de référence. La Déclaration accomplit en
effet un geste qui détermine encore le présent : la substitution d'une
Table des droits aux Tables de la loi. Si les Constituants, comme cela a
été dit (3), n'ont pas élaboré une théorie du droit, et en particulier du
droit naturel, si les « droits naturels, inaliénables et sacrés de
l'homme » sont présupposés dans leur diversité – égalité, liberté, propriété, sûreté, résistance à l'oppression – il n'en reste pas moins que la
référence au droit naturel situe la Déclaration dans le sillon tracé par
les jusnaturalistes modernes. En un sens, la Déclaration peut être
considérée comme un produit : la proclamation par un acte solennel
d'une conception des droits de l'individu qui s'est progressivement
élaborée et qui s'est historiquement imposée, au point d'être tenue, en
cette fin de XVIIIᵉ siècle, pour une vérité d'évidence. Mais, en un autre
sens, elle semble être porteuse d'une nouveauté qui la distingue du
courant de pensée plusieurs fois séculaire qui l'a rendue possible, et
qu'il est nécessaire d'évaluer philosophiquement.

Je voudrais tenter de le montrer en m'attachant à un point particulier : l'absence dans le texte adopté en 89 de toute référence à la loi
naturelle. La notion de loi apparaît, bien entendu, à plusieurs reprises
dans les articles mais toujours au sens de loi positive et jamais de loi
naturelle. Or ce point est important, d'une part, parce que son enjeu
est, au moins implicitement, présent dans le débat des Constituants (le 4
août) sur les droits et les devoirs, et d'autre part, parce que l'option
prise d'une déclaration des seuls droits semble arracher le concept de
droit naturel au fondement théorique qu'il avait dans la tradition
jusnaturaliste, à savoir, précisément la loi naturelle. On remarquera, *a
contrario*, que la Déclaration d'Indépendance des Etats-Unis comportait dans son premier paragraphe une référence aux « lois de la nature
et du Dieu de la Nature ». S'il en est ainsi, la Déclaration serait aussi
significative par ce qu'elle comporte que par ce qu'elle occulte. C'est
en tout cas là l'une des multiples ouvertures possibles vers l'interro-
gation de son sens philosophique.

1. DROIT NATUREL ET LOI CIVILE

La référence au droit naturel n'a rien d'une clause de style ou d'une concession vague à l'esprit du temps. Elle est liée à la fois à la forme et au contenu de la Déclaration.

Tout d'abord, sa forme déclarative, et non prescriptive, implique la préexistence de droits qui doivent d'abord être reconnus pour pouvoir être proclamés. Ainsi, le préambule indique que les droits de l'homme doivent être arrachés à l'oubli et au mépris. A l'amnésie historique des droits naturels qui est la cause «des malheurs publics et de la corruption des gouvernements», le préambule oppose une anamnèse qui à la fois rappelle l'homme à sa véritable nature et fonde la possibilité d'une reconstruction de l'espace social et politique. Aux malheurs de l'histoire, est opposé un optimisme fondé sur la capacité de la raison à modifier le vouloir. Ainsi Lafayette pouvait-il dire le 11 juillet 1789, juste avant de présenter son projet de déclaration : «La première [utilité pratique d'une déclaration des droits] est de rappeler les sentiments (que la nature a gravés) dans le cœur de tous les hommes, mais qui prennent une nouvelle force, lorsqu'ils sont solennellement reconnus par une nation; développement d'autant plus intéressant que, pour qu'une nation aime la liberté, il suffit qu'elle la connaisse; pour qu'elle soit libre, il suffit qu'elle le veuille» (4).

Ensuite, au niveau du projet dont elle est porteuse, la Déclaration exige également une référence au droit naturel. Ce projet est la mise en pratique de l'idée d'une fondation en raison de l'institution politique. Or cette fondation ne peut avoir recours à aucun modèle historique préexistant. Dans son discours du 9 juillet, tout en rappelant que les Français «ont toujours senti qu'ils avaient besoin d'un roi», Mounier indiquait déjà qu'on chercherait vainement dans l'histoire de France l'exemple de la constitution dont la nation a besoin. L'idée sera reprise souvent, en particulier par Paine contre Burke : «si l'Antiquité peut servir d'autorité, on peut successivement produire mille autorités qui se contredisent l'une l'autre; mais en continuant notre chemin nous trouverons la vérité, nous arriverons au temps où l'homme sortit des mains du créateur. Qu'était-il alors? *homme*; *homme* était son grand et seul titre, et on ne peut lui en donner de plus ancien» (5). La fondation rationnelle de la légitimité politique et la reconstruction de l'espace social doivent reposer sur des principes premiers et des vérités de raison, c'est pourquoi elles exigent le rappel des droits naturels. Ce rappel donne ici un sens méta-juridique à la Déclaration.

Cependant, ces droits naturels déclarés doivent devenir ceux du citoyen. L'opérateur du passage est indiqué par le couple souveraineté / loi. Mais cet opérateur doit intervenir de telle sorte que les droits naturels soient préservés et garantis : « le but de toute association politique est la conservation des droits naturels et imprescriptibles de l'homme » (art. II). Cette idée anime la plupart des projets qui ont, à un moment ou à un autre, fait l'objet de discussion. Ainsi selon Sieyès : « toute constitution politique ne peut avoir pour objet que de manifester, d'étendre et d'assurer *les droits de l'homme et du citoyen* » (6). Or, ce devenir positif des droits naturels fait jouer un rôle essentiel à la loi. S'il est vrai que « l'exercice des droits naturels de chaque homme n'a de bornes que celles qui assurent aux autres membres de la société la jouissance de ces mêmes droits » (art. IV), ces bornes sont déterminées par la loi positive. Le statut de cette loi est défini dans l'article VI : « La loi est l'expression de la volonté générale ». Il s'agit, bien entendu, d'une hérésie rousseauiste puisque la volonté générale inclut le principe de la représentation, selon le déplacement que Sieyès lui fait subir. La fonction fondamentale de la loi positive est encore plus sensible dans l'article VII : « tout citoyen appelé ou saisi en vertu de la loi doit obéir à l'instant; il se rend coupable par la résistance ». La garantie par l'Etat des droits naturels et imprescriptibles implique la réinterprétation de ces mêmes droits en fonction de la loi. On peut suivre cette réinterprétation à partir de l'article VI. Elle confère, au sein même de la Déclaration une prééminence fondamentale à la loi positive. En ce sens, la Déclaration ne suit pas la direction que Condorcet souhaitait lui voir adopter de « rempart des citoyens contre les lois injustes que leurs représentants pourraient être tentés de faire » (7).

Dans la configuration générale droits naturels/loi positive/droits de l'homme-citoyen, le droit naturel est requis pour fonder une souveraineté dont la loi est l'expression mais qui, en retour, n'est plus opposable, comme droit du citoyen à la loi positive. Ici on peut dire que le statut de la loi dans la Déclaration semble soustraire celle-ci à la régulation méta-juridique que cette Déclaration même, nous l'avons vu, se donnait pour tâche de remplir. C'est donc la normativité même d'une déclaration des droits, eu égard à l'ordre politique qu'elle est censée fonder qu'il faut interroger, en particulier à travers l'éclipse de la loi naturelle.

2. L'ÉCLIPSE DE LA LOI NATURELLE

Il serait sans doute vain de tenter de donner une présentation systématique des droits naturels qui figurent dans les deux premiers articles, puisque, en connaissance de cause, les Constituants ont opté pour la position de Mirabeau, favorable à une présentation « qui pût devenir facilement celle du peuple », plutôt que pour l'exposition raisonnée ou philosophique de Sieyès.

Il importe cependant de remarquer que dans l'exposition de Sieyès, les droits naturels sont déduits à partir du droit de propriété, dont la forme originaire est la propriété de sa propre personne : « La propriété de sa *personne* est le premier des droits ». De ce droit originaire découle la propriété sur les actions, donc la liberté, et la propriété du travail d'où se déduit la propriété réelle : « La propriété des objets extérieurs, ou propriété *réelle*, n'est pareillement qu'une suite et comme une extension de la propriété personnelle ». La propriété joue également un rôle fondamental dans la Déclaration (art. II et XVII). Bien que, dans le texte de 89, les droits naturels apparaissent comme des catégories convertibles qui laissent la porte ouverte à une multiplicité de déductions possibles, ils se ramènent cependant tous à des facultés de l'individu qu'on peut distinguer en propriétés et pouvoirs. En ce sens, il ne peut faire de doute que la Déclaration renvoie à la tradition des théories modernes du droit naturel, quelles que soient les autres influences qui aient pu s'exercer sur elle. Le jusnaturalisme a ouvert la possibilité d'une pensée des droits de l'homme, alors même qu'il n'implique pas nécessairement, dans ses figures dix-septièmistes en particulier, l'affirmation du caractère inaliénable de droits personnels, lequel est pourtant essentiellement lié à l'idée même de droits de l'homme. Qu'il nous suffise de rappeler ici que la définition par Grotius du second sens du droit comme « *qualité morale, attachée à la personne, en vertu de quoi on peut légitimement avoir ou faire certaines choses* » (8), est parfaitement compatible avec l'affirmation du caractère aliénable de la liberté individuelle (9). Et lorsque Hobbes ramène le droit naturel à « la liberté qu'a chacun d'user comme il le veut de son pouvoir propre, pour la préservation de sa propre nature » (10), et qu'il affirme le caractère inaliénable des droits qui sont liés à la préservation de la vie et même de la vie commode, cette théorie du droit subjectif est essentiellement liée à une théorie de l'Etat qui exige la délégation, pensée en termes d'autorisation, de la plupart des droits personnels.

Nous ne pouvons ici parcourir la chaîne des médiations par lesquelles, en particulier avec Pufendorf et surtout Locke, la doctrine du

droit subjectif devient véritablement une théorie des droits de
l'homme, et la question politique majeure, celle de la garantie des
droits naturels. En revanche, je voudrais tenter d'esquisser comment
chez deux théoriciens du droit naturel du XVIIIᵉ siècle, J.-J. Burlamaqui, d'une part, et Christian Wolff, d'autre part, les droits naturels
sont liés par une nécessité interne, quoique d'un statut différent chez
l'un et chez l'autre, à une théorie de la loi naturelle et de l'obligation
qui semble être éclipsée dans la Déclaration.

Après avoir donné comme définition générale de la notion de droit
« tout ce que la raison approuve, comme un moyen sûr et abrégé pour
parvenir au bonheur » (11), Burlamaqui distingue très classiquement
deux sens particuliers de la notion de droit naturel : celui de faculté ou
pouvoir d'agir et celui de loi. Au premier sens le droit naturel désigne
le pouvoir de se servir de sa liberté et de ses forces naturelles lorsque
celui-ci est approuvé par la raison ; au second sens, le droit naturel
désigne une règle d'obligation. Or ces deux sens sont intrinsèquement
liés : « Le droit et l'obligation sont deux idées relatives, l'une suppose
nécessairement l'autre, et l'on ne saurait concevoir de droit sans
obligation qui y réponde » (12). Des obligations naturelles, envelop-
pées dans les lois de nature, dont le fondement est Dieu, mais que
l'homme peut connaître par sa seule raison, il découle comme chez
Pufendorf, trois types de devoirs naturels de l'homme : envers Dieu,
envers lui-même et envers ses semblables. Quant aux droits subjectifs,
ils découlent de ces devoirs, c'est le cas de la liberté naturelle, du droit
de résistance, de l'égalité, etc. La loi naturelle permet donc de définir
les droits de l'homme et assure aussi la réciprocité des droits des
individus : « Au droit de *liberté* répond une obligation réciproque que
la loi naturelle impose à tous les hommes, et qui les engage à ne point
troubler les autres dans l'exercice de leur liberté tant qu'ils n'en
abusent pas » (13).

Bien que Wolff (14) se distingue de Burlamaqui sur le mode de
corrélation entre l'obligation et le droit subjectif, il n'en reste pas
moins que la déduction des droits naturels (égalité, liberté, droit à la
sécurité, etc.) reste fondamentalement dépendante de la loi naturelle.
Définie en fonction de l'essence de l'homme, la loi naturelle perfec-
tive (15) impose des obligations naturelles et universelles en fonction
desquelles les droits naturels sont conçus comme des moyens
d'accomplissement : « Le droit naturel, ou né avec nous, est celui qui
dérive d'une obligation naturelle, de sorte que cette obligation étant
posée, il faut que ce droit existe. Or la nature, ou l'essence de l'homme,
emporte certaines obligations. Elle établit donc certains droits » (16).

Cette dépendance des droits subjectifs par rapport aux obligations semble sous-tendre implicitement le débat du 4 août sur les droits et les devoirs, sans qu'on puisse prétendre que les Constituants (ou certains d'entre eux) se référaient à telle ou telle doctrine particulière. Je n'insisterai pas sur les éléments bien connus de ce débat, sinon pour indiquer que l'option d'élaborer une déclaration des seuls droits l'emporte par l'argument selon lequel la position des droits enveloppe corrélativement celle des devoirs. Je ferai cependant deux remarques sur cette option.

Premièrement, elle est présente chez Mably, qui oppose, à une version passablement édulcorée de la conception hobbiste (comme on disait à l'époque) du droit naturel illimité de l'état de nature, laquelle n'enveloppe aucune réciprocité de devoirs (17), l'idée que « si les hommes connaissaient le mal dans l'état de nature, ils ne pouvaient donc pas tout faire ; leur raison était leur loi [...], leurs droits étaient donc bornés, s'ils connaissaient le bien, ils avaient donc des devoirs à remplir » (18).

Deuxièmement, la critique la plus forte de la conception jusnaturaliste de la loi naturelle est celle de Rousseau, en particulier dans la préface du *Discours sur l'origine et les fondements de l'inégalité*. Rousseau reproche aux théoriciens du droit naturel d'avoir fait de l'homme un philosophe avant que d'en faire un homme : « Les modernes, ne reconnaissant sous le nom de loi qu'une règle prescrite à un être moral, c'est-à-dire intelligent, libre et considéré dans ses rapports avec d'autres êtres, bornent conséquemment au seul animal doué de raison, c'est-à-dire à l'homme, la compétence de la loi naturelle ; mais définissant cette loi chacun à sa mode, ils l'établissent tous sur des principes si métaphysiques qu'il y a même parmi nous, bien peu de gens en état de comprendre ces principes, loin de les trouver d'eux-mêmes. De sorte [...] qu'il est impossible d'entendre la loi de nature et par conséquent d'y obéir sans être un grand raisonneur et un profond métaphysicien » (19). Cette critique est reprise dans le *Contrat Social* : « Mais qu'est-ce donc enfin qu'une loi ? Tant qu'on se contentera de n'attacher à ce mot que des idées métaphysiques, on continuera de raisonner sans s'entendre, et quand on aura dit ce que c'est qu'une loi de la nature on n'en saura pas mieux ce que c'est qu'une loi de l'Etat » (20).

Mais Rousseau va jusqu'au bout de la logique de sa position, la norme qui assure l'existence des droits et leur corrélation aux devoirs est la loi de l'Etat, expression de la volonté générale : « Il faut donc des conventions et des lois pour unir les droits aux devoirs et ramener la justice à son objet» (21). On comprend donc que, dans ce contexte, les droits de l'homme soient moins des droits naturels postulés *a priori* en vue de fonder en raison la légitimité politique que des droits du citoyen qui résultent de l'institution de l'Etat par le contrat. Certes, il y a bien, chez Rousseau, une liberté naturelle et inaliénable de l'homme : «renoncer à sa liberté c'est renoncer à sa qualité d'homme, aux droits de l'humanité, même à ses devoirs». Certes, c'est bien cette liberté qui permet de rendre compte des termes du problème que le contrat social doit résoudre : l'existence d'une association politique où «chacun s'unissant à tous n'obéisse pourtant qu'à lui-même et reste aussi libre qu'auparavant». Mais il n'en reste pas moins que c'est le passage de l'état de nature à l'état civil qui fait que «la voix du devoir» succède «à l'impulsion physique et le droit à l'appétit», et qui substitue la liberté civile à la liberté naturelle ainsi que le droit de propriété à la possession qui est un effet de la force; de sorte que «si les abus de cette nouvelle condition ne le dégradaient souvent au-dessous de celle dont il est sorti, il devrait bénir sans cesse l'instant heureux qui l'en arracha pour jamais, et qui, d'un animal stupide et borné, fit un être intelligent et un homme» (22).

Il semble donc qu'en faisant référence aux «droits naturels et imprescriptibles de l'homme», référence nécessaire en fonction de son projet même, la Déclaration de 89 reprenne, plus ou moins directement, la notion de droit naturel élaborée dans la tradition jusnaturaliste, tout en assumant implicitement la critique rousseauiste de la loi naturelle. Les droits naturels, reconnus *a priori,* sont ainsi arrachés au fondement théorique, voire théologique, qui assurait à la fois la détermination de leur contenu et leur réciprocité avec les devoirs. Désormais, la corrélation entre droits et devoirs ne pourra être assurée que par la loi positive. Mieux, c'est le contenu des droits qui se trouve déterminé par elle. Dans les termes de l'article IV : «La liberté consiste à faire tout ce qui ne nuit pas à autrui : ainsi l'exercice des droits naturels de chaque homme n'a de bornes que celles qui assurent aux autres membres de la société la jouissance de ces même droits. Ces bornes ne peuvent être déterminées que par la loi». Dès lors, de quelle valeur normative la reconnaissance des droits naturels peut-elle être porteuse par rapport aux lois de l'Etat quand ce sont ces lois qui en définissent les bornes, c'est-à-dire, en quelque façon, le contenu? Si la référence aux droits naturels fournit les principes *a priori* d'une refondation de l'espace juridico-politique, peuvent-ils exercer une quelconque régulation sur l'exercice du pouvoir?

En définissant les conditions d'existence d'un pouvoir politique légitime et en fondant sur lui l'existence de droits qui ne peuvent avoir de réalité qu'en tant que droits du citoyen, Rousseau avait pourtant montré que la question fondamentale était celle du type et du mode d'exercice de la souveraineté, parce que c'est d'eux que dépend le respect des droits des individus.

Ainsi, séparé de son fondement dans la loi naturelle, le rappel des droits naturels dans le texte de 89 ne peut jouer une fonction régulatrice comparable à celle qu'il avait dans la théorie politique de Locke par exemple. En effet, pour celui-ci la loi naturelle devenait une norme méta-politique du pouvoir politique et assurait l'existence d'un droit de résistance du *peuple*. Il n'en est pas de même dans la Déclaration où précisément le droit de résistance, invoqué dans l'article II, ne concerne qu'une résistance individuelle qui relève, dans la société, moins du droit que de l'exception au droit (23). Face à l'ordre politique, la notion revient en un sens tout différent et même inverse : « tout citoyen appelé ou saisi en vertu de la loi doit obéir à l'instant ; il se rend coupable par la résistance » (art. VII).

D'autre part, séparés de la loi naturelle, les droits de l'homme sont arrachés à leur fondement théologique (24) pour être rapportés à l'homme seul, sujet et objet du droit. Mais s'ils conservent de leur fondement originaire une signification éthique, ne risquent-ils pas de perdre leur immuabilité ? C'est ici l'horizon d'une refonte incessante de l'idée de droit de l'homme qui s'ouvre selon l'idée que l'homme se fait de lui-même. Paradoxalement, le droit naturel, rempart traditionnel à l'historicisme, en devient le produit. Et l'on sait que la première déclaration de la Révolution Française, n'en fut pas la dernière.

Yves Charles ZARKA
(C.N.R.S., Paris)

NOTES

(1) La documentation est donnée dans Antoine DE BAECQUE, Wolfgang SCHMALE et Michel VOVELLE, *L'An 1 des droits de l'homme*, Paris, C.N.R.S., 1988, p. 62. Nous nous réfererons également, sur les aspects historiques de la Déclaration, à Stéphane RIALS, *La Déclaration des droits de l'homme et du citoyen*, Paris, Hachette, 1988, et à Marcel GAUCHET, *La Révolution des droits de l'homme*, Paris, Gallimard, 1989. Pour l'analyse du sens philosophique enveloppé dans l'idée de déclaration des droits, on pourra se référer à l'admirable article de Simone

GOYARD-FABRE, « La Déclaration des droits ou le devoir d'humanité :
une philosophie de l'espérance », in *Droits, n° 8*, 1988, pp. 41-54. Cf.
également, Lucien JAUME, *Les déclarations des droits de l'homme*, Paris,
GF-Flammarion, 1989.

(2) Cf. S. RIALS, *op. cit.*, p. 264.

(3) Cf. Marcel THOMANN, « Origines et sources doctrinales de la
Déclaration des droits », in *Droits, n°8*, 1988, pp. 55-70 ; « Réalités et
mythes du droit naturel en Europe vers 1798 », in *Revue d'Histoire des
Facultés de Droit et de La Science Juridique, n° 6*, 1988, pp. 63-76.

(4) *L'An 1 des droits de l'homme, op. cit.*, p. 65.

(5) Thomas PAINE, *Les Droits de l'homme*, Paris, Belin, 1987, p. 96.

(6) Cf. *L'An 1 des droits de l'homme, op. cit.*, p.290.

(7) Cf. également le sens que Condorcet donne lui-même à son projet
de déclaration des droits : « Ainsi aucune autorité établie dans la société
et par elle, ne peut légitimement soit par aucun acte, soit même par une
loi générale et consentie par la pluralité, ni violer, ni restreindre aucun de
ces droits, ou aucune de leurs conséquences évidentes ; et l'exposition de
ces droits annonce à la fois les devoirs et les limites du pouvoir social qui
n'a d'autorité légitime que pour les maintenir » (cf. *L'An 1 des droits de
l'homme, op. cit.*, p. 290).

(8) GROTIUS, *Le Droit de la Guerre et de la Paix*, I, I, 4, traduction
Barbeyrac, Amsterdam, 1724, réimpression, Caen, 1984, p. 41.

(9) « Quand on dit, que les hommes ou les peuples sont *naturellement
libres*, cela doit s'entendre d'un droit naturel qui précède tout acte
humain, et d'une exemption d'esclavage, mais non pas d'une incompa-
tibilité absolue avec l'esclavage : c'est-à-dire que personne n'est naturellement esclave, mais que personne n'a droit de ne le devenir jamais ; car
en ce dernier sens personne n'est libre » (*ibid.*, II, XXII, 11, p. 666).

(10) HOBBES, *Léviathan*, edition Macpherson, Penguin Classics,
p. 189, traduction F. Tricaud, Paris, Sirey, 1971, p. 128.

(11) BURLAMAQUI, *Elements du droit naturel*, 1783, réimpression,
Paris, Vrin, 1981, I, III, p. 16.

(12) *Ibid.* I, IV, p. 17.

(13) *Ibid.* II, V, p. 81.

(14) Il ne s'agit pas pour nous de prétendre que la théorie du droit
naturel de Wolff ait eu une incidence quelconque en France pendant la
Révolution, mais de montrer sur ce deuxième exemple la liaison
essentielle du droit naturel à une théorie de l'obligation.

(15) Christian WOLFF, *Principes du droit de la nature et des gens,* par J. M. S. Formey, Amsterdam, 1758, réimpresion, Caen, 1988, I, II, 69, p. 33.

(16) *Ibid.,* I, I, 10, pp. 4-5.

(17) MABLY, *Des Droits et des Devoirs du Citoyen,* Paris, Nizet, 1972, p. 10 : «Tant que les hommes restèrent dans cette situation, leurs droits étaient aussi étendus que leurs devoirs étaient bornés. Tout appartenait à chacun d'eux ; tout homme était une espèce de monarque qui avait droit à une monarchie universelle».

(18) *Ibid.,* pp. 13-14.

(19) ROUSSEAU, *Discours sur l'origine et les fondements de l'inégalité,* préface, Paris, Gallimard, 1964, pp. 124-125.

(20) ROUSSEAU, *Du Contrat Social,* II, VI, Paris, Gallimard, 1964, p. 378.

(21) *Ibid.*

(22) *Ibid.,* I, VIII, p. 364.

(23) Cf. sur ce point Marcel GAUCHET, *op. cit.,* pp. 150-157.

(24) Cela n'implique en aucune manière que la Déclaration enveloppe une négation de Dieu, mais seulement que le rapport de l'homme à Dieu se trouve modifié. Les droits naturels ne découlent plus de cette parole naturelle de Dieu qu'est la loi naturelle, mais rélèvent d'une autoaffirmation de l'homme face à un Dieu muet.

DROIT ET HISTOIRE CHEZ BURKE (1)

Pour comprendre l'originalité de la position de Burke à l'égard de la Révolution française, le mieux est, me semble-t-il, de partir de la remarquable diversité des interprétations dont son œuvre a été l'objet. Michel Villey voyait en lui un grand représentant de la tradition aristotélicienne (pour laquelle l'universalité du droit naturel n'empêche nullement la variabilité du droit, qui n'existe que par rapport à une situation réellement donnée dans la Nature ou à une cité *singulière*); d'un autre côté cependant, Leo Strauss, défenseur lui aussi de la tradition classique, concluait au contraire à la *modernité* de l'historicisme burkien, pour lequel la prudence s'*oppose* à la Raison, au lieu de simplement pallier ses défaillances. Dans un autre contexte, on remarquera aussi que, si beaucoup de libéraux anglo-saxons ont toujours reconnu en Burke un des leurs (du fait de son attachement au marché et à la Constitution anglaise), l'auteur des *Réflexions sur la Révolution de France* est également un des inspirateurs du romantisme allemand, qui fut une des premières et des plus radicales critiques de la conception anglaise de la société civile. On rappellera aussi que, dans la réflexion contemporaine, Hannah Arendt et Hans-Georg Gadamer, ont repris des thèmes « burkiens » (celui de la priorité du monde vécu et de la tradition sur la réflexion et la critique) en les intégrant à une problématique d'inspiration phénoménologique.

Comment peut-on être à la fois un héritier du droit naturel classique, un représentant des Lumières et un précurseur du romantisme ou de la Phénoménologie ? Je voudrais tenter de répondre à cette question pour faire apparaître l'*unité* de la pensée de Burke. Pour cela, je partirai de l'analyse de sa *position politique* en 1790, fondée sur la comparaison entre la Révolution française et les Révolutions anglaise (1688) et américaine (1776), pour montrer ensuite la portée des thèmes romantiques qui apparaissent chez lui, en analysant son rapport aux Lumières anglo-écossaises.

I. LES « DROITS DE L'HOMME » ET LES « DROITS DES ANGLAIS »

L'apport le plus connu de la doctrine de Burke est sans aucun doute sa critique de l'«abstraction» des droits de l'homme : la Révolution française a eu le tort de chercher à *créer ex nihilo* un ordre social fondé sur la liberté, alors que celle-ci ne peut être que le *résultat* d'une *histoire* particulièrement heureuse, dont l'Angleterre offre le meilleur exemple. On en conclut en général que Burke conteste radicalement l'*universalisme* et l'*individualisme* de la doctrine révolutionnaire française, pour ne reconnaître de droit que dans des *communautés historiquement situées.* Or, cette interprétation présente une double difficulté. Tout d'abord, en effet, malgré son hostilité à l'artificialisme du droit naturel moderne, Burke lui emprunte aussi des arguments essentiellement individualistes (la théorie du Contrat social) (2), même si c'est pour les retourner dans un sens favorable à l'obéissance aux pouvoirs constitués ; en outre, on ne peut pas dire qu'il exclue toute espèce de référence à un idéal d'universalité juridique car, s'il refuse les «droits de l'homme» *tels que les conçoit la Révolution française,* il se présente néanmoins comme un défenseur authentique des *véritables droits des hommes,* («True Rights of men») qui sont bien les droits de *tous* les hommes :

> Tous les hommes ont droit aux fruits de leur industrie, ainsi qu'aux moyens de la faire fructifier (3)... Tout ce qu'un homme peut entreprendre par lui-même, sans léser autrui, il est en droit de le faire (4) (5).

Quelle est, dans ces conditions, la véritable portée de la critique burkienne ? Elle porte en fait sur trois points où Burke s'oppose terme à terme à la doctrine française :

— tout d'abord, la pensée de Burke présuppose une *anthropologie pessimiste,* d'origine chrétienne, pour laquelle une certaine *transcendance* du pouvoir est nécessaire à la répression de la méchanceté humaine ;

— dans toute son œuvre (6), Burke insiste sur les avantages de l'état civil, et récuse l'idée que la politique devrait chercher à préserver ou à restaurer la liberté naturelle ;

— enfin, et c'est là sans doute l'essentiel, il nie que la *liberté politique* et le droit de modifier l'ordre politique fassent partie intégrante des «véritables droits de l'homme» (7).

En fait, l'œuvre de Burke opère ainsi un renversement systématique de la doctrine de Rousseau, dont les révolutionnaires français sont pour lui les héritiers : contre l'idée de la bonté naturelle des hommes, il reste fidèle à la doctrine chrétienne du péché originel; à l'éloge de la liberté et de l'indépendance naturelles, il substitue l'apologie des bienfaits de la civilisation; à l'idée que la participation politique est le critère premier de la liberté, il oppose la priorité des libertés civiles, tout en affirmant la prééminence de l'histoire et du statut sur la volonté ou sur le contrat dans la Constitution de l'Etat.

On comprend ainsi aisément quel est le sens de la référence de Burke aux « Droits des Anglais ». Elle montre tout d'abord (a) la priorité logique de la collectivité politique sur les « droits » dont elle peut seule garantir l'effectivité; (b) elle s'inscrit dans une polémique générale contre l'illusion volontariste de la reconstruction consciente de l'ordre social; (c) elle permet enfin, surtout peut-être, de défendre une certaine interprétation de l'histoire anglaise, qui s'oppose radicalement à celle que veulent promouvoir les défenseurs anglais de la Révolution française comme l'ecclésiastique unitarien Price, qui est l'adversaire privilégié de Burke dans les *Réflexions*... Chez ses amis anglais, l'apologie de la Révolution française était avant tout un moyen de combattre les aspects les plus conservateurs de la Constitution anglaise (l'Eglise établie, l'aristocratie, la Monarchie) : ce sont précisément là les aspects du régime anglais que Burke veut défendre en attaquant l'exemple français. Mais le réquisitoire de Burke a aussi un sens plus profond : le danger principal de la Révolution française, c'est qu'elle risque de *déchirer le voile* que la tradition politique anglaise avait patiemment tissé sur ses aspects les plus révolutionnaires. En ce sens, le principal enjeu de la critique burkienne de la Révolution se révèle dans son interprétation de la « Glorieuse Révolution » de 1688, et dans les objections que Paine devait lui opposer un peu plus tard sur ce sujet dans son livre sur *Les droits de l'homme* (8). Pour Burke, la Révolution de 1688 ne peut être mise sur le même plan que celle de 1789 parce qu'elle avait pour but de *conserver* et non de bouleverser la Constitution du royaume; c'est pourquoi à ses yeux le Parlement anglais n'a pas fait alors acte de souveraineté ou de volonté en appelant Guillaume d'Orange : il a *obéi* à la nécessité créée par une situation d'urgence. Pour Paine, au contraire, l'essentiel est précisément que le Parlement, agissant pour la Nation, se soit attribué le droit de reconnaître cette nécessité pour telle, et ait ainsi restitué au peuple anglais (ou à la nation) sa souveraineté : c'est au contraire en rétablissant l'ancienne constitution monarchique et aristocratique qu'il a outrepassé ses droits puisqu'il prétendait ainsi enchaîner les générations futures à la volonté présente de la Nation. Pour l'un et l'autre, la Révolution française a pour effet d'*expliciter* ce que les précédentes révolutions avaient laissé implicite; mais ce qui est la condition de l'émancipation aux yeux de Paine est pour Burke la pire menace : privé de la protection que lui donne la société civile, l'homme se verrait réduit a la «nudité de (sa) tremblante nature».

II. ENTRE LUMIÈRES ET ROMANTISME

La polémique de Burke contre la Révolution française peut donc légitimement être comprise de deux manières. D'un côté, elle s'inscrit dans une tradition à la fois classique et chrétienne qui affirme la priorité de la *Loi naturelle* sur les *droits subjectifs* et qui, tout en défendant la nécessité de l'obéissance civile, reconnaît une certaine validité au droit de résistance, qui est en quelque sorte la sanction juridique de la tyrannie; c'est ainsi, notamment, que l'on peut comprendre l'action de Burke avant 1789 (9), et ses positions favorables aux révolutions de 1688 et de 1776 (10). D'un autre côté, ce qui est au premier plan chez Burke, ce n'est pas la *Nature,* mais l'*Histoire* : c'est en son nom que Burke dénonce les illusions de la créature lorsque celle-ci prétend sortir de sa condition finie et, surtout, c'est grâce à elle qu'il peut montrer *in concreto* la nature de l'ordre politique, dont le progrès va du gouvernement au développement des libertés civiles et de là seulement à la liberté politique.

Mais cette référence à l'histoire est elle-même profondément ambiguë : l'insistance parfois emphatique sur la *tradition* va de pair avec une vision très «libérale» du progrès de la civilisation, et la problématique économique d'Adam Smith s'y mêle à des thèmes qui annoncent déjà le romantisme politique. La question de la cohérence de la vision burkienne de l'histoire – la plus difficile sans doute de celles que pose l'interprétation des *Réflexions...* – a été éclaircie de manière décisive, et à mes yeux définitive, par J. G. A. Pocock, qui a montré que la doctrine de Burke doit avant tout être comprise comme une reprise critique des analyses des historiens écossais de la «société civile» (11). Pour ceux-ci, l'originalité de l'histoire de l'Europe s'explique en grande partie par le rôle civilisateur qu'y ont joué des institutions caractéristiques de la chrétienté médiévale : la *chevalerie* a permis d'adoucir les mœurs de sauvages guerriers en les soumettant au code de l'honneur et en modifiant leur relation au beau sexe et l'Eglise a aidé à la fois à la sauvegarde des lettres et à la rationalisation du droit en favorisant la formation d'une classe de lettrés et de juristes. C'est cette idée que reprend l'apologie burkienne de l'«esprit de chevalerie», tout en l'infléchissant dans un sens plus conservateur : l'aristocratie et l'Eglise ne sont pas seulement les *préconditions historiques* de l'essor de la société civile, ils sont aussi un *héritage* dont la préservation est la condition *actuelle* de la survie de la civilisation.

Il n'y a donc pas de *contradiction* formelle entre les textes où Burke fait l'éloge du marché et sa défense de l'esprit de chevalerie ou son apologie des «préjugés» contre l'illusion cartésienne de l'autonomie du jugement individuel éclairé par l'évidence. Néanmoins, la position de Burke explique aussi sa place singulière dans l'histoire de la philosophie politique. D'un côté, en effet, Burke ne cesse jamais, même dans ses textes les plus notoirement «traditionalistes», de parler la langue de l'économie politique et de l'utilitarisme» : si nous devons nous en remettre aux «préjugés», c'est aussi parce tel est notre *intérêt bien entendu,* car plutôt que d'«exposer l'homme à vivre et à commercer avec ses semblables avec son propre fonds de raison», il vaut mieux «avoir recours à la banque générale et au capital constitué des nations et des siècles» (12). D'un autre côté, cependant, cette autolimitation des prétentions de l'individu conduit aussi à une remise en cause radicale, à la fois *irrationaliste* et *théologique,* du rationalisme moderne : en détruisant les protections créées par la tradition, l'«empire irrésistible des Lumières et de la Raison» a dévoilé la «nudité de notre tremblante nature» qui restait jusqu'alors «masquée» (13) – et la vérité ultime du Contrat social ne peut être que dans le «grand contrat primitif de la société éternelle... qui relie le monde visible au monde invisible» (14).

Parce qu'il a vu dans la Révolution française l'œuvre de la fraction la plus radicale des Lumières, Burke a donc été conduit à la découverte de tous les grands thèmes des critiques ultérieures de la philosophie du XVIIIe siècle; sans que l'on puisse la réduire à aucune de ces doctrines, son œuvre est ainsi une des sources à la fois du conservatisme anglo-saxon, de la théologie contre-révolutionnaire française et de l'«irrationalisme» romantique et on peut même estimer que le rationalisme hégélien lui-même doit beaucoup à sa critique de l'«abstraction». On me permettra cependant ici de conclure par une remarque de style hégélien : si même on admet que la Raison ne peut se réaliser contre l'histoire, il faut aussi reconnaître que la réalisation d'un ordre raisonnable ne se conçoit pas sans l'*universalisation* des droits qui le définissent, sans la promotion de la Volonté au principe de l'ordre politique, et sans l'*explicitation* de son fondement rationnel. En ce sens, l'œuvre de Burke est sans doute *philosophiquement intenable ;* sa grandeur tient à ce qu'elle nous fait sentir avec un art incomparable les limites que notre finitude impose aux ambitions de la Raison : les *Réflexions*... ne nous proposent peut-être pas une philosophie satisfaisante, mais elles nous offrent une incomparable phénoménologie de l'expérience politique.

Philippe RAYNAUD
(C.N.R.S. Paris)

NOTES

(1) Je reprends ici des analyses que j'ai développées dans ma *Préface* de la réédition des *Réflexions sur la révolution de France*, Paris, Hachette, 1989, coll. Pluriel.

(2) Voir *Réflexions...*, *op. cit.*, p. 75-76.

(3) Cf. «Déclaration des droits de l'homme et du citoyen», art. 17.

(4) Cf. «Déclaration des droits de l'homme et du citoyen», art. 4.

(5) *Réflexions...*, *op. cit.*, p. 74.

(6) Voir notamment son premier grand texte politique, *A Vindication of a natural society* (1756).

(7) *Réflexions...*, *op. cit* p. 75 : «Quant au droit à une part de pouvoir et d'autorité dans la conduite des affaires de l'Etat, je nie formellement que ce soit là un des droits directs et originaires de l'homme dans la société civile; car pour moi il ne s'agit ici que de l'homme civil et social, et d'aucun autre. Un tel droit ne peut relever que de la convention.».

(8) Thomas PAINE, *The Rights of Man* (1791-1792), rééd. Londres et New York, Dent & Dutton, Everyman's Library, 1979; trad. *Les droits de l'homme*, rééd. Paris, Belin, 1987, «Littérature et politique».

(9) Voir en particulier sa campagne pour l'«impeachment» du gouverneur Hastings et contre les abus de la Compagnie des Indes Orientales.

(10) Burke a défendu l'idée d'un *compromis* avec les colonies d'Amérique, et a accepté l'indépendance américaine qui lui paraissait un moindre mal; en ce sens, il était alors du même côté que Paine et Price, mais contrairement à ceux-ci, il ne fondait pas son action sur une doctrine révolutionnaire des droits de l'homme; plus tard (notamment dans l'*Appel des Whigs modernes aux whigs anciens* (1791)), il est revenu sur la continuité entre l'inspiration de 1688 et celle de 1776.

(11) Voir notamment : J. G. A. POCOCK, «The Political Economy of Burke's Analysis of the French Revolution», in *Virtue, Commerce and History*, Cambridge, Cambridge University Press, 1985; «Edmund Burke and the Revolution of Enthousiasm : The Context as Counter-Revolution» in F. FURET (ed.), *La Révolution française et la culture politique moderne*, vol. III, Colloque de l'Ecole des Hautes Etudes en Sciences Sociales, Oxford, Pergamon Press, 1989. Dans le même sens, voir aussi : C. B. MACPHERSON, *Burke*, Oxford, Oxford University Press, Past Masters, 1980.

(12) *Réflexions, op. cit.*, p. 110.

(13) *Réflexions, op. cit.*, p. 97.

(14) *Réflexions, op. cit.*, p. 123.

BENTHAM CONTRE LES DROITS DE L'HOMME (1)

L'attitude idéologique de Bentham envers la Révolution française paraît d'emblée frappée au coin d'une certaine ambiguïté. D'une part, comme Paine, il se voit fait citoyen français − le 23 août 92, par l'Assemblée Législative, sur la proposition de Brissot ; cet honneur récompense d'ailleurs deux projets de réforme qu'il avait adressés à la Constituante en 91. Mais, d'autre part, comme Burke, il s'en prend très vigoureusement à la Déclaration des droits de l'homme dans un texte intitulé *Sophismes anarchiques*, rédigé en 1795 mais publié seulement en 1816 (2), qui attaque la Déclaration de 89, celle de 93 et le projet publié par Sieyès en 89 (3). C'est cette ambiguïté dont il prend explicitement acte lui-même, en écrivant à Wilberforce, le 1er septembre 96 :

> En vérité, s'ils lisaient une *analyse* que j'ai chez moi de leur chère *Déclaration des droits*, il n'y a pas, peut-être, un seul être sur terre qui serait moins le bienvenu chez eux que je ne pourrais m'attendre à l'être ; mais le papier dort ici, avec bien *d'autres* papiers, qui leur seraient également désagréables, très tranquillement sur mes rayons (4).

Et il est impossible d'évoquer une quelconque « évolution » puisque, dès le début 89, Bentham s'en était pris aux Déclarations des droits américaines, en particulier celles de Virginie et de Caroline (5). S'agirait-il alors d'une contradiction ? Et si oui, d'une contradiction théorique ou d'une contradiction entre théorie et pratique ?

I. BENTHAM JOUE BURKE CONTRE PAINE ET VICE-VERSA

En réalité, la critique de Bentham est parfaitement cohérente ; elle consiste simplement à dépasser l'alternative Burke/Paine en optant pour un franc réformisme libéral.

L'empirisme de Burke se définissait essentiellement comme cumulatif, c'est-à-dire traditionaliste : le critère du droit n'était pas l'utile, mais la conformité à l'héritage, l'exemple ancestral, en conséquence du double parti pris selon lequel il ne faut changer d'une part que quand il est devenu impossible de faire autrement, d'autre part qu'à seule fin de préserver (6). C'est évidemment contre Burke que Bentham écrit :

> (...) de même qu'il n'y a pas de droit qui ne doive être maintenu aussi longtemps qu'il est dans l'ensemble avantageux à la société qu'il soit maintenu, de même il n'y a pas de droit qui ne doive être aboli quand son abolition est avantageuse à la société (7).

Les droits «utiles» sont à établir précisément contre les survivances inertiales de la tradition et leur maintien est strictement conditionné par la conjoncture qui les dépouille de toute légitimité dès lors que s'évanouit leur utilité. Il ne s'agit donc pas de préserver le passé mais d'aller de l'avant. C'est pourquoi Bentham va reprendre le slogan de Paine : défendre les droits des vivants contre l'autorité des morts (8) :

> Quelle est la source de ce souci prématuré d'établir des lois fondamentales ? C'est la vieille vanité qui conduit à se prétendre plus sage que la postérité lointaine – plus sage que ceux qui auront eu plus d'expérience ; le vieux désir de régner sur la postérité ; la vieille recette pour mettre les morts à même d'enchaîner les vivants (9).

Bentham retrouve Paine dans l'exacte mesure où il retrouve la dénégation libérale du passé solidaire d'une libération du futur, où il retrouve l'exigence de toujours pouvoir ressaisir le présent contre les pesanteurs morbides de la tradition.

Ici, le lecteur pourrait légitimement nous accuser d'un contresens. Car, s'il est exact que Bentham retrouve Paine contre Burke, il est non moins certain que le texte que nous venons de citer fait jouer Paine contre Paine lui-même : les «lois fondamentales» dont il serait présomptueux de vouloir enchaîner la postérité, ce sont explicitement les droits de l'homme et du citoyen. Défendre les vivants, ce n'est pas défendre des droits naturels et éternels dont l'irrespect justifierait la table rase révolutionnaire, c'est défendre une utilité collective conjoncturelle qui concentre toute l'attention politique sur les contingences du présent. De ce point de vue, il faut se ranger du côté de Burke contre toute aberration anarchiste :

> Un grand mérite dans une bonne administration, c'est qu'elle procède doucement dans la réforme des abus ; c'est qu'elle ne sacrifie pas les intérêts existants ; c'est qu'elle pourvoit aux jouissances des individus ; c'est qu'elle prépare graduellement les bonnes institu-

tions; c'est qu'elle évite tout changement violent dans les conditions, les situations et les fortunes (10).

S'il ne faut pas conserver par principe, il ne faut pas non plus détruire mais améliorer. Par cette volonté de frayer une troisième voie, réformiste, au-delà de l'alternative Burke/Paine, c'est la lettre de l'empirisme humien, et sans doute aussi son esprit, que Bentham retrouve et accomplit :

> Les princes doivent prendre l'humanité comme ils la trouvent et ne peuvent prétendre introduire aucun changement violent (*violent change* comme dans le texte de Bentham qui vient d'être cité) dans les principes et les façons de penser qui sont les siens. Il faut que beaucoup de temps s'écoule, rempli de toutes sortes d'accidents et de circonstances, pour produire ces grandes révolutions qui modifient profondément l'aspect des affaires humaines (11).

La position de Bentham est donc théoriquement très cohérente. Plus sans doute que celle de Burke qui ne laissait pas d'osciller entre l'empirisme cumulatif évoqué plus haut et un retour à une interprétation cosmo-théologique du droit naturel. Plus aussi que celle des libéralismes français immédiatement post-révolutionnaires, comme ceux de Constant ou de Madame de Staël, qui se verront contraint d'assumer *et* de refouler les catégories révolutionnaires héritées de 89. Il semble également impossible de reprocher à Bentham une contradiction entre cette théorie et sa pratique de collaboration objective, ses propositions de réforme à la Constituante, dans la mesure où celles-ci s'inscrivent dans une stratégie d'opportunisme généralisé qui a conduit Bentham à offrir généreusement ses services à Alexandre Ier, à J. Madison, au Prince d'Egypte Mohamed Aly et à quelques autres (12). De ce point de vue, il n'y a donc nulle contradiction, mais élaboration d'une ontologie juridique à partir de laquelle Bentham va pouvoir déployer une critique originale des droits de l'homme.

II. CONTRE LE PRINCIPE DES DÉCLARATIONS

C'est en effet à partir de cette continuité empiriste libérale que Bentham va violemment récuser le principe des déclarations :

> Ce que je prétends attaquer, ce n'est pas le sujet ou le citoyen de tel ou tel pays, ce n'est pas tel ou tel citoyen, ce n'est pas le citoyen Sieyès ou n'importe quel autre citoyen, mais ce sont tous les droits anti-légaux de l'homme, toutes les déclarations de tels droits. Ce

que je prétends attaquer, ce n'est pas l'exécution d'un tel projet dans telle ou telle occasion, c'est le projet lui-même (13).

L'affirmation de droits naturels imprescriptibles est foncièrement inacceptable car elle s'enracine dans le désir monstrueux d'institutionnaliser l'anarchie :

> Quel était donc leur but en déclarant l'existence de droits imprescriptibles et sans spécifier un quelconque critère qui puisse permettre d'en reconnaître un seul ? Ceci, et rien d'autre : exciter et entretenir un esprit de résistance à toutes les lois, un esprit d'insurrection contre tous les gouvernements (14).

Cet anarchisme s'enracine lui-même dans le sophisme contractualiste qui affirme, contre l'évidence, l'existence de droits présents dans l'état de nature, présents en droit mais menacés par l'état effectif de guerre, cet écart entre le droit et le fait justifiant l'érection d'un pouvoir politique. Toujours dans le sillage humien, Bentham refuse cette scission du droit et du fait : dans l'état de nature, il n'y a pas de droits mais seulement d'une part des penchants qui exigent d'être réglementés par des droits positifs, d'autre part des facultés naturelles qui, indissociablement, exigent d'être garanties par ces mêmes droits positifs – et il n'y a de droit que positif, le droit ne surgissant qu'avec la création du politique (15) :

> Nous savons ce que c'est, pour les hommes, que de vivre sans gouvernement et, vivant sans gouvernement, de vivre sans droits (...) ; par exemple, chez les sauvages des Nouvelles-Galles du Sud dont le mode de vie nous est si bien connu : aucune habitude à l'obéissance et donc pas de gouvernement ; pas de gouvernement et donc pas de lois ; pas de lois et donc rien de tel que des droits ; pas de sécurité ; pas de propriété (...) (16).

On voit bien ici comment Bentham conclut, en bonne logique humienne, par exemple, de l'inexistence effective de la propriété dans l'état de nature à l'inexistence du droit naturel de propriété (17), c'est-à-dire du fait au droit. Il va alors de soi que le contrat social est une fiction non hypothéthique mais illusoire :

> Le contrat, comme origine des gouvernements, est une pure fiction ou, en d'autres termes, un mensonge (18).

On comprend aussi, conséquemment, que Bentham récuse la distinction homme/citoyen :

> J'observe que le mot «hommes» est constamment associé, dans le langage de l'Assemblée elle-même, au mot «citoyen». Je l'exclus par conséquent de la question et je considère la déclaration de la

même manière que l'a fait M.Turgot, comme la déclaration des droits de tous les hommes en état de citoyenneté ou de société politique (19).

Le principe même de toute déclaration des droits de l'homme se voit ainsi catégoriquement récusé selon une modalité qui n'est pas celle de Burke puisque celui-ci radicalisait la coupure état de nature/état politique, en affirmant l'impossibilité de jouer sur les deux tableaux (20), alors que Bentham, au contraire, efface la distinction, en même temps que celle du droit et du fait.

III. LES CONTRADICTIONS INTERNES DES DÉCLARATIONS

Mais Burke, s'il éliminait les faux droits de l'homme (et d'abord la souveraineté populaire comme droit d'être juge dans sa propre cause), était conduit à préserver « the *real* rights of men » auxquels il conférait un statut exclusivement empirique, par opposition aux droits de l'homme français condamnés comme « abstractions » *d'autant plus inapplicables qu'elles étaient cohérentes* (21) : on sait quelle fortune considérable connut cette thèse. Du coup, Burke pouvait se contenter de rejeter en bloc le texte de la Déclaration de 89 dont la tare congénitale était sa cohérence *a priori*, quitte à souligner ses nécessaires contradictions avec la pratique révolutionnaire. Au contraire, Bentham, parce qu'il reproche d'abord aux déclarations leur distinction absurde du droit et du fait, considère que les droits de l'homme sont condamnés à l'incohérence sophistique et *ne sont inapplicables que parce qu'ils sont incohérents*. Du coup, il se trouve conduit à l'examen détaillé des textes eux-mêmes, quitte à analyser beaucoup moins finement la pratique qu'ils recouvrent :

> En parcourant les divers articles, je relèverai, à l'occasion de chacun d'eux : en premier lieu, les erreurs qu'il contient en théorie ; puis, en second lieu, les maux dont il sera fécond en pratique (22).

Il n'est pas certain que la méthode effective de Bentham soit toujours conforme à cette déclaration de principe. Mais enfin, l'on pourrait reconstruire comme suit, par exemple, la récusation du droit de propriété (23).

Bentham réduit explicitement le droit de propriété à la propriété (24). Dès lors, puisque les hommes sont égaux en droits et que la propriété est un droit, les articles 1 et 2 de la Déclaration de 89 ne peuvent que signifier le partage égal des propriétés (25). Il est alors facile de montrer que cette exigence rentre en contradiction avec le principe de proportionnalité des impôts (26). Puis de montrer que cette contradiction interne à la théorie se double d'une contradiction avec la pratique révolutionnaire qui, de fait, n'entend nullement instaurer une égalité réelle des biens (27).

On peut bien sûr s'indigner devant pareille critique et rétorquer que, victime de ses présupposés empiristes, Bentham n'a rien compris à l'«esprit» des Déclarations et à leurs scissions résolues du droit et du fait comme de l'homme et du citoyen. Mais, outre qu'il rejette très explicitement ces distinctions et joue cartes sur table, on peut aussi tenter d'éviter une alternative rebattue et de déplacer la question. Car, lorsque Bentham conclut :

> La différence dans les droits est précisément ce qui constitue la subordination sociale. Etablissez des droits égaux pour tous, et il n'y aura plus d'obéissance, il n'y aura plus de société (28),

on est en droit de se demander si le désaccord avec les rédacteurs des Déclarations n'est pas purement verbal, en ce sens qu'il affirme, dans son langage empiriste, la nécessité d'une inégalité de fait que ceux-ci entreprenaient d'affirmer au revers de l'égalité des droits et qu'ils défendirent victorieusement contre ceux qui prétendirent passer du droit au fait ! C'est pourquoi cette polémique semble, somme toute, moins porter sur l'affrontement de deux objectifs que sur celui de deux justifications idéologiques de ces objectifs. De ce point de vue, il faudrait se demander si ce dont le libéralisme continental et le libéralisme anglo-saxon débattirent toujours ne fut pas d'abord : comment réfracter idéologiquement, avec un maximum d'efficacité, l'ordre capitaliste ? En témoignerait d'ailleurs ce texte admirable de Constant, publié en 1818 :

> En repoussant le premier principe de Bentham (*i.e.* le principe d'utilité), je suis bien loin de méconnaître le mérite de cet écrivain : son ouvrage est plein d'idées neuves et de vues profondes : toutes les conséquences qu'il tire de son principe sont des vérités précieuses en elles-mêmes. C'est que ce principe n'est faux que par sa terminologie : dès que l'auteur parvient à s'en dégager, il réunit dans un ordre admirable les notions les plus saines sur l'économie politique (...). Je suis donc resté fidèle à la manière de parler usitée (*i.e.* les droits des individus indépendants de l'autorité sociale), parce qu'au fond je crois qu'elle est plus exacte, et aussi parce je crois qu'elle est plus intelligible (29).

Bertrand BINOCHE
(Professeur au Lycée J. du Bellay, Angers)

NOTES

(1) Le texte présent est la version remaniée d'un exposé publié dans B.BINOCHE, *Critiques des droits de l'homme*, Paris, P.U.F., 1989, pp. 25-33. Précisons liminairement qu'il ne s'agit pas du travail d'un spécialiste de Bentham mais du résulat de recherches portant sur les critiques des droits de l'homme. C'est pourquoi il ne s'agit pas d'y exhiber le statut de la critique de Bentham dans l'ensemble de son œuvre juridique, mais plutôt d'en mesurer l'originalité par rapport à celle de Burke qui lui est antérieure de 5 ans. Le premier aspect a d'ailleurs été dejà traité par M. EL SHAKANKIRI dans son article «J.Bentham : critique des droits de l'homme» in *Archives de philosophie du droit* (1964) T. IX, p. 129 sq.

(2) Comme beaucoup de textes de Bentham, celui-ci a d'abord été publié en français, traduit par E. DUMONT dans un ensemble intitulé *Tactique des assemblées législatives suivie d'un traité des sophismes politiques*, Genève, J. J. Paschoud, 1816. Le texte anglais, *Anarchical fallacies*, est publié, d'après les manuscrits de Bentham, dans l'édition BOWRING des *Works of J. Bentham*, Edinburgh, W.Tait, 1838-1843, T. II, pp. 489-534. Une nouvelle traduction française de E. REGNAULT est alors publiée sous le titre *Sophismes parlementaires*, Paris, Pagnerre, 1840, 6ᵉ partie. C'est donc seulement par erreur que M. EL SHAKANKIRI a pu écrire que le texte avait été *publié* en 1795 (*art.cit.*, pp. 130 et 145); et par erreur aussi que G. FASSO a pu affirmer que le texte avait été *rédigé* en 1791 (*Histoire de la philosophie du droit, XIX-XXᵉ siècles*, trad. fr., Paris, L.G.D.J., 1976, p. 16).

(3) Projet qui comporte deux versions légèrement différentes à partir de l'article 31; cf. C. FAURE, *Les déclarations des droits de l'homme de 1789*, Paris, Payot, 1988, pp. 91 sq et 219 sq.

(4) Cité et traduit par E. HALEVY, *La formation du radicalisme philosophique*, Paris, Alcan, 1901, T. II, p. 38.

(5) *Ibid.*, pp. 38-39.

(6) «I would not exclude alteration neither; but even when I changed, it should be to preserve. I should be led to my remedy by a great grievance. In what I did, I should follow the example of our ancestors. I would make the reparation as nearly as possible in the style of the building». BURKE, *Reflections on the Revolution in France*, Harmondworth, Penguin, 1968, p. 375.

(7) «(...) as there is no right, which ought not to be maintained so long as it is upon the whole advantageous to the society that it should be maintained, so there is no right, when the abolition of it is advantageous

to society, should not be abolished.» BENTHAM, *Anarchical fallacies*, éd. Bowring, p. 501. Sauf mention contraire, c'est nous qui traduisons.

(8) T.PAINE, *Les droits de l'homme*, trad. fr., Paris, Belin, 1987, p. 75.

(9) «What is the source of this premature anxiety to establish fundamental laws? It is the old conceit of being wiser than old posterity – wiser than those who will have had more experience – the old desire of ruling over posterity – the old recipe for enabling the dead to chain down the living.» BENTHAM, *op. cit.*, p. 494.

(10) «One great merit in a good administration is, that it proceeds gently in the reform of abuses – that it does not sacrifice existing interests that it provides for the enjoyments of individuals – that it gradually prepares for good institutions – that it avoids all violent changes in condition, establishment, and fortune.» BENTHAM, *ibid.*, p. 533. Cf. aussi le texte des *Principes du code civil* cité par M. EL SHAKANKIRI, *La philosophie juridique de J.Bentham*, Paris, L.G.D.J., 1970, p. 260 : «Le seul médiateur entre ces intérêts contraires, c'est le temps. Voulez-vous suivre les conseils de l'égalité sans contrevenir a ceux de la sûreté? Attendez l'époque naturelle qui met fin aux espérances et aux craintes, l'époque de la mort».

(11) HUME, «Du commerce», trad. fr. in *4 essais politiques*, Toulouse, Trans-Europ Repress, 1981, p. 33.

(12) M. EL SHAKANKIRI, *La philosophie juridique...*, *op. cit.*, p. 24.

(13) «What I mean to attack is, not the subject or citizen of this or that country – not this or that citizen – not citizen Sieyès or citizen anybody else, but all anti-legal rights of man, all declarations of such rights. What I mean to attack is, not the execution of such a design in this or that instance, but the design itself.» BENTHAM, *Anarchical fallacies*, p. 522.

(14) «What, then, was their object in declaring the existence of imprescriptible rights, and without specifying a single one by any such mark as it could be known by? This and no other – to excite and keep us a spirit of resistance to all laws – a spirit of insurrection against all governments (...)», *ibid.*, p. 501.

(15) Cf. les textes des *Principes de législation* cités par M. EL SHAKANKIRI dans son article (cité n. 1), pp. 135 et 141.

(16) «We know what it is for men to live without government – and living without government, to live without rights (...); for instance, among the savages of New South Wales, whose way of living is so well known to us : no habit to obedience, and thence no government – no

government and thence no – laws no laws and thence no such things as rights – no security – no property (...)» *Anarchical fallacies*, p. 500.

(17) BENTHAM est tout à fait explicite dans ses *Principes du code civil*, I, 8 : «There is no natural property (...) property is entirely the creature of law.» (cité par M. EL SHAKANKIRI, *La philosophie juridique*..., p. 377, n. 52).

(18) «The origination of governments from a contract is a pure fiction, or in other words, a falsehood.» *Anarchical fallacies*, p. 501.

(19) «The word «men», I observe to be all along coupled in the language of the Assembly itself, with the word «citizen». I lay it, therefore, out of the question, and consider the declaration in the same light in which it is viewed by M.Turgot, as that of a declaration of the rights of all men in a state of citizenship or political society.» *Anarchical fallacies*, p. 492. Ce texte serait à comparer avec celui de BURKE, *Reflections*..., p. 150 : «(...) I have in my contemplation the civil social man, and no other».

(20) «The moment you abate any thing from the full rights of men, each to govern himself, and suffer any artificial positive limitation upon those rights, from that moment the whole organization of government becomes a consideration of convenience.» BURKE, *ibid.*, p. 151.

(21) «The pretended rights of these theorists are all extremes; and in proportion as they are metaphysically true, they are morally and politically false. The rights of men are in a sort of a middle, incapable of definition, but not impossible to be discerned.» BURKE, *ibid.*, p. 153. Pour les «real rights of men», cf. p. 149.

(22) «In running over the several articles, I shall on the occasion of each article point out, in the first place, the errors it contains in theory; and then, in the second place, the mischiefs it is pregnant with in practice.» *Anarchical fallacies*, p. 497.

(23) Sur la théorie benthamienne de la propriété, cf. M. EL SHAKANKIRI, *La philosophie juridique*..., p. 376-377.

(24) «He who possesses property possesses rights – exercises rights which the non-proprietor does not possess and does not exercise.» *Anarchical fallacies*, p. 533.

(25) «By the first article, human creatures are, and are to be, all of them, on a footing of equality in respect to all sorts of rights. By the second article, property is of the number of these rights. By the two taken together, all men are and are to be upon an equal footing in respect of property : in other words, all the property in the nation is and is to be divided into equal portions.» *Ibid.*, p. 518.

(26) «(...) for proportionality in point of contribution is not consistent with equality in point of contribution (...)» *Ibid.*

(27) « At the same time, as to the matter of fact, what is certain is, that at the time of passing this article, no such equality existed, nor were any measures so much as taken for bringing it into existence.» *Ibid.*

(28) «Difference in rights is precisely which constitutes social subordination. Establish equal rights for all, there will be no more obedience, there will be no more society.» *Ibid.*, p. 533.

(29) Il s'agit de la note V ajoutée par CONSTANT à la réédition de ses *Réflexions sur la constitution.* Cf. *De la liberté chez les modernes*, Paris, Hachette-Pluriel, 1980, p. 434.

DEUXIÈME PARTIE

LA PHILOSOPHIE EN ACTE

LA RÉVOLUTION FRANÇAISE VUE À TRAVERS SON ŒUVRE ADMINISTRATIVE

Quand on choisit d'analyser la pensée révolutionnaire, non pas d'un point de vue purement historique, mais dans une perspective résolument réflexive, orientée vers la théorie générale du droit et la théorie de l'Etat, on est porté à étudier par préférence son œuvre constitutionnelle, et, à travers elle, l'idéologie ou les idéologies politiques qui l'ont inspirée. On n'est point naturellement enclin à examiner, en revanche, son œuvre administrative. La raison en est, sans nul doute, que les termes mêmes d'administration, d'organisation administrative paraissent renvoyer à des questions relevant surtout de la technique juridique, et d'une technique juridique qui, de surcroît, du fait des tourmentes qui ont ponctué la crise révolutionnaire, ne pouvait pas ne pas connaître, en l'occurrence, de nombreuses vicissitudes.

On peut penser cependant qu'en manifestant par trop d'indifférence, sous prétexte d'ambition théorique, à l'égard de l'œuvre administrative de la Révolution, on commettrait à coup sûr une erreur. Car, pour peu qu'on s'efforce de dominer le détail des événements et des textes, on s'aperçoit que la Révolution a professé, sinon une philosophie de l'administration, du moins une doctrine administrative, – une doctrine reposant, pour l'essentiel, sur deux données de base, sur deux composantes fondamentales. La première de ces composantes, qui concerne l'administration sous l'angle «organisationnel», l'administration en tant qu'appareil, réside dans le *principe de la localisation et de l'éligibilité des corps administratifs*. La seconde, qui intéresse la matière des litiges que les actes administratifs peuvent susciter, consiste dans la nécessaire *distinction conçue comme un corollaire de la séparation des pouvoirs, entre le contentieux administratif et le contentieux judiciaire*. Aussi voudrions-nous montrer, tout d'abord, que ces deux principes, dès le début de la Révolution, dans son œuvre administrative initiale, se sont aussitôt affirmés, mais également que, par la suite, de

1791 à l'an VIII, ils n'ont pas cessé de s'imposer à la pensée du législateur. Nous serons alors fondés, pour proposer quelques éléments d'appréciation sur l'œuvre de la Révolution, à les prendre comme référence, en esquissant sur leur valeur respective une brève réflexion critique.

* *
*

Que les deux principes recteurs ou régulateurs qu'on vient de formuler, – existence de corps administratifs élus, séparation du contentieux de l'administration et du contentieux judiciaire, – que ces deux principes aient fait leur apparition dès le début de la Révolution, dans sa législation administrative initiale, ce premier point, en vérité, est aisé à mettre en lumière.

Référons-nous, en effet, aux textes que la Constituante a aussitôt élaborés et édictés, dès 1789 et 1790, en ce domaine (avant même que n'ait été menée à bien, par conséquent, son œuvre constitutionnelle) et considérons, singulièrement, ceux qui ont dessiné l'organisation du nouvel appareil administratif. On sait que ces textes – il s'agit de deux décrets des *14 décembre* et *22 décembre 1789* – ont respectivement mis en place, à l'échelon local immédiat, des groupements d'habitants de statut uniforme, les communes, et, à l'échelon supérieur, la nouvelle division du territoire en départements, districts et cantons; on sait aussi qu'ils ont installé, dans les cadres ainsi tracés, diverses autorités ou organes administratifs, de structure d'ailleurs complexe : ils instituaient, dans les communes, districts et départements, une assemblée (dénommée « Conseil général »), un comité plus restreint (c'étaient les « corps municipaux » et les « Directoires » de district et de département), et, en outre, un organe censé représenter et défendre l'intérêt général (les « procureurs syndics »). Mais, pour recruter ces différentes autorités, quel était le procédé utilisé ? C'était, dans tous les cas et à tous les niveaux, – selon un suffrage, il est vrai, restreint – l'élection, – élection à un degré dans le cadre communal, à deux degrés dans le cadre du district et du département. Cette solution, par sa généralité, est révélatrice. Elle atteste que, pour les hommes de la Constituante, il fallait qu'il y eût, implantés dans les diverses fractions du territoire, des corps administratifs, de même qu'il devait y avoir, à l'échelle nationale, un corps législatif, et que, pour ceux-là comme pour celui-ci, la désignation par voie élective constituait, d'emblée, un principe. Bien plus : elle montre, compte tenu des traits spécifiques de la commune et du département, la portée considérable que ce principe revêtait. Car il faut savoir qu'en 1789 la commune, en même temps qu'une subdivision administrative, est et demeure une collectivité personnifiée, une entité corporative ; elle est même le seul groupement corporatif (1) que la Révolution ait en principe (2) laissé subsister ; comme telle (c'est à dire en tant qu'elle forme ce que nous appellerions aujourd'hui une collectivité territoriale), elle a ses affaires propres et ses pouvoirs propres, et elle ne participe que partiellement et comme par emprunt à l'administration générale (3) ; l'élection des autorités communales n'est donc pas en soi significative. Mais il en est tout autrement du département (comme de ses subdivisions internes, districts et cantons) : le département n'est en aucune manière une collectivité ; il n'est qu'une circonscription ; il n'existe pas, en d'autres termes, d'affaires départementales, ni d'intérêts propres au département : les affaires traitées dans le cadre départemental sont des affaires relevant, totalement, de l'administration générale, de l'administration d'Etat et les compétences dévolues aux autorités départementales, des compétences d'Etat. C'est dire toute la portée qui se trouvait attachée, par là, au recours à l'élection : ce que la Révolution a voulu remettre aux citoyens actifs et aux électeurs, en les chargeant de désigner les conseils généraux, les directoires et les procureurs syndics, ce n'est point la gestion d'intérêts locaux spécifiques ; c'est, sur place, l'administration d'Etat elle-même, et, pour tout dire, la gestion de toutes les affaires de la France (4).

Mais arrêtons-nous, un instant encore, sur la législation de la Constituante. Après avoir mis en place les nouvelles autorités administratives, voilà qu'elle leur donne, quelques mois plus tard, des attributions juridictionnelles, en leur confiant toute une partie du contentieux de leurs propres décisions. C'est le sens et l'objet d'une loi des *6-7, 11 septembre 1790* relative aux litiges intervenant en matière de contributions directes, de marchés et d'entreprises de travaux publics, d'expropriation indirecte : le jugement de ces litiges est remis, en premier et dernier ressort, aux corps administratifs qu'on vient de voir naître, aux directoires de département et de district ; et d'autres textes, sensiblement au même moment, interviennent, qui, pour d'autres branches du contentieux de l'administration, vont dans le même sens (5). Davantage : le législateur, prévoyant la possibilité de conflits de compétence entre les tribunaux et l'administration, donne à celle-ci, par une loi des *7-14 octobre 1790*, le pouvoir de revendiquer la sienne propre, et de dessaisir le juge judiciaire au besoin. Quelle est la raison de ce système, à première vue surprenant, qui érige l'administration en juge dans les procès où elle est partie ? D'autres dispositions législatives encore nous l'indiquent : cette raison réside, tout simplement, dans le second volet de notre diptyque, dans le principe de la distinction du contentieux administratif et du contentieux ordinaire, conçu comme un réquisit de la séparation des pouvoirs. C'est que, pour les hommes de la Révolution, la séparation des pouvoirs n'avait pas pour seul effet de faire obstacle à ce que le pouvoir exécutif, donc le pouvoir administratif, et le pouvoir judiciaire fussent remis dans les mêmes mains : elle devait jouer aussi sur le terrain des litiges, sur le plan de l'organisation juridictionnelle. La séparation des pouvoirs, en d'autres termes, interdisait au juge, non seulement d'exercer une fonction administrative, mais encore d'apprécier, par le biais d'une contestation contentieuse, un acte d'administration. Cette conception de la séparation du pouvoir administratif et du pouvoir judiciaire, en tant qu'impliquant la séparation et la distinction organique des contentieux correspondants, le législateur de l'époque, aussi bien, l'a expressément formulée, et cela dans la loi-même, des *16-24 août 1790*, qui organisait les nouveaux tribunaux. « Les fonctions judiciaires, affirme expressément ce texte, sont distinctes et demeureront toujours séparées des fonctions administratives ; les juges ne pourront, à peine de forfaiture, troubler de quelque manière que ce soit les opérations des corps administratifs, ni citer devant eux les administrateurs à raison de leurs fonctions ». Et, certes, il faut reconnaître qu'entre le principe ainsi proclamé et la conséquence que la Constituante en tirait, entre la nécessaire incompétence du juge ordinaire à l'égard des litiges administratifs, d'une part, et le système de l'administrateur-juge, d'autre part, le lien n'est pas évident. On peut assurément s'étonner que la Constituante, pour organiser le contentieux administratif en le séparant du contentieux ordinaire, n'ait pas envisagé ou du moins pas retenu une solution différente, notamment celle, autrement rationnelle, qui aurait consisté à créer, à côté des juridictions civiles et répressives, des juridictions administratives, c'est-à-dire la solution que saura inventer et appliquer le génie du Premier Consul. Mais, dans l'optique qui est la nôtre, nous voulons dire du point de vue d'une certaine axiomatique juridique, c'est le principe, plus que sa mise en œuvre, qui doit surtout retenir l'attention. Que la Révolution, dès l'origine, ait voulu donner aux autorités administratives la légitimité que procure le suffrage populaire, et que, dès l'origine aussi, elle ait voulu assurer l'indépendance de ces autorités sur le terrain de la «juridictio», en affirmant l'incompétence radicale du juge judiciaire à l'égard du contentieux que leur activité peut susciter, telle est, aussi bien, la double vérité que nous voulions d'abord et avant tout mettre en lumière.

* * *

Mais, ce point une fois établi, quel a été, demandera-t-on, le devenir ultérieur de la pensée révolutionnaire ? Les deux normes régulatrices que nous venons de voir se dégager ont-elles été maintenues, ou bien ont-elles été au contraire altérées ou remises en cause ?

S'agissant de l'existence des corps administratifs et de leur caractère électif, la réponse ne fait guère de doute : au cours de la période qui s'étend de 1791 à l'an VIII, c'est la continuité qui, dans l'ensemble, a prévalu. Il n'est que de considérer les dispositions successives des Constitutions de 1791, de l'An I et de l'An III : ces textes consacrent, tous les trois (en même temps que, par définition, ils les constitutionnalisent), l'existence et la départementalisation des corps administratifs, ainsi que l'existence des corps municipaux ; et tous les trois adoptent, pour leur recrutement, le système de l'élection, – à ceci près que, en l'An I, le suffrage était devenu, entre temps, universel ; et avec cette particularité également que la Constitution de l'An III prévoyait par ailleurs, pour les différents corps, une composition sensiblement allégée, et, simultanément, s'efforçait de rationaliser les structures administratives locales (6) – . Il est vrai qu'il faut ici tenir compte, même dans une perspective synoptique, de l'intermède qu'a marqué, dans la sphère administrative comme dans la sphère gouvernementale, la phase de 1793-1794, c'est-à-dire la phase du gouvernement révolutionnaire. Mais il nous faudrait pouvoir faire l'exégèse du texte qui, pendant cette période, sous le régime du Comité de Sûreté générale et du Comité de Salut public, a révisé les structures administratives, à savoir le grand décret du *14 frimaire An II* (4 décembre 1793). Nous verrions alors que l'économie de ce texte reposait essentiellement sur la distinction des lois administratives ordinaires et des «lois révolutionnaires, de sûreté générale et de salut public», que l'application des premières restait dans la compétence des départements, tandis que l'exécution des secondes était remise aux districts et aux municipalités, et, surtout, aux comités de surveillance et aux sociétés populaires ; nous verrions aussi que c'est seulement dans les communes et les districts que les nouvelles autorités de contrôle, les agents nationaux, substitués aux procureurs syndics, étaient institués. Le décret de frimaire an II ne mettait donc que partiellement en cause

– et encore ne le faisait-il pas ouvertement – le principe de l'administration localisée et élective sur lequel vivait, depuis ses débuts, la Révolution.

Qu'en a-t-il été de l'autre principe de base qui a guidé la pensée révolutionnaire initiale en matière administrative, de la séparation nécessaire des contentieux administratif et ordinaire ? On entrevoit aisément que, pour lui comme pour son congénère, la continuité devait également, et en quelque sorte *a fortiori* prévaloir. Du fait de la protection qu'il représentait pour l'administration, il était conforme à une certaine logique politique et institutionnelle qu'il soit, lui aussi, confirmé. Aussi le contentieux administratif connaît-il, après 1790, une extension considérable, cependant qu'on voit progressivement s'y introduire, au profit des ministres, un second degré de juridiction (7). Il est vrai que cette extension est obtenue en grande partie, sous la Convention et le Directoire, par l'emploi systématique, et souvent abusif, de la revendication de compétence au profit de l'administration (sans compter que, de l'An I à l'An III, c'est la Convention elle-même qui se réservait de statuer sur la compétence en ce cas). Il demeure qu'à la faveur de cette pratique l'autonomie du contentieux administratif se trouve corroborée, et que même semble déjà se faire jour l'idée d'un contentieux administratif par nature, voire d'un contentieux administratif, d'une certaine façon, de droit commun; et il est symptomatique qu'au lendemain de l'adoption de la constitution thermidorienne, un décret du 16 fructidor An III ait rappelé le principe posé par la loi des 16-24 août 1790, en disposant : « Défenses itératives sont faites aux tribunaux de connaître des actes d'administration, de quelque espèce qu'ils soient». C'est dire qu'avec le dualisme principiel qui nous a servi de schéma de départ, on est en présence de ce qui fut la doctrine administrative originelle, mais aussi la doctrine constante de la Révolution. Il reste, dès lors, à prendre parti sur la valeur qu'elle peut présenter. Comment faut-il la juger ?

* *

Sur la première de ses composantes, l'on sera assurément tenté d'émettre, *a priori*, une appréciation favorable. Si l'on cède au premier mouvement de la pensée juridique, ou politico-juridique, l'on estimera en effet que le principe de l'élection généralisée des administrations exprimait une volonté de large décentralisation, et que, en le consacrant, en lui donnant, surtout, un champ d'application aussi vaste que possible, les hommes de la Révolution avaient voulu construire, parallèlement à la démocratie politique, une véritable démocratie administrative. Mais, en réalité, il est impossible de ratifier, dans une analyse rigoureuse, une telle appréciation. Sans doute le fait d'ériger l'élection des administrations en système témoignait-il d'une confiance en soi exemplaire dans le corps électoral. Mais il n'en résulte pas que ce système, eu égard à l'économie d'ensemble de la pensée révolutionnaire, appelle par lui-même approbation, en tant qu'il serait la traduction d'un idéal décentralisateur. Car l'idée de décentralisation, en l'occurrence, est foncièrement inadéquate. Pour que la décentralisation ait un sens, il faut qu'existent, au sein de l'Etat, dans la structure interne de la collectivité nationale, des collectivités secondaires, des groupements associatifs partiels, des entités, territoriales ou fonctionnelles, personnifiées. Or, précisément, l'Etat de la Révolution, l'Etat-Nation, est aux antipodes d'une telle structure ; sauf en ce qui concerne, nous l'avons souligné, les communes, il ne peut ni ne veut tolérer en son sein de collectivités particulières ; il est d'une essence unitaire intégrale et absolue. Ici se révèle donc, dans l'œuvre de la Révolution, non pas seulement une lacune, – dans la mesure où elle n'a point prévu de conciliation entre le principe électif et l'unité du pouvoir étatique (8) –, mais, plus profondément, une contradiction intrinsèque et insurmontable : la Révolution a été inspirée par une logique qui peut paraître, en soi, décentralisatrice, mais elle l'a introduite dans une administration qui – sauf à l'échelon municipal, répétons-le – demeure de part en part une administration d'Etat, une administration dont les compétences sont exercées localement certes, mais n'en sont pas moins des compétences étatiques. Telle est l'erreur fondamentale qui vicie la première composante de la doctrine de la Révolution : celle-ci a voulu bâtir une décentralisation sans support et sans armature. L'on comprend, dans cette perspective, que tant de directoires départementaux aient pu être tentés par l'idée fédéraliste : c'est la conséquence de l'antinomie que dissimulait le postulat révolutionnaire. On doit l'affirmer fortement : l'élection administrative, quand elle est érigée en dogme, devient un non-sens dans un Etat qui reste dominé par un impératif de centralité et n'accepte pas que puissent exister en son sein des personnes collectives aptes à s'auto-gérer.

Mais, si l'on est ainsi conduit, au nom d'une exigence de cohérence institutionnelle, à porter un jugement globalement négatif sur le principe de l'éligibilité des corps administratifs, l'autre pièce de la doctrine révolutionnaire, c'est-à-dire le principe séparatif en matière de litiges et de juridictions, appelle une tout autre analyse. Quand on prend ce principe en lui-même, en faisant abstraction du système, assurément difficilement défendable, de l'administration-juge, qui, sous couleur de le mettre en œuvre, le défigure, quand on remonte, peut-on dire, jusqu'à sa source, on découvre une idée essentielle : c'est qu'un litige administratif ne peut pas être jugé comme un procès entre particuliers, parce que juger l'administration, c'est-à-dire la puissance publique, c'est encore participer à son action ; *juger l'administration, c'est encore administrer.* Voilà, sur ce plan, l'idée véritablement principielle, l'idée-force, – une idée qui résiste à la critique, et ne se laisse pas facilement écarter. Parce que l'Etat, puissance publique, doit être soumis au droit, mais aussi crée le droit, le contentieux qu'engendre son activité ne peut pas être arbitré de la même façon et selon les mêmes règles que celui qui oppose entre elles les personnes privées, et par suite ne doit pas être remis aux mêmes juges. Comment ne pas voir, aussi bien, que cette idée – juger l'administration, c'est encore administrer – devait devenir par la suite un élément solide et durable de notre droit public ? Quand le Premier Consul créera cette juridiction administrative que la Révolution n'avait pas su instaurer, c'est cette idée qui, à l'évidence, lui servira de guide, puisque le propre des Conseils de Préfecture et du Conseil d'Etat de l'An VIII sera de conserver des liens organiques avec l'administration active. Et, comme le Conseil d'Etat d'aujourd'hui est l'héritier de celui de l'An VIII, comme, à l'instar de son devancier, il est à la fois un juge administratif et un conseil de gouvernement, on doit admettre que l'idée révolutionnaire se trouve toujours à la base de notre organisation juridictionnelle. Il faut en prendre clairement conscience : le système, typiquement français, de la dualité des juridictions, avec les liens qu'il laisse subsister entre la juridiction administrative et l'administration active, est réellement, par delà l'œuvre irremplaçable du Premier Consul, l'aboutissement de la pensée révolutionnaire ; il en est directement issu. Le fait que, actuellement encore, la loi des *16-24 août 1790* et le décret du *16 fructidor an III* figurent dans les visas des décisions rendues par le Tribunal des Conflits est, à cet égard, hautement significatif : il traduit la continuité qui relie notre système juridique, en ce qui touche à l'organisation et à la structure des juridictions, à la doctrine de la Révolution.

Tel est le jugement de valeur qu'à notre sens on peut et doit émettre sur l'œuvre révolutionnaire. En élevant l'élection des corps administratifs à la hauteur d'un dogme, la Révolution se condamnait à une entreprise que sa vision unitaire de l'Etat rendait impossible. En séparant le contentieux administratif et le contentieux judiciaire, elle introduisait en revanche un apport substantiel et durable dans notre droit public. Aussi nous autoriserons-nous à proposer, sur ce dernier point, une ultime remarque, tournée non plus vers le passé, mais vers l'avenir. Il se trouve qu'à l'heure présente certaines voix étrangères voudraient nous inciter à abandonner ce système de la dualité des juridictions dont nous venons d'indiquer l'origine. Comme il n'est rien d'éternel dans le monde du droit, peut-être cette réforme sera-t-elle entreprise. Mais soyons-en conscients : si nous entrons dans cette voie, ce sera la récusation de ce qui constituait depuis deux siècles un des acquis les plus solides dont nous étions redevables, sur le terrain du droit public, aux grands légistes qui ont fait la Révolution.

Pierre GOYARD
(Université de Caen)

NOTES

(1) Pour souligner le caractère exceptionnel du statut des communes à cet égard, il convient de citer les articles ler et 8 du titre II de la Constitution de 1791 : Article I : « Le Royaume est un et indivisible ; son territoire est divisé en quatre vingt trois départements, chaque département en districts, chaque district en cantons ». Article 8 : « Les citoyens français, considérés sous le rapport des relations locales, qui naissent de leur réunion dans les villes et dans certains arrondissements du territoire des campagnes, forment les Communes »...

(2) On doit en effet signaler quelques autres exceptions (mais qui ne furent que temporaires) à la suppression de tous les groupements corporatifs : il s'agit de certains établissements religieux (fabriques, hôpitaux, maisons de charité) qui furent tout d'abord maintenus, en vertu d'un décret du 20 avril 1790, par dérogation aux dispositions des décrets des 24 novembre 1789 et 13 février 1790 mettant les biens ecclésiastiques à la disposition de la nation et supprimant les congrégations.

(3) Le décret du 14 décembre 1789 indique fort clairement que les corps municipaux ont deux espèces de fonctions à remplir, les unes « *propres au pouvoir municipal* », les autres « *propres à l'administration générale de l'Etat et déléguées par elle aux municipalités* », et il précise que, si les premières sont exercées « sous *la surveillance et l'inspection* » des assemblées administratives, les secondes le sont « sous leur *autorité* ». Par l'effet de ce texte, la commune constituait donc, en 1789, un exemple de « dédoublement fonctionnel » ; c'est là un trait qui la caractérise encore de nos jours.

(4) Il faut relever au surplus que c'était selon le même scrutin, le même jour, et par les mêmes «Assemblées électorales» (élues par les citoyens actifs) qu'étaient désignés, d'une part, les membres de la législature nationale, d'autre part, les membres des corps administratifs. Sous ce rapport, les élections administratives étaient, pourrait-on dire, le doublet des élections législatives. Imaginons que nous ayons aujourd'hui à choisir, par deux élections jumelées, d'une part, les députés, d'autre part, les chefs des services extérieurs des administrations de l'Etat, voire... les préfets. On mesurera, à la faveur de cette comparaison, la portée de la solution révolutionnaire.

(5) Furent ainsi placées dans la compétence des directoires de département toutes les contestations relatives aux élections municipales, départementales, ecclésiastiques et même judiciaires (Lois des 12 août, 7 novembre, 8 décembre 1790, 22 septembre 1791), à l'organisation des gardes nationales (Loi du 12 août 1790), au recrutement de l'armée (Loi du 9 mars 1791), à l'exécution des décrets qui mettaient les biens du clergé à la disposition de la nation (Lois des 27 mai et 11 août 1790, 14 avril et 28 septembre 1791).

(6) L'allégement des corps municipaux et des corps administratifs de département (dénommés, depuis l'An I, «administrations centrales") résultait du fait que ces corps n'étaient plus constitués que par des organismes collégiaux de composition restreinte, les Conseils généraux étant, en effet, supprimés ; quant à la rationalisation des structures administratives, elle était recherchée par la suppression des districts et par la mise en place, pour les communes de moins de 5.000 habitants, de «municipalités de canton».

(7) Cf. le décret du 27 avril 1791, «relatif à l'organisation du ministère» qui ressuscite curieusement, pour la réunion du Roi et des ministres, la vieille appellation de «Conseil d'Etat», et place entre autres dans la compétence de ce Conseil d'Etat (dont l'existence ne devait être qu'éphémère), «l'annulation des actes irréguliers des administrations locales».

(8) Il importe de remarquer que l'appareil administratif mis en place par la Révolution, quoique électif, n'en était pas moins rigoureusement hiérarchisé. La remarquable Instruction législative du 8 janvier 1790 et, après elle, la Constitution de 1791 le soulignaient expressément : les administrations inférieures étaient subordonnées aux administrations départementales, et celles-ci au Roi, chef de l'administration générale ; par suite, le Roi disposait à l'égard des administrations départementales de pouvoir d'instruction, d'annulation et de suspension, dont les administrations départementales étaient également investies à l'égard des administrations inférieures. Mais c'est justement cette hiérarchisation

rigoureuse qui nous paraît en soi inconciliable avec le principe électif quand celui-ci est lui-même généralisé. Il n'y a guère que la Constitution de l'An III, à dire vrai, qui semble avoir tenté d'atténuer les inconvénients du système en instituant auprès des administrations des commissaires, chargés de requérir l'exécution des lois, qui étaient nommés par le pouvoir central, et révoqués à sa discrétion.

LA LOI PÉNALE SOUS LA RÉVOLUTION

Il est difficile de dire si ce sont des intentions politiques ou la dévotion au Bicentenaire ou le simple sentiment d'une réforme nécessaire qui ont porté, ces derniers temps, le gouvernement actuel à proposer au vote du Parlement le début d'un nouveau Code pénal. Ce code ne sera que le troisième que le législateur français édictera depuis 1789 : le premier fut celui du 25 septembre-6 octobre 1791, voté dans les derniers jours de l'Assemblée constituante ; le second, notre Code pénal actuel, celui de 1810, probablement insurpassable (1). Or, le vote d'une loi pénale de cette importance, s'il attire l'attention des juristes, ne soulève qu'une passion modérée dans les rangs des législateurs. Et certes, nous sommes bien éloignés, à cette heure, malgré la commémoration de ses fastes, de l'ivresse législative des députés de la Révolution, toujours prêts à donner une opinion, à faire un discours, même s'ils s'apparentent plus au «commérage juridique» qu'à l'*Esprit des lois*, en somme toujours prêts à s'écrier comme Buzot : «Je ne veux pas de maître, moi, je ne veux de maître que la loi !» (2).

C'est qu'ils ressentaient, comme tout le siècle des Lumières, ce qu'on a appelé «la passion des lois», étant persuadés que l'on peut, par la loi civile, pénale ou politique, changer les hommes et modeler la nature humaine. On a déjà retracé cette passion législatrice du XVIIIᵉ siècle qui, des aventures de Télémaque à Morelly, à Mably, à Montesquieu, Rousseau et Diderot, atteint son paroxysme avec les Révolutionnaires (3). Or ceux-ci, tout en sacrifiant aux habitudes littéraires qui leur commandent de créer des clubs de nomophiles et baptiser des rues des Lois, feront, eux, de véritables lois !

La loi civile – on le comprend – n'intéresse que médiocrement les Lumières et même les Révolutionnaires, sauf si elle recèle des desseins politiques, ainsi quand il s'agit de la suppression des droits féodaux ou de la liberté testamentaire, ou de l'égalité entre enfants légitimes et naturels. En revanche, sous ses aspects de loi politique, constitutionnelle ou pénale, la loi retrouve, au XVIIIᵉ siècle, la valeur presque sacrée que l'Antiquité lui avait reconnue. C'est à la loi pénale que nous nous intéresserons.

En effet, depuis Montesquieu et Beccaria, la loi pénale apparaît comme le rempart de la liberté individuelle, ou, plus précisément, pour utiliser la langue du XVIIIe siècle et de la Déclaration des droits, de «la sûreté». Sous ce terme, il faut entendre le troisième droit naturel et imprescriptible de l'Homme et du Citoyen proclamé par l'article 2 de la Déclaration. L'individu est protégé par la loi pénale elle-même contre les arrestations, les emprisonnements, les perquisitions et les pénalités arbitraires. Montesquieu, le premier, avait souligné le lien entre la liberté de l'individu et les règles du droit et de la procédure criminels : «Cette sûreté, dit-il, n'est jamais plus attaquée que dans les accusations publiques ou privées. C'est donc de la bonté des lois criminelles que dépend, principalement, la liberté du citoyen» (4). L'idée d'une bonté des lois obtenue par leur conformité à certains critères sera recueillie avec application par le législateur révolutionnaire tout rempli de l'*Esprit des Lois* (5). Qu'est-ce donc qu'«une bonne loi pénale» sous la Révolution ?

Cette bonté se conçoit dans l'abstrait de deux manières : elle peut se rapporter, d'abord, à la substance de la loi et dépendre, par exemple, de l'efficacité d'une sanction ou d'une règle de procédure qu'elle institue, de leur accord avec certaines conditions physiques, sociales, historiques, etc. Cette bonté pour ainsi dire substantielle, tenant au contenu de la loi, avec laquelle Montesquieu nous a familiarisés, ne nous retiendra pas dans ces pages.

Nous signalerons simplement que certaines créations pénales révolutionnaires, malgré le désordre et parfois la confusion mentale qui entoura leur naissance, étaient appelées à un grand avenir : ainsi le jury en matière de procédure, la prison fondée sur l'isolement et le travail en matière de peine, ou, encore, cette conception de la peine «strictement et évidemment nécessaire» que le Conseil constitutionnel a ranimée après deux siècles de sommeil (6) !

Mais il existe aussi une «bonté» qu'on pourrait qualifier de formelle qui se rapporte à la création et à la mise en œuvre de la loi, et exige qu'elle relève sans partage du législateur. Fort de la supériorité qu'il vient de conquérir, le législateur révolutionnaire ne réserve presque rien à l'initiative du juge pénal, qui ne doit être, selon Platon, que le simple serviteur de la loi.

Comment cette idée de hiérarchie, plus que de séparation entre les deux pouvoirs, a-t-elle pénétré dans nos lois criminelles ? Quelles conséquences le droit pénal a-t-il tirées de ce principe nouveau ? Ce sont là les deux questions auxquelles nous voudrions brièvement répondre.

I

La subordination des juges n'est pas une idée neuve. Elle appartient évidemment à l'Ancien régime, et bien auparavant à l'Antiquité. La nouveauté consiste dans l'apparition en 1789 d'un législateur jaloux de ses prérogatives et, si l'on veut bien nous pardonner le mot, absolu. Pourquoi veut-on cantonner les juges dans leur seul rôle de juges ? La question paraît paradoxale, tant il paraît aujourd'hui naturel que la fonction d'un juge soit de juger, au civil comme au pénal. C'est donc, apparemment, que les juges de l'Ancien régime excédaient leurs pouvoirs naturels. Cette usurpation se situait d'abord sur le terrain politique : les magistrats des Parlements prétendaient censurer le pouvoir royal, et s'apprêtent, au début de la Révolution, à poursuivre leur opposition. De là, leur mise en vacances indéfinies dès le 3 novembre 1789, à la suite de leurs premières protestations, et leur suppression le 24 mars 1790 (7).

Du point de vue purement judiciaire, les juges, dans l'Ancien droit criminel, jouissaient d'un «pouvoir arbitraire». On imagine souvent qu'il s'agit d'un pouvoir sans limites, s'exerçant sans frein sur les justiciables, que les juges avaient le pouvoir de créer des infractions et de les assortir des châtiments qu'ils fixaient librement. Il arrive même qu'on le croie encore aujourd'hui, sur les affirmations de manuels scolaires, mais aussi (de manière plus excusable), sur celles de Beccaria, de Voltaire, et de certains cahiers de doléances réclamant la suppression du «pouvoir des juges» et la rédaction d'un «code de lois pénales» (8).

La signification exacte de l'adage «Toutes peines sont arbitraires en ce Royaume» et l'étendue des pouvoirs remis au juge ne posent plus de problèmes à l'historien. Dans son application la plus courante, l'arbitraire du juge consistait à mesurer la peine sur la responsabilité exacte du délinquant et les circonstances de l'acte, la plupart du temps, pour l'atténuer. «L'individualisation de la peine», comme on dira plus tard, s'impose naturellement à tout juge criminel. La seconde application de ce pouvoir arbitraire résultait de l'absence de codification pénale et du caractère fragmentaire de la législation : si la loi ne fixe pas de peine contre une infraction qu'elle prévoit – ce qui est une reconnaissance par le roi du pouvoir des juges –, le juge la déterminera par analogie avec une infraction voisine. Enfin, l'hypothèse fort rare était celle où le juge s'autorisait à punir un acte qui, indéniablement, paraissait une infraction, mais qu'aucun texte n'avait prévu.

La pensée qui inspire l'ensemble de la théorie est la croyance erronée que le législateur ne peut prévoir la multitude des actes humains répréhensibles, alors que, comme le dira plus tard le Grand-Juge Régnier lors de la rédaction du code de 1810, «en classant les crimes, il n'en faut caractériser que les circonstances principales» (9).

Lorsque la Constituante, par le vote du Code pénal du 25 septembre 1791, effaça ce pouvoir des juges, aucune discussion ne mit aux prises les députés. Le rapporteur Le Pelletier de Saint-Fargeau n'y consacra que quelques mots mesurés, faisant même remarquer que ce pouvoir s'exerçait le plus souvent en faveur des accusés, mais que la nouvelle procédure par jurés exigeait que les juges ne fissent plus qu'appliquer la loi. Il est possible qu'à cette assemblée d'hommes de loi, même favorables à la nouveauté, le pouvoir des juges n'ait pas paru si tyrannique, alors qu'un Diderot, quelques années plus tôt, n'hésitait pas à le défendre (10).

Sous ces réserves, le législateur révolutionnaire a parfaitement réussi dans son entreprise contre les juges. Ceux-ci ne seront plus que les exécutants de la Loi, dont la majesté éminente s'affirme presque mécaniquement dans les discours et les lois (11). Spécialement en matière de droit et de procédure criminels, les juges – dont Robespierre affirme que «le législateur sage sait que de tous les hommes, ils sont ceux qu'on doit le plus surveiller» (12) – devront respecter à la lettre ce que l'on nommera plus tard la «légalité» des délits et des peines, affirmée par de nombreux textes, depuis la Déclaration des droits de 1789, le Code pénal de 1791 et la première de nos Constitutions, celle de 1791, puis celles de 1793 et de 1795 (13).

La formulation du principe de légalité en adage est bien connue : *Nullum crimen, nulla poena sine lege*, due en partie au criminaliste allemand Feuerbach. Cette formulation très générale montre insuffisamment l'importance de ses conséquences, dont certaines ne sont apparues que progressivement.

II

Hier comme aujourd'hui, elles sont essentielles à la défense de la liberté individuelle.

La loi votée et publiée marque, d'abord, conformément à l'article 5 de la Déclaration des droits, la limite entre ce qui est permis et ce qui est interdit. Elle a ainsi exclu sans problème de la liste des infractions, un certain nombre d'infractions religieuses ou sexuelles que réprimait l'ancien droit, en abandonnant au juge une grande liberté dans l'initiative des poursuites et l'appréciation des actes fautifs. Le législateur, de plus, ne pourra plus désormais incriminer, selon le critère avancé par Beccaria, que «les actions nuisibles à la société» (14). La loi, par ce même moyen, avertit avant de frapper : *Moneat lex priusquam feriat* (15), et, au moins en principe, elle permet de comparer, selon l'arithmétique morale des utilitaristes, l'avantage du délit aux inconvénients de la peine. Il en résulte encore que la loi pénale doit être strictement interprétée. L'appel au raisonnement par analogie y est prohibé : le juge devra puiser dans le texte de loi le titre de l'infraction et le titre de la peine. Enfin, la loi pénale ne peut pas être rétroactive. C'est la non-rétroactivité de la loi pénale qui est rapidement devenue la conséquence la plus importante de la règle *nullum crimen*, d'ailleurs proclamée encore avec une particulière netteté à l'article 8 de la Déclaration des droits de 1789 (16).

Le principe de légalité suppose donc un état de droit où la loi pénale est non seulement écrite et codifiée, mais encore où le législateur exerce des droits qui ne lui sont pas disputés par le juge. Cette primauté de la loi doit être considérée, de manière générale, comme un phénomène récent : il suffira de penser au droit coutumier français et, par voie de conséquence, à la durable absence de législation royale en droit privé, à la *common law* anglaise (17), enfin au droit administratif français moderne (18). Dans ces systèmes, le juge occupe, par nécessité, une place de premier plan dans la formation du droit. En d'autres termes, l'usurpation par les juges du pouvoir normatif se présente comme un phénomène naturel dans les droits où la loi n'est pas la source unique (ou à peu près unique) du droit. Or, ce fut précisément le cas de l'ancien droit criminel caractérisé par la pluralité de ses sources, et comme nous l'avons montré ailleurs, par l'importance des juges et des auteurs dans le choix et la synthèse de ces sources (19).

Le législateur révolutionnaire, ajoutant même aux applications naturelles de la règle de légalité que nous venons d'énumérer, avait poussé à l'extrême la subordination du juge. D'abord, en lui ôtant toute décision sur la culpabilité en matière criminelle, laquelle était remise au jury, en sorte que le pouvoir judiciaire, dans cette hypothèse si grave, était placé hors des mains du juge ! Mais surtout, en réaction contre le système des peines arbitraires et pour bien exprimer leurs préférences, les Constituants instituèrent, dans le Code pénal de 1791, le système des peines fixes. Les juges devaient appliquer, de manière mécanique, des peines strictement prévues pour chaque crime, tandis que les difficultés d'interprétation des lois étaient renvoyées au législateur lui-même (20). Peut-être faut-il aussi rapporter cette conception si simple de la justice pénale aux rêveries des temps révolutionnaires, où l'on imagine que les lois pourront devenir rares et naïves, que leur connaissance facile fera des citoyens volontairement obéissants...

L'avenir souligna bien vite les inconvénients du système des peines fixes, puisqu'une évolution, qui commença dès 1810, supprima en grande partie la fixité des peines : le Code pénal napoléonien instituait pour la plupart d'entre elles un maximum et un minimum entre lesquels le juge pouvait choisir la peine à infliger, et introduisait le principe des circonstances atténuantes. Ainsi la loi rétablissait-elle un certain pouvoir arbitraire au profit des juges, restitution jugée bien insuffisante par certains comme Locré (21), mais qui sera pourtant, comme l'a écrit Garraud, le point de départ de ce phénomène qui caractérise l'évolution du droit pénal depuis un siècle et demi, «l'abdication constante et progressive du législateur au profit du juge» dans la fixation des peines. Ce n'était là que la suppression d'une conséquence pernicieuse du principe de légalité. La règle *nullum crimen, nulla poena sine lege* devrait continuer à protéger notre sûreté, et remplir de la sorte les vœux des Constituants.

Hélas! le principe de légalité, œuvre par excellence du législateur, ne semble plus devoir posséder cette intangibilité que l'on tenait pour une création éternelle, tant elle semblait une institution parfaite. Il fut d'abord mis en question par l'Ecole positiviste. Selon ses vues, le juge pénal devait être libre de prendre, à tout moment, la mesure qui lui paraissait judicieuse eu égard à la personnalité du délinquant, sans être prisonnier de décisions abstraites fixées par un texte de loi. Le principe de légalité a été aussi l'objet des critiques des régimes totalitaires où la justice étant de nature politique, la légalité n'est plus que l'expression plus ou moins variable d'une certaine politique (22).

Le danger est ailleurs, nous semble-t-il, plus redoutable parce que plus dissimulé. Il consiste dans le refus de considérer toute loi rétro-active comme «un acte d'abominable tyrannie» pour reprendre une autre expression de Garraud. Or, depuis la dernière guerre, les législa-teurs n'ont pas craint d'édicter des lois rétroactives en s'abritant sous les prétextes les plus spécieux, et pour tout dire, par esprit de vindicte dans l'intention d'abattre leurs ennemis politiques. Plus dangereuse encore nous paraît l'admission ouvertement déclarée de la rétroactivité des lois dites de forme et de procédure. Cette distinction entre les lois pénales de fond, non rétroactives, et les lois de forme – surtout s'il s'agit de prescription –, d'application immédiate, paraissait hautement critiquable à des esprits aussi profonds que Chauveau, Hélie ou Garraud. Elle fut longtemps due à la seule jurisprudence. Il faut espérer que le Conseil Constitutionnel, par sa reconnaissance d'un caractère constitutionnel à la non-rétroactivité des lois pénales sans distinction, découragera pour l'avenir toute jurisprudence favorable à la rétroactivité, et portera le législateur à s'estimer assez, pour approuver Donnedieu de Vabres, écrivant précisément sur ce sujet : «La violation d'un droit de l'homme, met en péril un patrimoine dont la France est instituée gardienne par sa tradition... Il appartient aux élites de réagir contre l'abaissement des mœurs publiques et l'atonie de l'opinion, qu'expliquent, hélas! deux guerres d'extermination» (23).

André LAINGUI
(Université de Paris II)

NOTES

(1) Le code du 3 brumaire an IV (25 octobre 1795), dit *Code des délits et des peines*, est essentiellement un code de procédure pénale, puisque sur ses 646 articles, les 598 premiers et le 646ᵉ lui sont consacrés. Dû à Merlin de Douai, il fut voté sous la Convention thermidorienne en bloc, sans discussion ni amendement. On notera que le Code pénal actuel, bien des fois amendé et révisé, ne conserve qu'une partie du texte de 1810 (P. COUVRAT, *Un clin d'œil au Code pénal, Mélanges en l'honneur du Doyen Pierre Bouzat*, Paris, Pédone, 1980, pp. 31 et s.).

(2) *Gazette nationale ou Moniteur universel*, séance du 8 avril 1790, tome 4, p. 70 (réimpression).

(3) J. CARBONNIER, *Essais sur les lois*, Paris, Répertoire du notariat Défrenois, 1979, pp. 203 et s.

(4) De l'*Esprit des Lois*, XII, 2. Beaumetz, premier président au Conseil d'Artois, reprendra cette observation profonde devant l'Assemblée constituante en présentant le premier texte de procédure pénale révolutionnaire, le futur décret des 8 octobre-3 novembre 1789 : «La justice criminelle, dont les rapports avec la liberté sont si prochains et si agissants...» (*Gazette nationale ou Moniteur universel*, séance du 29 septembre au soir, tome 1, p. 534).

(5) Par exemple, Le Pelletier de Saint-Fargeau, dans sa présentation aux Constituants du projet de code pénal, en 1791, déclare : «Pour porter une lumière plus sûre dans cet examen, commençons par poser quelques principes sur les caractères auxquels *on peut reconnaître la bonté des lois pénales*» (*Œuvres de Michel Lepeletier Saint-Fargeau...*, Bruxelles, 1826, p. 98).

(6) Déclaration des droits de l'Homme et du Citoyen, art. 8. On consultera sur la reconnaissance du caractère constitutionnel à certains principes fondamentaux du droit pénal, L. PHILIP, La constitutionnalisation du droit pénal français, *Revue de science criminelle et de droit pénal comparé*, 1985, pp. 711 et s.

(7) Le droit d'adresser des «remontrances», à l'occasion de l'enregistrement des lois royales fut le prétexte d'une continuelle opposition aux réformes les plus judicieuses.

(8) A. DESJARDINS, *Les cahiers de doléances de 1789 et la législation criminelle*, 1883, pp. 17-23, p. 78, pp. 193 et s., p. 316.

(9) On pourra se reporter à B. SCHNAPPER, *Les peines arbitraires du XIIIe*, Leiden, Tidjschrift voor Rechtsgeschiedenis, 1973, pp. 237-277 et 1974, pp. 81-112 (les pages 103-106 sont consacrées aux philosophes du XVIIIe siècle). Plus succinctement à A. LAINGUI-A. LEBIGRE, *Histoire du droit pénal*, Paris, Cujas éd., 1979-1980, 2 vol., tome 1, pp. 129-139. Sur les origines romaines et canoniques de la théorie : A. LAINGUI, «Le droit pénal canonique, source du droit pénal laïc», dans *Eglises et pouvoir politique*, Angers, Presses de l'Université, 1987, pp. 213 et s. Sur le problème général du pouvoir des juges et de la codification dans l'ancien droit criminel : A. LAINGUI, «Lois, juges et docteurs dans l'ancien droit pénal», *Cahiers de philosophie politique et juridique*, Caen, 1988, pp. 73 et s.

(10) *Observations sur le Nakaz* [Instructions de Catherine II relatives aux Lois], éd. P. Vernières, *Œuvres politiques de Diderot*, Paris, Garnier, art. 53, pp. 387-388. Diderot, comme beaucoup de penseurs de son temps, est persuadé qu'«il n'y a aucune loi qui puisse embrasser tous les cas possibles». Aussi, si l'on défend au magistrat «de tempérer, de modifier la loi», on le transforme en «bête féroce».

(11) Il suffira de rappeler les articles de la Déclaration des droits qui invoquent la suprématie de la loi (art. 4 à 11), et les différents textes imposant le respect dû aux lois, ainsi dans le Code pénal de 1791 (2e partie, titre 2, section 4, art. 1er), et dans le décret du 29 septembre-21 octobre 1791, en forme d'instruction pour la procédure criminelle («... Cet hommage rendu à la puissance uniforme de la Loi est tout à la fois le prix et la sauvegarde de la liberté de chaque individu», Duvergier, à sa date, p. 481); p. 437, etc.

(12) *Gazette nationale...*, séance du 5 janvier 1791, tome 7, p. 35.

(13) Déclaration des droits de l'Homme et du Citoyen de 1789, art. 5, 7, 8. Le principe de légalité figurera également dans le code de brumaire an IV puis dans le Code pénal de 1810, dans le préambule des constitutions françaises de 1946 et 1958, dans la Convention européenne des droits de l'homme et des libertés fondamentales de 1950.

(14) Article 5 de la Déclaration. Curieusement, lors de la discussion du Code pénal, le 6 juin 1791, le député Sentetz, député du Tiers de la sénéchaussée d'Auch, demanda qu'on mît l'athéisme et le déisme professés publiquement parmi les crimes punis de mort! (*Gazette nationale...*, tome 8, p. 602).

(15) L'adage est noté par Francis BACON, *De augmentis scientiarum*, 1623, livre 8, ch. 3, éd. 1858, tome 1, p. 805.

(16) La non-rétroactivité figurait dans la loi romaine (C.J. 1, 14, 7) et la loi canonique (X. 1, 2, 2 et 13). La loi romaine, ce que confirme Domat, semblait suffisante pour l'application de la règle en France. Les premiers commentateurs voyaient d'abord dans l'article 4 du Code pénal de 1810 – comme dans l'antépénultième alinéa du dernier article du Code de 1791 et les articles 2 et 3 du Code de l'an IV – le principe de non-rétroactivité.

(17) Le légalisme, en revanche, a en tout temps caractérisé la procédure anglaise.

(18) G. VEDEL, *Le « droit » administratif peut-il être indéfiniment un droit jurisprudentiel?*, Etudes et documents du Conseil d'Etat, n° 31.

(19) A. LAINGUI, «Lois, juges et docteurs dans l'ancien droit pénal», *art. cit.* En droit pénal moderne, le principe de légalité interdit de reconnaître à la coutume sa qualité de source du droit, ni à la jurisprudence pénale la même valeur créatrice qu'à la jurisprudence civile, sinon par exception, lorsque la loi n'a pas suffisamment précisé l'élément matériel de l'infraction, ainsi pour l'article 330 du Code pénal (outrage public à la pudeur), pour le crime de castration et celui de viol jusqu'en 1980.

(20) Les codes modernes antérieurs au Code de 1791 laissent subsister un large pouvoir arbitraire entre les mains des juges (Codes de Bavière de 1751, de Toscane de 1786, Constitution criminelle de Marie-Thérèse d'Autriche de 1768). Paradoxalement, la fixité des peines n'existe pas non plus dans les textes relatifs à la police municipale et correctionnelle des 19-22 juillet 1791, dans lesquels le législateur a fixé soit un minimum, soit un maximum à la peine prévue.

(21) LOCRÉ, *La législation civile, commerciale et criminelle de la France...*, (Paris, Treuttel et Wurtz, 1827), tome 1, pp. 203-232. L'institution du maximum et du minimum ne donna lieu à aucune discussion, lors des travaux préparatoires, ni en 1804, ni en 1808-1809. Le baron Locré était secrétaire général du Conseil d'Etat.

(22) J. P. DELMAS SAINT HILAIRE, *Le principe de la légalité des délits et des peines, Réflexions sur la notion de légalité en droit pénal, Mélanges en l'honneur du Doyen Pierre Bouzat, op. cit.*, p. 155.

(23) Dalloz, 1950, Jurisprudence, p. 532

LUMIÈRES, RÉVOLUTION, ESCLAVAGE

Du XVIIe aux aurores du XXe siècle, pour nous donner des repères, la pensée française échelonne les gens en dynamique ascendante ou descendante sur toutes les déclivités d'une figure pyramidale dont la merveille de nous autres constituerait la pointe, dont les hordes sauvages formeraient la base : base dont elles auraient délogé les bêtes ou dont les bêtes leur disputeraient, avec quelque succès, l'étendue. C'est une évidence. Rien de plus facile pourtant que de la nier. L'hagiographie nationale, universitaire, savante enlumine de mille couleurs les trouvailles vertueuses et gomme les égarements coupables des saints penseurs de notre martyrologue. L'évidence dont je parle n'est pas celle de Descartes, qui, merveilleuse et nue, n'a d'autre preuve à proposer de sa vérace intégrité que sa belle nudité. L'évidence de la faute fondamentale des Lumières – grimage et tripatouillage, archaïques en leur temps, de l'unité anthropologique – saute aux yeux de qui collationne la codification de l'esclavage, efficace et effective de 1685 à 1848 (avec une pause pour rire en février 1794), les tapageuses déclarations de «philanthropie universelle» des ténors des Lumières et des «philosophes de la Révolution», les données archivistiques sur ce qu'était un nègre, ce qu'était un esclave, ce qu'était l'équivalence de ces deux mots aux temps glorieux dont nous fêtons cette année le bicentenaire du début de l'apogée. Autant dire que l'évidence dont je parle apparaît au carrefour de diverses lectures ; que les Lumières brillent de mille éclats si on joue à se moquer de leurs éclipses africaines et américaines ; que la fée Révolution n'est harpie qu'en Vendée si les Noirs ne sont pas des hommes ; que la raison française vaut raison universelle seulement après que pensée et pouvoir français aient délimité précautionneusement l'aire de l'universalité convenable.

Les Lumières se lisent, une fois au moins, le Code Noir sous les yeux. Après, on devient humble dans les évocations, mesuré dans les célébrations, modeste dans les incantations. Rebroussons un bout de chemin. Remontons de Jules Ferry, chantre des Lumières au seuil de notre temps, à la Déclaration des droits de l'homme et du citoyen, où elles brillent de tout leur éclat. Avec un peu de malchance et un rien d'attention, nous aurons de quoi tempérer, à cause des nègres esclaves ou des esclaves nègres, au choix, l'ardeur de nos rhétoriques, l'approbation tapageuse de quelques panthéonisations programmées pour demain matin.

Quand Jules Ferry jure aux détracteurs de sa politique asiatique que le Madagascar sera à la France, il leur assène un argument imparable : « Un navire de guerre ne peut porter plus de quatorze jours de charbon, et un navire sans charbon est une épave. C'est pour cela qu'il nous faut Madagascar ». L'Etre suprême a mis le Madagascar à la bonne place. Et les malgaches ? On parle combustible potentiel et tonnage ; on ne parle pas « potentiel humain ». Pourtant, l'entreprise julesferryste se veut fidèle à l'universalisme des Lumières, sensément plus attentives aux peuples qu'aux reliefs géographiques qu'ils habitent.

Victor Hugo est de tous les combats pour la liberté des peuples et des hommes. C'est bien pour cela qu'il conjure hommes et peuples de s'enrichir en pillant des sols que des hommes n'habitent pas. 18 mai 1879. On est à table. On a banqueté pour commémorer l'abolition de l'esclavage, la vraie, celle de 1848 : pas la sinistre farce du 16 pluviôse de l'an II, dont personne ne se souvient, à juste titre, parce qu'il n'y a rien, en elle, dont il faille se souvenir. Schoelcher est là, le fils d'Arago aussi. On a parlé, à table, des désastres d'autrefois : les Noirs razziés, l'esclavage aux Antilles. On s'est congratulé que la traite ne concerne plus les bateaux français (pas officiellement en tout cas). Pouvait-on ne pas causer entre deux rôts, de l'Afrique au présent ? Victor Hugo se lève. On l'acclame. Par-dessus verres et bouteilles, il apostrophe les peuples : « Unissez-vous, allez au Sud ! ». L'Afrique ? « Ce bloc de sable et de cendre, ce morceau inerte et passif qui, depuis six mille ans, fait obstacle à la marche universelle, ce monstrueux Cham qui arrête Sem par son énormité ». Il reprend souffle : « L'Afrique, un excès de soleil et un excès de nuit ». Il termine, toujours désignant de la voix les « quatre nations d'où sort l'histoire moderne, la Grèce, l'Italie, l'Espagne, la France (...) et un cinquième peuple (...) l'Angleterre ». Que leur dit-il ? « Allez, peuples, emparez-vous de cette terre. Prenez-la. A qui ? A personne : prenez cette terre à Dieu. Dieu donne la terre aux hommes. Dieu offre l'Afrique à l'Europe. Prenez-la (...) Versez votre trop plein dans cette Afrique et du même coup résolvez vos questions sociales, changez vos prolétaires en propriétaires ».

Qu'en pense Schoelcher ? On a toutes les raisons du monde d'imaginer que les propos de l'orateur n'énervent pas outre mesure celui qui, libérateur incontestable des esclaves noirs aux Antilles (si l'on concède synonymie parfaite entre «abolition de l'esclavage» et «libération», ce qui est une belle et solide concession), travaille incontestablement à l'implantation de la France en Afrique noire, au beau milieu du «bloc de sable et de cendre» où règne sans partage le monstrueux Cham, c'est-à-dire personne.

Tocqueville était un affreux réactionnaire. Nous ne nous étonnerons donc pas qu'il ait plaidé efficacement le remboursement des colons à la libération de leurs esclaves : «Si les nègres ont droit à devenir libres, il est incontestable que les colons ont droit à n'être pas ruinés par la liberté des nègres». Magnanime, il s'en tient à l'idée que le nègre, jusqu'à la seconde avant son affranchissement, est une marchandise dont on ne saurait déposséder le Blanc sans dédommagement. Il a raison, Tocqueville : l'article 14 de la Déclaration de 1789 (j'y reviendrai) légitime pleinement sa position. Est-il seul à raisonner de la sorte ?

Lamartine clame en 1835, crie en 38, s'étrangle encore en 42 sur la moralité, la justice de ces remboursements et flirte avec un projet de moratoire de dix années pour préparer doucement les Noirs à leur liberté (dix ans : hier les Noirs des Antilles, aujourd'hui les Kanaks chez eux, même mesure...). Schoelcher lui-même aura du mal à se débarrasser de l'attachement aux moratoires. Mais l'orthodoxie-Lumières de ces trois est discutable. Remontons plus loin.

Napoléon ne rétablit pas l'esclavage en 1802 : il constate que les structures esclavagistes sur les Iles françaises du Couchant sont demeurées, après la farce du pluviôse, telles qu'avant et proclame que le Code Noir reste en vigueur. Monsieur de Noailles, l'homme de l'abolition des privilèges, est aussi le convoyeur, de Cuba aux Iles françaises, de chiens dressés pour la chasse aux Noirs-marrons. Mais si Napoléon se réclame des Lumières, leur postérité hésite à le considérer tout à fait comme un compagnon de toujours et sait que Noailles ne fut pas le seul à prévariquer. Remontons encore et installons-nous sur du solide.

L'abbé Grégoire perd son latin à opérer des distinctions entre les «hommes de couleur» qui ne sont pas les Noirs et les Noirs, qui ne sont pas les «hommes de couleur». Il use trente six plumes et sèche une douzaine d'encriers à supplier les «hommes de couleur» de «bien tenir» les Noirs, de peur que, croyant dans leur imbécillité indéniable que la liberté c'est chose faite, ils ne rééditent n'importe où les saturnales de Saint-Domingue. Où sont les Noirs dans toutes ses belles envolées ? Au cœur de l'argumentation avant que n'explose Saint-Domingue. Hors débat, après l'explosion.

Mais le débat redevient souhaitable, nécessaire ; le consensus, urgent. Aux Antilles, les négriers menacent Paris de sécession. La Société des Amis des Noirs n'existe plus depuis 1792 (elle refera surface quelques années plus tard, avec le nom, émouvant, d'«Amis des Noirs et des Colonies»). Après Saint-Domingue, le «pauvre Noir» de quelques-uns est redevenu ce qu'il n'a jamais cessé d'être dans le langage des rues et des salons, des clubs et des portes cochères : le «sale nègre, assassin et cannibale». L'Espagne et l'Angleterre bavent d'envie autour des îles françaises. Il faut tenir l'Empire. Il faut tenir le sucre. Grâce à la syllogistique ferraillante de Toussaint Louverture, Sonthonax a été forcé – consentant ou non dans son cœur, là n'est pas la question – de constater qu'à Saint-Domingue un Noir est un homme. Soudain, la Convention en décide autant pour les Antilles ; et dans la foulée – Lumières obligent –, pour toutes les terres françaises et pour toutes les couleurs de peau. 16 pluviôse, An II : un décret. Et pas de mode d'application. Ce qui veut dire qu'on le prend au mot, le décret, et voilà tout. Charmante hypothèse. La Convention pense qu'en affranchissant tous les Noirs de là-bas (ceux d'ici, quantité négligeable socialement, ne sont d'aucun poids politique), elle en fera à l'instant de braves soldats qui, de leurs corps taillés jusqu'à l'os par le fouet encore la veille, défendront l'Empire et le sucre français face à l'Anglais, avide de l'un et de l'autre. Danton livre la philosophie de l'opération, superbe au-delà du pensable, libératrice et égalitaire jusqu'au sublime : «Citoyens, c'est aujourd'hui que l'Anglais est mort ! Pitt et ses complots sont déjoués ! L'Anglais voit s'anéantir son commerce». Après quoi, en bon gestionnaire des publiques ardeurs, il évoque la nécessité de «combiner les moyens de rendre ce décret utile à l'humanité sans aucun danger pour elle». Phrase totalement dénuée de sens : sauf à confondre humanité et blanchitude, à donner à l'une et à l'autre identique extension, à les mettre l'une et l'autre à l'abri d'on ne sait quels bestiaux débordements. Bilan de l'abolition : néant pour les Iles du Couchant. Et de surcroît : la République n'aura tenu ni l'Empire ni le sucre. Mais elle continuera à «tenir» les Noirs.

Formulons une première évidence sur ce chemin à rebours vers la Déclaration des droits de l'homme et du citoyen, dont on vient de rappeler quelques étranges corollaires : l'abbé Grégoire qualifiera de «désastreuse» l'abolition subite du 16 pluviôse, car «elle était en politique ce qu'est en physique un volcan». Que craignait-il donc ? Un nouveau Saint-Domingue, c'est-à-dire de graves dangers «pour l'humanité» ? L'effondrement fracassant de la belle théorie de la perfectibilité, enfant chéri des Lumières, matrice de pas mal de merveilles et de quelques monstruosités historiques ? Il craignait, des douzaines de documents i'attestent, les conséquences nécessairement néfastes de l'irruption soudaine de la brute chez les humains et dans leurs lois, du sauvage chez les citoyens et dans leurs droits.

Les historiens et les philosophes de chez nous savent la misère du débat (que la rhétorique national-chauvine ne rougit pas de gommer ou de gonfler, c'est selon) sur l'esclavagisme, la traite, l'humanité balbutiante ou l'inhumanité irréversible des Noirs. Ils savent que l'Europe en général, la France en particulier, développent là-bas une politique à laquelle le qualitatif de génocidaire, maintenant que le terme existe, convient parfaitement. Ils devraient savoir aussi, et surtout, que la France, belle première à l'époque moderne, légalise dans la rigueur d'un code la bestialisation du Noir − forcément − esclave ; et qu'elle l'angélise dans le même texte, le déclarant, en perspective théologique, susceptible de mériter le paradis après la mort parce que capable de vertu (d'obéissance notamment) sa vie durant. « Ni ange ni bête », disait de l'homme Pascal. Bête dans l'en deçà assurément, ange dans l'au-delà... possiblement, homme nulle part qui vaille : « Ecce Niger ». Razzié, flagellé, amputé, le Noir traverse le temps de l'esclavage par la nuit noire de l'éclipse des Lumières, tâtonnant et trébuchant le long du sentier que le Code Noir lui a tracé.

De Raynal à Montesquieu en passant par les plus grands ; des réflexions des uns sur les causes pas nécessairement africaines de l'abrutissement des Noirs aux Antilles (Condorcet, Raynal, Diderot) au jemenfoutisme de Rousseau et aux complaisances de Montesquieu ; des explications alambiquées des uns pour sauver la monogénèse tout en condamnant Cham (Buffon) aux contorsions des autres pour régler en harmonieuse polygénèse le charme variolé des humanités (Voltaire) : tous les grands des Lumières manient l'universalisme anthropophile de leur modèle d'humanité, aucun n'y inclut d'office Cham, le « monstrueux ». Chacun (de ceux que la réalité esclavagiste agite) se satisfait de mettre sur le compte de la perfectibilité de l'humain le glorieux après-demain du Noir, son épouvantable aujourd'hui. Du Noir qu'on humanisera petit à petit, s'il se laisse faire. Qu'on forcera s'il rechigne. Qui pourra même goûter à la gestion de ses appétits − pas plus ! − au bout de soixante-dix ans de moratoire (Condorcet, dernière version).

De tout cela j'ai parlé en long et en large, m'en tenant scrupuleusement aux textes des grands des Lumières et des plus grands de leurs épigones en exhumant le Code Noir. Et je me suis attaché surtout à montrer ce qu'il y a d'étriqué, de mesquin dans les modèles anthropologiques dont les meilleurs se satisfont. J'y renvoie le lecteur. Là aussi j'ai mis en évidence que le peu d'âme dont on a gratifié l'esclave noir, le Noir esclave, c'est la Théologie et c'est le Droit Canon qui le lui donnent, tandis que la Philosophie, empêtrée dans sa trouvaille de la perfectibilité, choisit d'ignorer avec arrogance qu'elle prend sur ce point plus de deux siècles de retard par rapport à la néo-scolastique des Espagnols. Après leur trépas, Dieu reconnaît les siens, qu'il nomme tant qu'ils vivent – disent les théologiens. C'est déjà ça. La Philosophie attend le mûrissement des temps...

Est-ce un jour faste, celui où cette idée de perfectibilité est entrée dans nos postulats littéraires et philosophiques? Je suis sûr du contraire. Elle s'insinue dans la pensée des Lumières dès qu'elles choisissent de relativiser le concept d'«espèce humaine» et d'en cartographier les aires. Pour elles, les mythes des chutes et des punitions (traductions maladroites du spectacle constant des diversités culturelles, ethniques, raciales) alourdissent trop le «préjugé» pour qu'on ne cède pas à l'envie d'opposer aux caprices extravagants des olympes la marche sereine de l'humanisable vers l'humanité, de l'humanité vers le modèle sublime de la blanchitude. Ce beau chemin, comme il sera tentant et facile de le rebrousser! Et, par la même relativisation de l'espèce, la perfectibilité se lira aussi, rigoureusement, en dégénérescence. Quelle différence entre le dégénéré Cham de Victor Hugo et Cham le dégénéré des exégèses bibliques? L'un et les autres lui désignent la même place: celle de l'esclave bestialisé, humanisable par la catéchèse et le fouet (Labat), par le commerce débridé (Diderot) et le fouet cadencé (Montesquieu).

*　*
*

A équidistance du Code Noir et de Jules Ferry, la blanchitude française peaufine. Dès avant son article 1, dès son Préambule, la Déclaration des droits de l'homme et du citoyen, destinée «à tous les membres du corps social», éjecte l'esclave noir, qui de ce corps ne fait pas partie. Elle rejette donc le Noir, certainement pas «citoyen», d'«humanité» plus que problématique. Elle reconduit pour lui, candidement, la loi d'Ancien Régime qui, le bannissant hors droit par la définition qu'il en donne – il n'est pas sujet, il n'est personne -, le récupère, est-ce grandiose, à l'article 17 de cette même merveille en qualité de marchandise. Perfectible, grâce au ciel.

Les Lumières, la Déclaration de 1789, l'«abolition» de 1794: serait-il temps, deux siècles après, de les relire aux sinistres lueurs du Code Noir? Pourrait-on avoir l'humilité, après tant d'enflure, de reconnaître que l'esclave nègre ne devient juridiquement homme qu'en 1848 et que Schoelcher et Arago ne se réfèrent nullement aux Lumières pour imposer l'abrogation du Code Noir? Est-ce outrecuidant de rappeler qu'il faut attendre le 4 novembre 1848 pour pouvoir lire dans la solennité d'une Constitution que « l'esclavage ne peut exister sur aucune terre française» (article 6)? Est-ce provocateur de s'arrêter une seconde à lire les exégèses hugoliennes et julesferrystes de l'abolition constitutionnalisée en 1848?

Aujourd'hui les Noirs récupèrent la part de leur histoire que nous leur avons volée. Ils sauraient bien forcer nos rapsodes à ravaler leurs dithyrambes et à chanter la palinodie. Mais les Noirs, franchement, qui les écoute?

Voici que Condorcet et Grégoire entrent au Panthéon. A Dieu vat. La logique, la justice, la philosophie, la politique exigeraient que Toussaint Louverture, mort sous les chaînes de froid et de faim dans le Jura, les y précédât. Ne dit-on pas, dans l'hagiographie nationale, que, incapable de savoir à lui tout seul ce que liberté pouvait bien vouloir dire, Toussaint avait tout appris des Lumières? N'assure-t-on pas qu'il leur doit tout, qu'elles lui ont tout appris? Il fut alors leur meilleur élève. Le libérateur au sens des Lumières (et pas seulement l'« affranchisseur» au sens banal), c'est lui : pas Condorcet, pas Grégoire. Alors, pourquoi donc ne pas honorer en lui son héroïque réussite, en lui, l'élargissement à l'infini de l'anthropophilie ethnocentriste des Lumières?

Mais il a peut-être découvert la liberté et ses exigences tout seul, comme un grand. Dans ce cas, pourquoi ne pas le panthéoniser séance tenante, puisqu'il aura imposé, par sa geste, la libération des siens et forcé l'avènement, par l'image de son héroïsme et de son martyre, de l'abolition de 1848?

Je n'ose penser qu'on ne veuille même pas y penser de peur que l'entrée du Noir ne profane la blancheur des lieux, que l'irruption dans cette quiétude du fils de Cham et de Canaan ne dérange l'esprit d'Hugo et de quelques ancêtres de la perfectibilité.

Et puis, comme chacun sait, la patience et l'endurance des Noirs sont proverbiales : ils savent attendre. Toussaint, le libérateur des Noirs, est patient. Le Panthéon pour lui? Ce sera peut-être le clou du Tricentenaire.

Louis SALA-MOLINS
(Université de Paris I)

LE DOUBLE VISAGE
DE L'HÉROÏSME RÉVOLUTIONNAIRE

Le masque tombe, l'homme reste. Et le héros s'évanouit.
Jean-Baptiste Rousseau, *Ode à la Fortune.*

Je présenterai trois remarques préalables qui viseront à expliciter la deuxième partie du titre : ce qu'il convient d'entendre par héroïsme révolutionnaire.

1) Il s'agit d'abord d'affirmer l'héroïsme comme une donnée première, comme une dimension constitutive de l'événement Révolution française, ou de la Révolution française comme événement. Par héroïsme, j'entends désigner une qualité, une tonalité, une disposition, un ton qui imprègne, qui affecte l'ensemble des acteurs, une qualité magnétique des temps révolutionnaires, susceptible d'engendrer une aire d'attraction ou de répulsion mal déterminée qui peut aller de l'enthousiasme à l'effroi. L'héroïsme, dimension constitutive et non ornement, fait référence à un certain mode d'être, une certaine manière d'exister dans le champ politique ; je pose la présence, au moment de la Révolution française, d'un complexe d'attitudes spécifiques – politiques, éthiques, éthico-politiques, mais aussi esthétiques qui informent la politique révolutionnaire et lui impriment sa singularité. C'est en ayant recours au paradigme de la vertu républicaine, opposé à celui du droit naturel, que l'interprète peut avoir accès à la présence de l'héroïsme (1). Je me situe dans une perspective républicaine, également au sens de Michelet : c'est-à-dire qu'aucune vénération du « grand individu » n'entache mon propos. Au contraire, l'héroïsme est pensé comme « la chose de tous », la qualité, le ton de tous. Pour reprendre les termes de Michelet, c'est « dans l'immensité du mouvement héroïque qui amenait la vie nouvelle », c'est dans la disposition d'un « peuple à l'état héroïque » que se trouve la source première de

l'énergie des acteurs révolutionnaires, mais également de ceux qui luttèrent contre la Révolution et retournèrent contre le peuple la charge magnétique qui traversait la scène politique. Ainsi pour Michelet, Charlotte Corday est elle une figure héroïque qui se constitue dans une métamorphose de Brutus. Il peut donc y avoir des héros qui ne sont pas révolutionnaires et, inversement des révolutionnaires qui refusent l'héroïsme (Danton, G. Romme).

2) Je ne retiendrai ici que les héros révolutionnaires, en spécifiant à l'aide de Condorcet et de son texte de juin 1793 le sens du mot «*révolutionnaire*». Il s'agit d'une disposition qui se manifeste chez celui qui est attaché aux principes «d'une révolution ayant pour objet la liberté», qui agit pour elle, qui est prêt à se sacrifier pour elle; ou encore chez «celui qui est propre à conduire, à diriger une révolution faite en faveur de la liberté». A partir de cette définition, il s'agit de problématiser les rapports de l'héroïsme et de la liberté : si, comme l'affirme E. Quinet, l'héroïsme est la force qui peut délivrer de la servitude, n'est-il pas aussi de par son exigence d'authenticité, de par son orientation vers le «nom d'Un» le lieu où la liberté est exposée à se renverser en son contraire? (2)

Reste à savoir s'il s'agit d'un *héros révolutionnaire* : à savoir, que la révolution offrirait une scène nouvelle où la disposition héroïque pourrait se donner livre cours et s'élaborer autrement – ou bien, s'agit-il d'un *révolutionnaire-héros*, l'héroïsme étant dans ce cas «le principe», au sens de Montesquieu, de la forme de gouvernement atypique qu'est le gouvernement révolutionnaire. L'héroïsme serait au gouvernement révolutionnaire ce que la vertu est à la république.

3) Quand on considère l'héroïsme révolutionnaire, deux écueils sont à éviter :

— le haussement ou la transfiguration métaphysique, l'héroïsme étant défini de façon très générale comme «la négation radicale du monde donné», ou bien étant dilué dans l'existentiel ;

— la réduction de l'héroïsme à l'héroïsation, tendance que l'on rencontre chez certains historiens qui étudient souvent de façon très intéressante un processus secondaire, l'héroïsation, en censurant la donnée première, la force active de l'héroïsme. L'hypothèse de Tocqueville dans *L'Ancien Régime et la Révolution* me paraît offrir un point d'ancrage solide pour éviter ces deux écueils, à savoir, qu'avec la Révolution française surgirait un acteur politique nouveau, le révolutionnaire d'une espèce inconnue. Il s'agit là d'une hypothèse de philosophie politique qui ajoute un nouvel acteur, un nouvel agent, aux figures déjà connues du législateur-fondateur, du tyran, du prince, du prudent.

Cette hypothèse a le mérite de subordonner le métaphysique ou l'historique à une intelligence du politique, le politique étant le lieu privilégié d'intelligibilité pour penser l'héroïsme révolutionnaire.

L'héroïsme, au moment de la Révolution française n'est pas un, mais pluriel, en raison même de la diversité des morales qui s'affrontent autour de la question de l'héroïsme. On peut distinguer trois grandes positions qui ont en commun, malgré leurs divergences, de pouvoir s'arrimer à une position philosophique.

D'abord la position anti-héroïque que je mentionne sans l'étudier vraiment, mais dont l'existence suffit à prouver que l'héroïsme se heurte à des traditions contraires, ou peut être traversé dans ses manifestations par des tendances contradictoires. Deux noms : celui de Danton, dont l'anti-héroïsme qu'il faudrait nuancer, peut se rattacher à l'épicurisme venu de l'*Encyclopédie*, attaqué par Robespierre, et celui de Gilbert Romme. Ce dernier cas est particulièrement intéressant, car il s'agit d'un des «martyrs de Prairial», mort héroïquement en 1795. Le refus de l'héroïsme chez Romme vient très certainement du jansénisme. Dans un texte de jeunesse, il écrit : «A mes yeux, un héros est toujours un fou, et trop souvent un coquin qu'on décore parce qu'on le craint...» (3). Il avoue plus d'estime pour le courage qui s'inspire du christianisme que pour celui qui se réclame des modèles antiques où transparaîtrait l'amour effréné de la gloire qui ne serait souvent qu'un masque. Au-delà du refus d'une certaine exaltation littéraire, on perçoit chez Romme une résurgence du pessimisme moral qui, avec Pascal et La Rochefoucauld a contribué à la démolition des morales héroïques.

J'en viens aux deux visages : pour nous, interprètes du XXe siècle, il paraît possible de distinguer deux visages de l'héroïsme au moment de la Révolution française.

L'HÉROÏSME DE LA SINCERITÉ

Le premier visage serait un héroïsme de la sincérité et de l'authenticité – ou qui vise une politique de l'authenticité. Il a pour modèle et pour référence philosophique Rousseau. On peut parler, en ce sens, d'un héros «selon Rousseau», bien que ce dernier ait manifesté de sérieuses réticences à l'égard de l'héroïsme et de sa valorisation de l'éclat. Figure exemplaire dans la lutte contre la société de son temps

– «homme divin» écrit Robespierre – Rousseau fournit à cet héroïsme sa thématique, sa posture d'accusation et le schème organisateur, à savoir la distinction de l'être et du paraître.

Un héroïsme de la sincérité? Cela signifie d'abord un héroïsme de belle venue, pur au sens où l'on parle d'un vin sincère, non altéré – en l'occurrence, il s'agit d'un héroïsme d'un seul tenant – entendons non divisé, non déchiré, non menacé de division, non travaillé par un soupçon sur sa sincérité même. En ce sens, la conscience héroïque est une conscience heureuse. Cet héroïsme repose donc sur une correspondance entre les sentiments avoués et les sentiments éprouvés; puisque l'héroïsme est de l'ordre de l'agir, un héroïsme de la sincérité se constitue dans une correspondance entre l'action et les discours, entre l'action et le projet politique. Cette forme d'héroïsme veut dire aussi un héroïsme qui ne pratique pas une attitude de dissimulation, de faire-semblant, de fourberie – un héroïsme sans masque. Dans cette perspective, le héros sincère, en tant que sincère, est à l'exact opposé du *villain* dont le modèle est Iago prononçant la phrase emblématique : «Je ne suis pas ce que je suis». Le héros sincère – c'est en ce sens qu'il s'agit d'une conscience heureuse même si elle est en lutte contre le cours du monde – est dans un état de coïncidence de soi à soi. Plus, c'est dans la dénonciation même de la fourberie universelle qu'il trouve la preuve tangible de sa sincérité. On reconnaît ici la position d'Alceste dans le *Misanthrope* qui, selon Rousseau le défendant contre Molière, «est un homme droit, sincère, estimable, un véritable homme de bien» (4). Ce que Rousseau salue en Alceste, ce n'est pas la haine des hommes, ni la haine du genre humain, mais la haine de la fourberie et du mensonge des apparences. «Cette passion est une violente haine du vice, née d'un amour ardent pour la vertu et aigrie par le spectacle continuel de la méchanceté des hommes» (5).

Si l'on mesure toute la portée de la réhabilitation d'Alceste contre Molière, à laquelle procède Rousseau dans la *Lettre à d'Alembert* – ce dernier accuse l'auteur du *Misanthrope* de proposer pour modèle Philinte – on ne peut que tomber d'accord avec L. Trilling pour voir en Rousseau le second avatar d'Alceste, le troisième étant celui qui vénérait tant l'auteur du *Contrat Social* et s'efforça d'en reproduire la sincérité, Robespierre (6). On peut d'autant plus conclure à un héroïsme «selon Rousseau» que multiples sont chez ce dernier les éloges de la sincérité : l'extraordinaire ouverture des *Confessions*, la *Réponse à Stanislas* à propos du *Discours sur les Sciences et les Arts* dans laquelle Rousseau accuse son adversaire d'excuser l'hypocrisie, le refus radical également de la fameuse maxime de La Rochefoucald selon laquelle l'hypocrisie serait un hommage que le vice rend à la vertu.

Non, couvrir sa méchanceté du dangereux manteau de l'hypocrisie, ce n'est point honorer la vertu... c'est se fermer pour jamais tout retour vers la probité... L'âme vile et rampante de l'hypocrite est semblable à un cadavre, où l'on ne trouve plus ni feu, ni chaleur, ni ressource à la vie... Ce que personne n'a jamais vu, c'est un hypocrite devenir un homme de bien (7)

Selon La Rochefoucald, il peut y avoir un héroïsme du mal comme un héroïsme du bien. En lutte contre la fourberie et l'hypocrisie, l'héroïsme de la sincérité est à l'évidence un héroïsme du bien. Plus exactement, il est orienté à la vertu et vise à la régénération. Dans le cas de la Révolution française, il convient de lutter contre la dégénérescence de l'Ancien Régime monarchique en témoignant dans sa personne même d'une régénération héroïque. La dénonciation des méchants par le héros est ce qui doit permettre la rencontre, la communication des bons, des hommes de bien. A l'inverse, l'héroïsme du mal n'est que le masque de la *libido dominandi*.

LE NATURALISME

Héroïsme « selon Rousseau » de par son exigence de sincérité, cet héroïsme l'est doublement de par la thématique naturaliste qu'il invoque.

Tout héroïsme a besoin d'un appui qui ait, pour le héros, à la fois valeur de fondement, de légitimation et de signe d'élection. Aussi la question du point d'appui, de ce que j'appelle le *support*, s'avère-t-elle déterminante. De ce point de vue, comme nous y invite Merleau-Ponty, on peut considérer que la figure du héros se métamorphose selon le support sur lequel il prend appui. Il s'agit ici d'un héroïsme qui prend appui sur la nature : c'est le support de la nature qui donne sens et contenu à la sincérité et à l'authenticité, conçues comme les meilleures voies d'accès à la nature. Héroïsme « selon Rousseau » ? Beaucoup d'interprètes, beaucoup de philosophes ne seront-ils pas tentés de contester à juste titre cette association, cette relation entre Rousseau et l'idée de nature ?

On peut sans peine montrer les ambiguïtés de l'idée de nature chez Rousseau. On sait que l'état de nature n'a pas valeur d'hypothèse historique, mais statut d'hypothèse philosophique. On sait que le *Discours sur l'origine de l'inégalité* n'aboutit pas à une valorisation de l'état de nature et l'on sait depuis Lovejoy que cet état comprend plusieurs phases distinctes, ce qui interdit de l'ériger en norme. On sait que Rousseau critique l'emprise du commerce et de l'argent sur la modernité autant du point de vue de la cité antique et de la vertu que du point de vue de la nature. On sait enfin que le projet de Rousseau est de retrouver une indépendance dans et par les lois – dans la cité légitime du *Contrat Social* – qui soit une forme incomparablement plus haute et plus parfaite que l'indépendance naturelle. « Nous ne commençons proprement à devenir hommes qu'après avoir été citoyens » (Manuscrit de Genève).

Cela su, il n'en reste pas moins que, pour ses contemporains et pour les hommes de la Révolution, Rousseau était celui qui, à la différence des « philosophes », avait invité à quitter un monde artificiel et conventionnel pour revenir à un état plus proche de la nature. En témoigne au mieux le conflit avec d'Alembert à propos de Genève et du théâtre : la république n'est-elle pas une forme politique plus près de la nature et n'exige-t-elle pas des spectacles et un art conformes à son principe ? Il est évident que la lecture que les hommes de la Révolution firent de Rousseau fut une lecture « à chaud » et portée par l'adoration devant la vie de Rousseau, vie sainte, vie héroïque. Elle n'est donc en rien comparable à celle d'un interprète savant de notre temps.

Mais si l'on persiste à rester à un niveau philosophique, on peut tout à fait accepter la thèse de C. Rosset dans *l'Anti-nature* qui maintient l'interprétation naturaliste de Rousseau. Rousseau est naturaliste non pour avoir cru à la nature, mais pour avoir absolument refusé l'artifice (8).

Deux autres caractères encore permettent de placer cet héroïsme de l'authenticité sous le nom de Rousseau, le pessimisme historique et l'opposition de l'être et du paraître. La voie qui mène à la Révolution – car il s'agit bien d'une voie – passe par la reprise du pessimisme historique de Rousseau et de son écart par rapport aux Lumières. Méfiance à l'égard de la marche soi-disant triomphale de la raison, méfiance à l'égard du progrès des sciences et des arts, méfiance enfin à l'endroit des effets prétendument bénéfiques de l'égoïsme. C'est en tant que maître du soupçon que Rousseau fut éducateur ; double soupçon, à l'égard de la corruption du présent, mais aussi à l'égard de la légitimité d'une « grande révolution ». C'est dans la conscience de ce mal peut-être incurable que le héros puise son énergie, comme si l'héroïsme était susceptible d'édifier le seul rempart de nature à disjoindre la révolution du mal.

Enfin, depuis les travaux de J. Starobinski, on mesure combien la division de l'être et du paraître est la matrice de la pensée de Rousseau, là où il conquiert son unicité et s'oppose à ses amis les «philosophes». Douleur, déchirement, révolte contre un scandale initial, dit J. Starobinski ; c'est dans cette rupture entre l'être et le paraître, dans cette division inacceptable que s'originent d'autres conflits, entre le bien et le mal, entre la nature et la société, entre l'homme et lui-même, au sein de l'histoire entre un *avant* et un *après* (9).

La reprise de ce schème organisateur chez Robespierre, mais aussi chez Saint-Just, constitue le héros «selon Rousseau» ; c'est à partir de cette différence qui divise le monde entre le monde vérité et le monde apparence que le héros révolutionnaire conçoit une politique de l'authenticité, au sens où cette politique se fonde sur l'idée d'un être-vrai qui a le rang suprême et qui en tant que tel est le signe de la plus grande authenticité ; par exemple, la nature est un être-vrai authentique. De surcroît cette politique, en rejoignant l'être-vrai, dissoudrait la division de l'être et du paraître, réinstaurerait la possibilité de la communication entre les hommes, sous la double figure de l'homme réconcilié avec lui-même et de la société enfin transparente à elle-même.

Cette politique de l'authenticité qui va de pair avec une dénonciation récurrente de l'hypocrisie – le héros a pour tâche entre autres d'arracher les masques – ne compte-t-elle pas parmi les modes de dépréciation du politique ?

SAINT-JUST, HÉROS «SELON ROUSSEAU»

Saint-Just qui définit la Révolution comme une «entreprise héroïque», entre les périls et l'immortalité, ne présente-t-il pas une incarnation exemplaire de l'héroïsme de la sincérité ? Héros, il se pose en ministre de la nature, de l'être le plus vrai et conférant du même coup à son action la garantie de l'authenticité. Retenons seulement les grandes orientations du manuscrit *De la nature...*, vraisemblablement composé entre septembre 1791 et septembre 1792, qui montre suffisamment que, dans le cas de Saint-Just, il s'agit d'un héroïsme qui prend spécifiquement pour support la nature, élevée à la dignité de fondement de l'action révolutionnaire. L'état de nature est décrit comme un état immédiatement social, car la société est pensée comme une donnée naturelle reposant sur la possession, c'est-à-dire sur le jeu spontané des besoins et des affections. Tandis que l'état social est défini comme l'alliance harmonieuse de la vie en société et de l'indépendance, l'état politique, «rapport d'un peuple à un autre peuple», est caractérisé par les rapports de force et le règne de la domination. Ainsi l'état social devient-il un concept normatif et régulateur, et l'état politique une catégorie descriptive, négative, servant à désigner tout rapport fondé sur la force, l'inégalité et la contrainte. L'histoire, longue altération, est pensée comme une disparition du social sous l'effet d'une généralisation du politique qui a fini par contaminer les rapports à l'intérieur de la cité jusqu'à les détruire. Remarquable est la détermination de Saint-Just de restaurer le concept de nature dans sa vérité univoque et anhistorique. Il entend par la nature, «point de justesse et de vérité dans les rapports des choses ou leur moralité», ce qui existe en dehors de toute intervention de l'homme, par contraste avec l'art. Il s'agit d'un ordre moral objectif où la convention n'est pas encore intervenue. La société doit reposer sur la nature, car elle n'est point le produit d'une création artificielle, œuvre de l'homme, mais une donnée naturelle qui préexiste à l'homme et existe indépendamment de lui. Rien n'est donc plus étranger à cette pensée que le volontarisme juridique, et elle penche bien davantage du côté du droit naturel classique que du droit naturel individualiste et révolutionnaire. *Natura facit legem.* L'esprit humain doit se contenter de «lire» les lois de l'ordre naturel qui s'imposent à lui de l'extérieur (10). Adossé à un naturalisme aussi dogmatique, le héros trouve en effet dans la nature un irremplaçable support à son action. Grâce à la tutelle de la nature, on pourrait dire que l'action héroïque atteint une certaine transparence avec elle-même, un certain bonheur, puisque la politique se donne pour visée – contre l'altération de l'histoire – de rejoindre la nature et une fois que la nature sera rejointe de s'abolir, en tant que politique, dans une société pleinement réconciliée. On pourrait parler d'un héroïsme heureux, au sens où la croyance à la nature soustrait le héros à l'épreuve du doute et du soupçon.

On ne peut manquer, en effet, d'être frappé par le climat fondamentaliste d'une telle pensée, portée par la volonté d'asseoir l'action politique – ou plutôt la Révolution, car s'agit-il vraiment de politique? – sur un fondement métaphysique, l'ordre de la nature. En vue de l'institution de la République de la vertu, la nature fait figure à la fois d'absolu et de norme : elle contient la substance d'un ordre objectif et définit les critères à partir desquels juger ce qui va dans le sens de la Révolution ou, au contraire, s'y oppose. Sous l'emprise d'un tel fondamentalisme, le héros se voit assigner une nouvelle posture en même temps qu'il participe de l'autorité de l'ordre ainsi invoqué.

Zélote de la nature, il lui appartient par un redoublement d'énergie de tenter d'inverser le cours de «l'altération» historique, afin de recouvrer contre des siècles de corruption monarchique, et en dépit de la dénaturation qui s'en est suivie, le règne de la nature. Incarnant la vertu, le héros se voit investi de la mission de préfigurer *hic et nunc* la restauration de l'homme selon la nature. De là la tension utopique qui le transit, qui l'habite. Mais même s'il est auréolé de la sainteté de la nature, et s'il y puise sans nul doute un supplément d'autorité, il n'en reste pas moins que le héros, en tant que personne singulière, *s'efface* devant la source de légitimité qu'il invoque et parvient ainsi à dissocier l'héroïsme de «l'art de l'orgueil humain». Le travail de soi sur soi, les exercices héroïques, loin de relever d'une «esthétique de l'existence», appartiennent de part en part à une éthique naturaliste révolutionnaire. Certes le héros est prisonnier d'un fondamentalisme dogmatique qui lui définit des principes premiers et lui assigne des fins ; néanmoins, il en tire le bénéfice de posséder une assise stable, de ne pas subir l'errance, le «nomadisme» d'une conscience d'autant plus divisée qu'elle ne connaît plus qu'elle-même. De surcroît, lui est épargnée, grâce à l'invocation de la nature – mais pour combien de temps ? – l'épreuve de la contiguïté entre le crime et la vertu, lui est provisoirement épargné le paradoxe d'une «renaturation» qui s'effectue à travers la voie inquiétante d'un crime «contre nature». Provisoirement seulement. Car le drame de Saint-Just ne tient-il pas dans le passage de la position de héros, ministre de la nature, à celle, moderne, de héros zélote de la Révolution, ce que Saint-Just désigne lui-même comme un héroïsme sans modèles ? (11)

L'AUTRE VISAGE DE L'HÉROÏSME

Il est une seconde forme d'héroïsme pendant la Révolution française, souvent mal repérée, voire ignorée et non analysée en tant que telle. Ce que j'appellerai un *héroïsme de maîtrise des apparences*. Un héroïsme dans lequel le travail sur soi passe après le travail exercé sur le public, ou plutôt dans lequel le travail d'auto-fabrication du héros est tout entier subordonné à la maîtrise exercée sur l'opinion d'autrui. Il ne s'agit plus de lutter contre le mensonge des apparences, de le détruire au nom de la vérité de la nature ; mais, puisque ce mensonge social est pensé comme une donnée irrécusable, il s'agit bien plutôt de s'y inscrire, d'en jouer pour mieux le dominer, le maîtriser. Il ne s'agit plus pour le héros de s'ériger en incarnation de la sincérité et de l'authenticité – ce qui implique dans l'esprit du héros la possibilité de revenir ou d'accéder à un ordre social substantiel – mais de se forger le meilleur masque, à savoir le masque le plus efficace, celui qui assure le pouvoir de se séparer des hommes ordinaires et de se faire reconnaître par eux comme un homme extraordinaire, c'est-à-dire un héros. Nul doute que cette forme d'héroïsme ait à voir avec l'art du despotisme tel que le définissait magnifiquement Brissot en août 1789 : « L'art du despotisme est de faire voir un Dieu dans l'homme-Roi ».

On pourrait emprunter la devise constitutive de cette forme d'héroïsme à Oscar Wilde : « Le premier devoir dans la vie est d'être aussi artificiel que possible ». Cet héroïsme de maîtrise des apparences vise à construire un héros, pourrait-on dire, « selon Baltasar Gracian », auteur d'un petit ouvrage publié en 1637, *Le Héros* (traduit en français en 1725). Le cas le plus exemplaire et le plus explicitement élaboré pendant la Révolution française paraît être celui de Hérault de Séchelles qui, collègue de Saint-Just au Comité de Salut Public, fut accusé par lui en 1794. On pourrait dire de Hérault de Séchelles qu'il fait, de l'extériorité du social par rapport à l'individualité, une dimension consubstantielle de toute société humaine et en tant que telle intangible. Avec l'ouverture de la scène révolutionnaire, la renommée devient l'objet du moi, comme si la Révolution plutôt que de mettre un terme à « l'héroïsme de la flatterie » en déplaçant les termes, la flatterie se tournant désormais vers un nouveau maître, l'opinion publique, dans un rapport tyran-esclaves, à la fois même et autre.

Si l'on croise la série héroïco-politique avec la série érotique – au nom du rapport que Machiavel pose entre l'audace dans les choses politiques et l'audace en amour, puisque dans les deux cas il s'agit de se rendre maître de la fortune – on pourrait dire que *l'analogon* de cette seconde figure de l'héroïsme est l'art du libertinage tel qu'il s'est élaboré par Laclos dans *Les Liaisons dangereuses*, tandis qu'à l'héroïsme de l'authenticité correspond la *Nouvelle-Héloïse*.

A première lecture, dans les vies parallèles de Saint-Just et de Hérault de Séchelles, la scène révolutionnaire offre une confrontation paradigmatique des deux formes d'héroïsme. Mais peut-on en rester seulement là ?

BALTASAR GRACIAN

Selon l'auteur du *Héros*, l'héroïsme est d'abord une aspiration à une sorte d'infinité. « Un si noble dessein est le premier fondement de l'héroïsme et de la grandeur» (12). Le héros est un personnage illustre dans un haut-genre, qui arrive à s'extraire de la masse anonyme des sans-noms en se faisant un nom, soit dans la guerre, soit dans les affaires humaines, soit dans les lettres ou l'érudition sacrée. Le héros, homme extraordinaire, doit donc avoir pour tâche d'exceller, d'être le premier, dans le grand. «L'excellence dans le grand est une sorte de souveraineté qui exige un tribut d'estime et de vénération» (13). Sorte de souveraineté, en effet, car viser l'excellence, c'est viser à devenir un homme-roi, voire un homme-dieu. «J'entreprends de former un géant avec un livre nain et en peu de paroles des actions immortelles. Je prétends faire surgir un homme supérieur, c'est-à-dire une merveille de perfection, tel que s'il n'est point roi par nature, il le soit par ses mérites, ce qui est mieux.» (14).

Cet héroïsme est le fruit d'un travail, d'un art : il mise plutôt sur les qualités acquises que sur les naturelles. Ce que B. Gracian propose c'est «une boussole pour naviguer à l'excellence, un art pour être éminent avec peu de règles de sagesse». Non plus l'authenticité, mais la réputation, la renommée est la visée de cette forme d'héroïsme. B. Gracian oppose le courtisan politique au courtisan sincère. «Pour moi, je donnerai toujours la préférence à l'art» (Chapitre XII). Cet artificialisme – je reprends ici les analyses de C. Rosset dans L'anti-nature – repose d'abord sur un privilège reconnu aux apparences. La tâche de la philosophie n'est pas la recherche d'une vérité cachée, dans un arrière-monde, derrière les apparences, mais une description aussi minutieuse que possible des apparences, «un précis des apparences», écrit Rosset : «à l'usage de l'homme décidé à s'aventurer hardiment dans le domaine des reflets, sans craindre le spectre d'un quelconque «être» (vérité ou nature) dont l'apparition menaçante risquerait de dissoudre l'apparence ... Le héros est ce chevalier sans peur et sans reproche qui prête à l'apparence un crédit illimité» (15).

Comme dans la tradition sophistique, il s'agit pour le héros de savoir saisir l'occasion, le moment opportun – le *kairos*. «Il faut traverser la vaste carrière du Temps pour arriver au centre de l'occasion» (16). Cette saisie de l'occasion repose sur une théorie de la fortune qui a en commun avec celle de Machiavel d'assumer le temps, la division du temps, et du même coup la fragilité et l'instabilité des choses humaines. Le héros, grâce à son courage, à son désir d'excellence, doit apprendre à interpréter la fortune, c'est-à-dire à métamorphoser ce qui peut le défavoriser en ce qui peut tourner en sa faveur, la fortune n'est-elle pas «cette reine absolue, impénétrable, inflexible».

Aussi peut-on tomber d'accord avec C. Rosset quand il discerne, à propos du héros, une triple maîtrise :

— La maîtrise des apparences : le héros se constitue dans l'art de faire jouer les apparences en sa faveur, dans l'art de saisir les occasions où il peut se montrer sous son jour le plus flatteur, «cet art de fournir toujours à l'attente publique» (17). Sa qualité dominante est l'éclat, pour s'emparer à coup sûr de l'attention générale, il lui faut préférer «les qualités éclatantes à celles qui frappent moins» (chap. VIII). Ce qui implique dissimulation, pratique du secret et surtout de ne pas laisser prise à autrui en lui avouant ses passions. «C'est aussi le dernier effort de l'empire sur soi de conserver son cœur inconnu aux plus habiles scrutateur» (18).

Nous sommes bien dans le pur registre de la domination et de la conquête de la souveraineté : découvrir les passions d'autrui pour en jouer et mieux le dominer, ne pas déceler ses propres passions pour ne pas être dominé. «L'art de vous conduire, en telle sorte que qui que ce soit ne puisse marquer les bornes de votre capacité, demeurera presque infructueux, si vous n'y joignez l'art de cacher les affections de votre cœur» (19).

— La maîtrise des circonstances : le héros pratique l'art de saisir les occasions favorables grâce à une faculté de l'esprit qui n'est pas tant la prudence qui juge après coup les actions humaines qu'une certaine vivacité, propre à l'action et à ses exigences (20). Ou plus exactement, chez le héros, la prudence dans la hiérarchie des qualités souhaitables est-elle subordonnée à l'étincelle de la vivacité. Il ne s'agit pas tant de façonner les circonstances que de savoir en jouer de la façon la plus favorable par une intuition de l'opportunité. Puisque le réel est irrationnel, en proie au hasard, la meilleure manière d'y répondre est l'artifice.

— La maîtrise de la mobilité : l'art du héros «selon B.Gracian» est de savoir se mouvoir dans l'instable et dans le fragile. «Tout peut changer de face en ce monde, parce que tout y est susceptible d'accroissement et de déclin» (21). Le héros doit donc savoir que la prospérité n'est pas un état stable et savoir se retirer avant d'être frappé des coups de l'adversité. Le héros doit savoir jouer des *aléa* du temps, notamment il doit savoir de temps en temps renouveler sa réputation et, pour ce faire, pratiquer une sage alternance de repos et d'action.

HÉRAULT DE SECHELLES, HÉROS « SELON B. GRACIAN »

Cet héroïsme fut certes diversement répandu au moment de la Révolution française ; à lire les déclarations multiples qui émaillent les discours des acteurs révolutionnaires, on ne saurait douter qu'il fût une dimension de la scène révolutionnaire, affronté à d'autres conceptions de l'héroïsme, ou violemment attaqué par ceux, tel Lequinio, qui dénonçaient dans la recherche de la gloire le masque de l'ambition. Mais loin de récuser l'ambition, Hérault de Séchelles, qu'on surnommait « l'Alcibiade de la Montagne », la théorisa pour mieux l'assumer, en 1788, dans *Théorie de l'Ambition* ou *Codicille politique et pratique d'un jeune habitant d'Epone* (22).

D'origine aristocratique, Hérault de Séchelles a commencé une brillante carrière sous l'Ancien Régime – en 1785 il est nommé avocat général au Parlement et s'illustre par un discours de rentrée très brillant en 1786. En 1789, il participe à la prise de la Bastille ; en 1791, il est admis au Club des Jacobins ; en 1793, il présente un projet de constitution et entre au Comité de Salut Public ; il est Président de la Convention en août 1793. Accusé par Saint-Just, il est arrêté en mars 1794 et exécuté avec les Dantonistes en avril 1794. Si le nom de B. Gracian n'est pas prononcé dans la *Théorie de l'Ambition* – seuls sont invoqués Rousseau, Montesquieu, mais l'art ne consiste-t-il pas à dissimuler ses sources ? – nous sommes au cœur de la tradition artificialiste. La morale est pensée comme une mécanique des passions seule référence faite à la nature, et le sensualisme de Condillac est, par moments, mobilisé au service du désir de domination du grand individu. « La morale est la science des intentions ou tendances physiques. Elle a donc pour objet les phénomènes de l'attraction et de la répulsion » (23). Et plus loin : « Tout individu est le centre de l'univers ». Il s'agit donc de mettre en œuvre cette science énergétique de l'attraction et de la répulsion pour renouveler l'art de la domination. Dans cette forme d'héroïsme, « héroïsme de la flatterie » pour reprendre les termes de Hegel dans la *Phénoménologie de l'esprit*, à propos du *Neveu de Rameau*, il ne s'agit pas d'une liberté qui s'adresse à d'autres libertés, il ne s'agit aucunement de l'appel d'une liberté à toutes les autres libertés, mais il s'agit d'une volonté qui, dans une position d'extériorité, tend, à partir d'une mécanique sensualiste des passions, à dominer la volonté et l'esprit des autres hommes. On retrouve bien les trois maîtrises.

— La maîtrise des apparences : le héros a d'abord un plan d'action ou plutôt «un plan de gloire» que Hérault de Séchelles définit ainsi : «Il ne s'agit pas d'être modeste, mais d'être le premier» (24). Et pour atteindre ce but, il convient de mettre en action des machines : «Modestie fière, orgueil timide, deux grandes machines dans l'action et dans le discours» (25). Hérault qui identifie l'*action* des Anciens à la *déclamation* des Modernes, assume totalement la théâtralité de l'action politique, ou plutôt l'action politique est conçue comme essentiellement théâtrale – non pas au sens arendtien du terme où il s'agit de la phénoménalisation de l'agir – mais au sens classique de la manipulation des apparences. Dans *Réflexions sur la déclamation* on lit : «On peut dire qu'un homme qui parle en public joue un personnage quelconque. La principale attention de l'orateur doit donc être de ne laisser voir que son personnage. L'illusion est détruite, s'il ne cache pas avec soin qu'il répète ce qu'il a appris» (26).

De là tout un ensemble de recommandations techniques, de là le recours à des procédés recueillis auprès des gens de théâtre. Le sensualisme est même convoqué pour s'assurer d'une meilleure domination sur les esprits des autres hommes. Ainsi : «Pour déterminer facilement les autres hommes avec les seuls instruments naturels, il faut de bonne heure donner de la force et de la souplesse à sa voix, à son regard, à sa physionomie, à toute son action, afin de faire avancer ou reculer à son gré les marionnettes» (27). L'action comme la déclamation est conçue sur le modèle du libertinage, sur le modèle d'un jeu dramatique et le héros, tel le comédien selon Diderot, ne doit pas se laisser prendre à son jeu. «Avant que de parler, il faut se recueillir un instant afin de se bien mettre en scène... à peu près comme au jeu de dames, on s'occupe d'abord des coups à parer, puis des coups à faire» (28).

— La maîtrise des circonstances : le chapitre X de la *Théorie de l'Ambition* porte le titre *théorie du charlatanisme*. La relation à autrui sur la scène publique est conçue sur le modèle du duel : aucune visée pratique ni théorique n'est envisagée; il s'agit d'une pure agonistique avec pour unique but d'anéantir l'adversaire. Rappelons seulement quelques conseils de celui qui fut Président de la Convention : faire d'abord semblant de donner raison à son adversaire pour mieux le renverser; saisir le faible de son adversaire et avoir toujours l'œil dessus; prouver que l'opinion de son adversaire tient à quelque système odieux, en avertissant qu'il ne s'en est pas aperçu.

— Enfin si le propre de l'ambition est de «fuir le petit» et «chercher le grand», de choisir un grand cercle «contre un coin obscur», l'ambitieux doit être averti de l'instabilité des choses humaines. Il doit savoir faire preuve de célérité, mais aussi de patience, savoir jouer du temps pour savoir renverser, comme au jeu, une faiblesse en force ; savoir également jouer du silence.

COMPARAISON DE SAINT-JUST AVEC HÉRAULT DE SÉCHELLES

En mission à Strasbourg en novembre 93, Saint-Just refuse de rencontrer Hérault. Il écrit à Robespierre dans ce qui est le registre de l'authenticité : «La confiance n'a plus de prix lorsqu'on la partage avec des hommes corrompus ; alors on fait son devoir par le seul amour de la patrie, et ce sentiment est plus pur» (29).

Vais-je finir pour conclure ce portrait contrasté de l'héroïsme révolutionnaire par une opposition de Saint-Just, héroïsme de l'authenticité, à Héraut de Séchelles, héroïsme de la flatterie ? Certainement pas. Ce serait une chute bien trop irénique et à la limite mystificatrice. On ne saurait en rester à cette naïveté, comme si chacune de ces formes d'héroïsme était une essentialité stable, non exposée à être autre que soi. Plus précisément, le héros sincère, authentique, peut-il, «conscience heureuse», continuer à affirmer à l'inverse de Iago : «je suis ce que je suis», ou bien, «conscience déchirée», découvre-t-il que la perversion gît au sein de l'authenticité même ?

D'ailleurs pour le titre de cette communication, j'ai hésité entre : «Les deux visages de l'héroïsme révolutionnaire» et «Le double visage». Si j'ai choisi «Le double visage», c'est que dans cette duplication du héros, il n'y a pas tant une division, une dualité de l'héroïsme selon l'être et le paraître, selon l'authentique et l'inauthentique, qu'un glissement possible de la duplication à la duplicité. Cet héroïsme authentique est-il d'une seule pièce, d'une seule venue, ne contient-il pas plutôt une fêlure, un soupçon que tout son discours va avoir pour objet d'occulter et de faire taire ?

Je reviens donc à Saint-Just, héros révolutionnaire en tant que régicide. Je propose comme hypothèse majeure que le régicide constitue une césure dans la carrière de Saint-Just : c'est la fin de l'héroïsme de la nature et l'entrée dans ce que Saint-Just lui-même appelle un héroïsme sans modèles. Car le régicide qui est aussi un parricide, crime «contre nature» a dans son effectuation même ruiné l'idée de nature. On pourrait résumer cette césure du régicide par cette phrase même de Saint-Just : «Toutes les révolutions du monde sont parties de la politique, voilà pourquoi elles ont été pleines de crimes et de catastrophes...» (30). Il faut bien voir, contrairement à la thèse de M. Walzer, que les références au *Contrat Social* dans le discours *Sur le jugement du roi* ne sont que des concessions faites par Saint-Just à ses contemporains : le nerf de l'argumentation est ailleurs, dans le système même de pensée de Saint-Just. Si le roi est un ennemi public, s'il relève en tant que tel du droit des gens, c'est reconnaître que le régicide appartient de part en part au domaine de la politique pure, c'est-à-dire à la domination, à l'univers haï par Saint-Just de la domination. En ce sens le régicide est bien ce moment paradoxal par lequel le héros doit passer pour assurer le retour à la nature, paradoxal en effet, puisque le régicide est l'excroissance même de ce qui a ruiné la nature à savoir le règne de la domination. Il représente donc, dans la logique même de Saint-Just, une retombée, une rechute dans le désir de dominer, dans la *libido dominandi*.

A partir de ce moment, le héros a beau invoquer la nature, il est irrémédiablement traversé de plusieurs soupçons ; il pénètre, malgré lui dans un cercle spécifique, cercle tragique et qui figure une épreuve de l'impossible.

Dans la constitution de ce cercle, on peut percevoir plusieurs mouvements : le héros, ministre de la nature qui est la garantie, le support de son authenticité, devient zélateur de la Révolution. Mais il n'y a aucune équivalence possible entre la nature et la Révolution ; aussi serait-il inexact de considérer que le héros change seulement de support. A vrai dire, il perd tout support, il se coupe de tout support possible en dépit de son travail d'absolutisation de la Révolution. Si l'on se réfère à la «virtuosité» du héros, on peut affirmer que désormais il travaille «sans filet». La Révolution par essence est mobile. Or au lieu d'en assumer la mobilité, l'imprévisibilité, le héros manifeste une volonté réitérée, compulsive de dessiner des limites à l'intérieur desquelles assigner une détermination à la Révolution, en circonscrivant ce que Saint-Just appelle le «cercle de l'ordre établi». Mais la Révolution n'a-t-elle pas pour caractère propre de se dérober à toute détermination, dans son mouvement même ne se déploie-t-elle pas comme irrémédiablement anomique ? Par exemple, comment déterminer la bonne mesure entre la «fureur» et la «glaciation» ? C'est en ce point que le cercle se boucle : la Révolution confrontée à son indétermination , à cette expérience de l'anomie, finit par ne trouver de définition, de contenu que dans la personne même du héros, incarnation du bien. Renversement paradoxal : le héros qui, séparé de la nature, croyait trouver dans la Révolution une garantie, se voit assigné, malgré lui, à une position étrange telle que c'est la Révolution qui trouve son ultime et unique garantie dans le héros. De ministre de la Révolution, le héros en devient le « gardien », celui qui la tient en sa garde, l'entre-deux qui, grâce à la vertu héroïque, peut assumer de se tenir dans une position intenable.

Seul assez « saint », seul assez « juste », est le héros, oserai-je dire, pour défaire la contiguïté obsédante du crime et de la vertu, pour se distinguer de ceux que l'on appelle curieusement les « terroristes de sang ». L'entrée dans le terrorisme de la vertu ? Saint-Just écrit : « On croirait que chacun... s'est dit à lui-même : Nous ne sommes pas assez vertueux pour être si terribles » (31).

Le héros n'est-il pas doublement au rouet, face à une situation aporétique ? Tout d'abord quelle garantie, quelle garde ? Le soupçon ne peut manquer d'atteindre celui qui se pose en détenteur des critères du bien et du mal. La logique de l'accusation suit son cours et n'épargne même pas son initiateur. La question : qui suis-je, moi qu'on accuse ? devient : qui suis-je moi qui accuse ? C'est ici que l'on peut épeler les différents soupçons qui assaillent le héros régicide.

— Le soupçon qui naît de la contiguïté soulignée par Saint-Just entre le crime et la vertu, entre la révolution et la contre-révolution. On pourrait dire que l'identification à Brutus se poursuit jusqu'au bout, jusque dans ce qu'il y a d'intolérable, de vertigineux dans la position de Brutus après la mort de César. Brutus, le pur, qui *avant* la mort de César en parlait comme d'une purification – après le meurtre, traversé qu'il est par un irrépressible doute, veut garder à ce meurtre sa valeur de sacrifice. « Il nous faut ensevelir décemment le sublime cadavre, comme des prêtres, non comme des assassins ».

— Le soupçon de la retombée de l'agir révolutionnaire dans la politique pensée comme domination, comme déchaînement de la maîtrise pure. On peut d'ailleurs observer qu'à chaque relance de la Terreur, dans chaque nouveau rapport d'accusation, la parole de plus en plus rituelle du terroriste de la vertu est d'annoncer qu'il s'agit de la dernière fois, de la dernière épuration, de la dernière purification. De là l'ironie du titre de Sade : « Français, encore un effort ! »

— Enfin le soupçon sur l'héroïsme même : si la politique pure, au sens de la maîtrise, du règne de la *libido dominandi* l'emporte – alors l'héroïsme ne risque-t-il pas d'y perdre à tout jamais son visage ? De là un très curieux mouvement chez le Saint-Just de 1794, peu remarqué des interprètes. Mouvement en deux temps : d'abord l'affirmation de la distinction entre deux formes d'héroïsme, celui de la renommée opposé à celui de la gloire.

L'héroïsme de la renommée se constitue dans un rapport aux vivants : il s'acquiert auprès des vivants et parmi les vivants. Le modèle en est le théâtre et le fondement l'artificialisme, la scène la plus adéquate, la politique de cour où la manipulation du paraître peut prendre son plein essor, le moteur l'amour-propre ou la vanité. Dans sa critique de l'héroïsme de la renommée, Saint-Just retrouve tous les accents anti-théâtre de Rousseau, avec d'autant plus de vigueur que pour lui, comme pour l'auteur de la *Lettre à D'Alembert*, le théâtrâlisme est une survivance haïssable de l'univers monarchique. Saint-Just, atteint pour sa part du «complexe de Lycurgue», dénonce dans l'amour des réputations, le «complexe d'Erostrate» qui consiste à vouloir devenir chef d'opinion pour parvenir à la renommée suprême. De ce point de vue le réquisitoire de Saint-Just contre Fabre d'Eglantine est particulièrement révélateur : Fabre conduit la Révolution comme une intrigue de théâtre, il joue sur les esprits et sur les cœurs, sur les préjugés et les passions comme un compositeur de musique sur les notes d'un instrument. Bref, Fabre est du côté du théâtre et de la politique conçue comme conspiration : il fut le Cardinal de Retz d'aujourd'hui. De surcroît, il y a un rapport entre l'athéisme professé par Fabre et son artificialisme : le monde est un chaos, dépourvu de sens ; au héros de saisir l'occasion propice pour lui imprimer le sens qui lui convient, sa marque, afin d'asseoir sa maîtrise et son nom (32).

L'héroïsme de la gloire, à l'inverse, se constitue hors du présent dans un rapport aux morts – la fréquentation des héros du passé – et dans un appel aux hommes à venir, «innocents des maux du temps présent». Telle est la double orientation temporelle de la gloire, double exil selon les deux extases du temps. La scène en est la république, le fondement la nature, enfin le moteur en est l'amour de soi et non l'amour-propre.

Resterait à confronter cette distinction élaborée par Saint-Just avec les deux visages de l'héroïsme que nous avons distingués, celui «selon Rousseau» et celui «selon B.Gracian.» Resterait à en apprécier les recoupements, mais aussi les déplacements.

Plus important à ce stade de l'analyse, paraît être d'observer le second mouvement qu'effectue Saint-Just à partir de cette distinction. On pourrait dire que chez Saint-Just en 1794 cette distinction, non dépourvue de fondement, se met à fonctionner comme une véritable obsession, voire comme une idéologie. Saint-Just insiste sur l'opposition, y revient sans cesse, la rigidifie de plus en plus comme s'il trouvait là une sorte de rituel conjuratoire susceptible d'arrêter le travail du soupçon. Si Saint-Just tend à construire des frontières aussi étanches, à dissocier les deux héroïsmes de façon aussi hermétique, n'est-ce pas précisément parce qu'il y a possibilité de communication d'une forme d'héroïsme à l'autre, pire, risque de contamination, comme si l'héroïsme de la renommée venait menacer de l'intérieur l'héroïsme de la gloire, comme s'il venait le hanter, le ronger de l'intérieur, comme s'il en était la dimension cachée, l'inavouable. Tel est peut-être le soupçon le plus grave : l'invocation de la gloire, de la nature, le rapport aux morts, l'appel aux républicains de l'avenir, ne sont-ils pas une ruse suprême de la volonté de maîtrise, l'aspiration à la gloire n'est-elle pas le masque du désir de renommée ?

Cette question n'est ni gratuite, ni arbitraire. D'ailleurs plutôt que de soupçon, il s'agit, à vrai dire, dans le cas de Saint-Just d'un *retour du soupçon*. Dans *Organt* le poème de jeunesse, on observe, non sans surprise, une dérision permanente de l'héroïsme. Plus encore, dans la tradition du pessimisme moral, on rencontre une volonté explicite de démystification de l'héroïsme, de démolition du héros, sous la forme d'une mise au jour des ressorts secrets et peu glorieux des grandes actions. Même Achille, le modèle classique du héros n'est pas épargné :

> Le cœur de l'homme est l'énigme du sphinx ;
> Si l'on pouvait avec les yeux du lynx,
> De ses replis éclairer la souplesse,
> L'œil étonné, de maints hauts faits vantés
> Démêlerait les ressorts effrontés
> Dont un prestige a fardé la bassesse.
> Ces conquérants, sous les noms imposteurs
> De liberté, de soutiens, de vengeurs,
> A l'œil surpris découvriraient peut-être
> Un scélérat, honteux de le paraître (33).

En guise de conclusion, je rappellerai seulement que Kleist, à propos de *Penthésilée*, où il est question d'Achille, résumait ainsi la pièce : «Des héros, des roquets et des femmes».

A chacune et à chacun d'associer comme il l'entend ces trois termes.

Miguel ABENSOUR
(Université de Reims)

NOTES

(1) POCOCK, Virtues, rights and manners in *Virtue, Commerce and History*, Cambridge, Cambridge University Press, 1985, pp. 37-50.

(2) Sur le rapport héroïsme et servitude chez Edgar Quinet, voir Claude LEFORT, « Philosophe ? », *Poésie*, 37 (1986), pp. 124-134.

(3) A. GALANTE-GARONNE, *Gilbert Romme*, Paris, Flammarion, 1971, p. 48.

(4) ROUSSEAU, *Lettre à D'Alembert*, Paris, Garnier-Flammarion, 1967, p. 96.

(5) *Ibid.*, p. 101.

(6) Cf. l'ouvrage remarquable de L. TRILLING, *Sincerity and authenticity*, Harvard, Harvard University Press, 1974.

(7) ROUSSEAU, Réponse à Stanislas, *Œuvres Complètes*, Paris, Gallimard, 1964, tome III, p. 52, Bibliothèque de la Pléiade.

(8) Clément ROSSET, *L'Anti-Nature*, Paris, P.U.F., 1973, p. 276.

(9) Jean STAROBINSKI, *J.J. Rousseau : la transparence et l'obstacle*, Paris, Gallimard, 1971.

(10) Je me permets de renvoyer à mon étude publiée dans le *Dictionnaire des Œuvres Politiques*, pp. 711-725, sous l'article Saint-Just.

(11) Je reprends ce développement d'un texte précédent, « Saint-Just, les Paradoxes de l'Héroïsme révolutionnaire », *Esprit* (Février 1989).

(12) B. GRACIAN, *Le Héros*, traduit de l'espagnol par J. de Courbeville, Paris, Champs Libre, 1980, p. 12.

(13) *Le Héros, op. cit.*, p. 24.

(14) *Le Héros*, préface, *in* R. Bouvier, *Le Héros de B. Gracian*, Paris, 1937, p. 53..

(15) B. GRACIAN, *L'homme de cour*, Maxime LV, Paris, Champs Libre, 1972, p. 30.

(16) B. GRACIAN, *L'homme de cour*, Maxime LV, *op. cit.*, p. 30.

(17) *Le Héros, op. cit.* p. 48.

(18) *Ibid.*, p. 13.

(19) *Ibid.*, p. 15.

(20) *Ibid.*, p. 14.

(21) *Le Héros, op. cit.*, p. 52.

(22) Hérault de SECHELLES, *Œuvres Littéraires et Politiques*, édition établie par Hubert Juin, Lausanne, Rencontre, 1970.

(23) Hérault de SECHELLES, *Théorie de l'ambition*, *op. cit.*, p. 109.

(24-25) *Ibid.*, p. 140.

(26) Hérault de SECHELLES, *Réflexions sur la déclaration*, *op. cit.*, p. 167.

(27) *Théorie de l'ambition*, *op. cit.*, p. 143.

(28) *Théorie de l'ambition*, *op. cit.*, p. 147.

(29) Postscriptum de Saint-Just à une lettre du 5 novembre 1793 écrite par Le Bas et destinée à Robespierre. SAINT-JUST, *Œuvres Complètes*, Paris, G. Leibovici, 1984, p. 597.

(30) SAINT-JUST, *De la nature. Frammenti,* éd. par A. Soboul, Turin, Einaudi, 1952, p. 155.

(31) SAINT-JUST, *Rapport du 8 ventôse An II*, in *Œuvres Complètes*, Paris, G. Leibovici, 1984, p. 705.

(32) *Rapport du 11 Germinal An II*, *Œuvres Complètes*, p. 765.

(33) SAINT-JUST, *Organt*, chant XIX, *Œuvres Complètes*, p. 217.

LA NATION CHEZ SIEYÈS :
L'INFLEXION RÉVOLUTIONNAIRE
DE L'UNIVERSALITÉ DES LUMIÈRES

La nation fut, sans nul doute, un des maîtres-mots de la Révolution française, dès ses débuts. Mais, pour cette raison même, si le nom de nation est souvent invoqué, il est peu défini. Alors qu'à plusieurs reprises les Assemblées révolutionnaires débattent pour savoir ce qu'il convient d'entendre par « peuple », on ne trouve rien de semblable pour la nation.

D'où l'intérêt de Sieyès. Sa célèbre brochure, *Qu'est-ce que le Tiers Etat?*, aurait tout aussi bien pu s'appeler *Qu'est-ce que la nation?* Car si le Tiers, qui jusque là n'a été rien, et n'aspire qu'à devenir quelque chose, est TOUT, c'est qu'il forme à lui seul la nation complète.

Sieyès définit ainsi la nation comme « un corps d'associés vivant sous une loi commune et représentés par une même législature » (1) : cette conception d'une association volontaire et libre emprunte son universalité à la philosophie politique des Lumières.

Mais Sieyès ne se contente pas de théoriser la nation. Il la convoque à l'existence. « Le Tiers seul, dira-t-on, ne peut former les Etats généraux », reconnaît-il, « Eh ! tant mieux ! il composera une assemblée nationale ! » L'exclamation annonce ainsi la transformation, le 17 juin, des Etats généraux en Assemblée nationale, qui, conduisant au transfert de la souveraineté du roi à la nation, ouvre la Révolution française.

C'est donc cette inflexion révolutionnaire de l'universalité des Lumières que je voudrais étudier en présentant ce qu'il en est, chez Sieyès, de la nation. Deux caractéristiques peuvent en être immédiatement retenues. L'étroite liaison, d'abord, de la nation et de la constitution. L'insistance, ensuite, avec laquelle Sieyès affirme, presque jusqu'à l'obsession, l'*unité* nationale.

Je dégagerai ainsi les trois moments de l'unité de la nation, dans son rapport à la constitution :

— le premier est celui de l'habitant recensé,
— le deuxième, celui de la nation comme tout,
— le troisième, celui du citoyen.

I. L'HABITANT RECENSÉ

«Où prendre la nation?» se demande Sieyès dans *Qu'est-ce que le Tiers Etat?* «Où elle est; dans les 40 000 paroisses qui embrassent tout le territoire, tous les habitants et tous les tributaires de la chose publique, c'est là sans doute la nation» (2). En définissant ainsi empiriquement la nation comme une population répartie sur un territoire, Sieyès n'ignore pas seulement, délibérément, la division des ordres, il anticipe sur le débat qui marquera, dans les assemblées révolutionnaires, la définition de la nationalité.

Mounier inaugure ce débat, le 5 septembre 1789, lorsque, rapporteur au comité de constitution, il affirme que pour être représentant, il faut être français ou naturalisé :

> Il faudrait être un bien zélé cosmopolite pour soutenir que les étrangers sont éligibles. On détruit les affections des hommes quand on veut trop les généraliser. Il faut des liens de patrie aux citoyens, comme il leur faut des liens de famille (3).

C'est cette analogie du lien de patrie, ou national, et du lien de famille que Condorcet déclare périmée quand, le 15 février 1793, il présente à la Convention la constitution girondine :

> Dans les temps anciens, les nations étaient un composé de familles auxquelles on supposait une origine commune, ou qui, du moins, remontaient à une réunion première. Les droits politiques étaient héréditaires, et c'était par une adoption légale qu'elles s'affiliaient de nouvelles familles. Maintenant c'est par le territoire que les nations se distinguent; et ce sont les habitants de ce territoire qui sont essentiellement les membres de chaque association (4).

Le parti que prend alors Condorcet, Sieyès l'a déjà choisi, avant même la réunion des Etats généraux. Il rencontre en effet, dans *Qu'est-ce que le Tiers Etat?*, le récit nobiliaire de la conquête franque, qui est typiquement le récit familial prétendant au national que désigne Condorcet. Sieyès le traite avec une grande désinvolture : il se reporte un an avant la conquête et renvoie les Francs de l'autre côté du Rhin. Il n'oppose pas un récit à un autre récit, mais l'annule, déclarant la fin de tous les récits. Ce n'est plus le récit qui fonde la nation : celle-ci peut être trouvée dans l'habitant recensé et le territoire.

L'unité, c'est donc d'abord le dénombrement des « parties élémentaires » de la nation, de ses habitants. Le territoire, qu'ils occupent, n'est pas la terre : il n'enracine pas dans le local, mais déploie l'unité d'un espace soumis à une même domination politique et délimité par des frontières.

Trouver la nation dans le territoire et ses habitants c'est présupposer l'Etat, et son administration. Telle est bien l'idée directrice du *Rapport sur la nouvelle organisation de la France* que Sieyès présente à l'Assemblée nationale, en octobre 1789, et qu'il avait annoncé comme devant être « un plan de municipalités et de provinces tel que la France, ainsi organisée, ne cesse pourtant de former un tout soumis uniformément à une législation, à une administration communes » (5). De ce plan, dont la base est le découpage géométrique de l'espace territorial, Sieyès attend ce qu'il nomme « l'adunation politique de la France » : l'unité se fait par l'uniformisation administrative, la régularité de la distribution de la population sur le territoire.

Cette présupposition de l'Etat, ce lien, posé et renforcé, de l'administration et de la nation, en spécifient l'énoncé. Se donner un territoire, c'est se donner des limites, ce qui est exclure le cosmopolitisme. C'est à tort qu'on considère parfois la nation révolutionnaire comme une universalité cosmopolite qu'affecterait la particularité d'un récit. En se donnant l'Etat, on peut se passer de récit, car on n'a pas besoin de rechercher, pour la nation, une origine indépendante. De cette façon, l'idée révolutionnaire de nation n'anticipe nullement sur la recherche romantique d'une identité nationale, culturelle ou naturelle, mais antérieure et extérieure à tout Etat.

La nation révolutionnaire se maintient, de ce point de vue, dans le rapport classique de l'Etat à la nation qu'avaient développé les Etats modernes, c'est-à-dire les grandes monarchies de l'Ouest de l'Europe depuis la fin du Moyen-Age. La nation révolutionnaire se trouve, en cela, en continuité avec le projet administratif de la monarchie d'Ancien Régime. La manie statistique de Sieyès qui l'amène, en l'absence de données certaines, à se livrer à un « calcul » du rapport numérique entre les ordres trouve son origine dans une « arithmétique politique » apparue au XVIIe siècle, et dont la possibilité est liée aux progrès d'une administration qui, dissolvant les hiérarchies, cherche à avoir rapport à des entités numériques et non plus à des solidarités collectives.

Cependant cette continuité, tant qu'elle n'est qu'empiriquement donnée et non pas fondée, ne s'impose pas. Et cela d'autant plus qu'elle ne peut s'établir que du point même où se fait la rupture, là où s'impose la nation comme unique source des pouvoirs. Et, pour cela, il ne suffit plus de compter. Il faut poser la nation comme un TOUT.

II. LA NATION COMME TOUT : LA DUALITÉ SURMONTÉE

Il existe en effet une limite rédhibitoire au décompte statistique des parties élémentaires de la nation : ce calcul pourra faire apparaître que le Tiers en compose l'immense majorité (25 ou 26 millions contre 200 000 prêtres ou nobles, selon les calculs de Sieyès, 96% de la population), mais jamais qu'il est TOUTE la nation. Les 96% laissent un reste, qui est gênant, car il autorise des affirmations que Sieyès juge irrecevables. C'est ainsi qu'il combat résolument l'affirmation selon laquelle « le Tiers est la nation moins le clergé et la noblesse » et lui en oppose une autre : le Tiers est Tout; il est la nation.

Les deux propositions s'excluent en effet, car elles relèvent de deux régimes de l'Un. Pour affirmer que le Tiers est tout, il faut abandonner l'arithmétique; la soustraction devient une addition : « si l'on ôtait l'ordre privilégié », écrit Sieyès, « la nation ne serait pas quelque chose de moins, mais quelque chose de plus » (6).

Or, c'est bien devant le choix entre ces deux régimes de l'Un qu'est placée la députation du Tiers aux Etats généraux, lorsque, en juin 1789, on débat de sa constitution, puis de sa dénomination.

Il y a d'un côté ceux qui en restent au décompte arithmétique, donc à la majorité. La proposition de Mounier est ainsi qu'on parle de « l'Assemblée légitime des représentants de la majeure partie de la nation, en l'absence de la mineure partie ». Et la surenchère de Barère qui ajoute « très » à « majeure », parlant de la « très majeure partie des Français dans l'Assemblée nationale », ne change rien. C'est de ce côté que se place Mirabeau lorsqu'il propose l'appellation d'« Assemblée du peuple » : l'équivocité du terme (*populus* ou *plebs*) est compatible avec la division des ordres et le peuple n'est donc pas équivalent à la nation.

De l'autre côté, on trouve la dénomination annoncée par Sieyès et finalement retenue, celle d'Assemblée nationale, que le Tiers compose à lui seul. Le 15 juin, Sieyès énonce la proposition constitutive du caractère représentatif de l'Assemblée : « il n'appartient qu'à l'Assemblée d'interpréter et de présenter la volonté générale de la nation ».

Entre les deux, le vide. « Messieurs, vous êtes au bord du précipice », leur dit Malouet qui voudrait bien les écarter des solutions extrêmes. Ils vont y aller. Et, puisque passer de la majorité au tout, c'est sauter dans le vide, il importe de comprendre comment cela se fait.

Pour expliquer comment une soustraction peut être une addition, une première possibilité se présente à Sieyès lorsqu'il fait apparaître, entre le Tiers et la noblesse, l'antagonisme d'une oppression. Avec la noblesse, le Tiers a «un bras enchaîné», il est un tout, mais «entravé et opprimé»; sans la noblesse, il sera un «tout libre et florissant».

Il s'agit alors de mettre en évidence une usurpation aristocratique (dont la tête est la cour, et dont le corps, répandu dans tout le royaume, occupe toutes les positions de pouvoir), usurpation contre laquelle la révolte du Tiers est légitime.

Mais Sieyès ne suit pas la voie, bien tracée pourtant, du droit de résistance. C'est que, sans doute, l'usurpation atteint autant le roi («qui ne règne pas véritablement») que le Tiers, et qu'y mettre fin, c'est beaucoup plus recomposer la relation du roi et du peuple (ce que Mirabeau cherche à faire) qu'affirmer la nation, dont le roi ne se distingue pas (dans toute sa brochure, Sieyès ne considère positivement le roi que comme le «premier citoyen» de la nation).

Poser la nation (plutôt que le peuple) conduit Sieyès à définir autrement la noblesse : non comme une usurpatrice oppressive, mais comme l'ennemi, l'étranger. Les nobles, dit-il, ne sont pas moins ennemis de l'ordre commun que les Anglais ne le sont des Français en temps de guerre; il parle des nobles comme des «Algériens de la France».

Affirmer le national, c'est le distinguer de l'étranger, mais la distinction, alors, est tracée à l'intérieur même de la société d'Ancien Régime. On trouve là cette haine de l'aristocratie qui, pour Tocqueville, fait la violence de la brochure de Sieyès, où il voit un «cri de guerre».

L'opposition du Tiers et de la noblesse n'est pas cependant simplement donnée à Sieyès, dans une désignation de l'ennemi, extérieure à sa théorie, et caractéristique de la conjoncture. Il ne la trouve pas non plus dans sa formation intellectuelle antérieure. Elle est, dans sa brochure, l'objet d'une élaboration spécifique, et le résultat d'une décision.

Sieyès tente bien, comme l'avaient déjà fait les physiocrates, d'objectiver dans des classes porteuses d'intérêt l'opposition fondamentale :

> Ce n'est ni la différence des professions, ni celle des fortunes, ni celle des lumières qui divise les hommes, c'est celle des intérêts. Dans la question présente, il n'en est que deux, celui des privilégiés et celui des non-privilégiés; toutes les classes du Tiers Etat sont liées d'un intérêt commun contre l'oppression des privilèges (7).

Or, cette tentative est un échec que montre le reste du texte. Car l'équivalence entre noblesse et privilégiés, Tiers et non-privilégiés, ne peut être trouvée nulle part, elle est le résultat d'une intervention, où se marque un des principaux enjeux de la brochure.

Il existe, dans le Tiers, des membres privilégiés. Ils font partie de ces élites que leurs connaissances, leur souci de distinction, placent dans la zone d'attraction et d'influence de la noblesse. Sieyès le déplore et invite ces membres du Tiers à renoncer à leurs privilèges, à s'en « purger », et à se réunir au Tiers, c'est-à-dire aux non-privilégiés. Alors les « classes éclairées » s'uniront au peuple et Sieyès pourra affirmer que « les classes disponibles n'ont pas d'autre intérêt que le reste du peuple » : de cet « intérêt commun », il dit que « le salut public exige qu'(il) se maintienne quelque part, pur et sans mélange ». C'est que le Tiers, purgé des privilèges, est la nation, son intérêt, l'intérêt général.

On voit ainsi que l'inflexion révolutionnaire n'est pas la rencontre d'un universel antérieur et d'une particularité conjoncturelle, mais qu'à l'inverse c'est la radicalisation même de la situation qui contraint à énoncer complètement une vérité universelle.

Exclure les privilégiés, c'est, en effet, pour Sieyès, faire table rase du passé. Du récit nobiliaire, de la manie historiciste d'une noblesse toujours tournée vers son passé. Mais c'est, plus généralement, rejeter tout l'enchaînement des particularités qui définit une situation historique, comme le montre l'examen que fait Sieyès de l'éventuelle imitation de la constitution d'Angleterre. Considérer l'Angleterre, c'est faire apparaître le rapport entre deux nations, dans leur différence ; l'une « ancienne », l'autre encore jeune, « ouvrant à peine les yeux à la lumière ». C'est aussi envisager, pour la France, la possibilité d'une constitution à l'anglaise, où l'on chercherait, dans le bicaméralisme, un équilibre entre des groupes sociaux. Ce sont toutes ces particularités que Sieyès annule lorsque, n'ayant trouvé dans la constitution anglaise qu'un « échafaudage de précautions contre le désordre », il rejette « l'esprit d'imitation (qui) n'est pas propre à bien nous conduire » et lance un appel : « Elevons-nous à l'ambition de vouloir nous-mêmes servir d'exemple aux nations » (8).

C'est bien là que s'affirme la nation, dans sa liberté. Rejetant toute insertion dans la liaison des particularités et la chaîne des imitations, elle se pose elle-même, en cause libre. Il y a là affirmation d'une origine et d'une cause première, qui est celle d'une unité expressive : dans la décision qui la crée s'exprime la totalité de la nation.

Mais la nation, ainsi posée dans le rejet de toute différence, n'est-elle pas menacée d'une prise en masse de la ressemblance ? A la fin de *Qu'est-ce que le Tiers Etat ?*, Sieyès, après avoir fait une analogie entre la particularité des intérêts individuels et celle des corps inter-médiaires, affirme qu'il n'est de représentation que de la ressemblance ou de l'égalité : « les intérêts par lesquels les citoyens se ressemblent sont les seuls qu'ils puissent traiter en commun » (9).

On a là un traitement de l'égalité tout à fait différent de celui que présente Sieyès dans son projet d'exposition des droits de l'homme : l'égalité, alors, y est définie comme ce qui, dans mon « semblable », me permet de voir, non plus un moyen, mais une fin, et met ainsi en rapport des sujets libres (10).

Ce qui est en cause ici, donc, c'est la distinction entre l'égalité dans la ressemblance et l'égalité qui rassemble, c'est-à-dire le lien social. Il reste alors à voir si la constitution, qui perfectionne le lien social, permet d'échapper à la prise en masse de la ressemblance qui menace la nation, posée comme unité expressive.

III. L'ACTIVITÉ DU CITOYEN

Il est possible de répondre à cette question en comparant *Qu'est-ce que le Tiers Etat ?* et le discours que Sieyès prononce au début du mois de septembre contre le veto royal. Il applique en effet à la critique de la proposition du comité de constitution (qu'elle soit comprise comme sanction royale ou comme appel au peuple) (11) la même argumen-tation que celle qui l'avait fait rejeter les privilégiés de la nation. Il rappelle le roi à l'unité de la nation, en dehors de laquelle il ne peut se situer, car la nation est tout, et il n'en est qu'un citoyen, même si c'est le premier. Il rappelle de même le peuple à l'unité de la représentation nationale, seule apte à déclarer la volonté générale.

Dans l'existence d'un intérêt indépendant, séparé du reste de la nation, que serait pour lui la sanction royale, comme dans le morcel-lement de l'espace national auquel conduirait la pratique de l'appel au peuple, Sieyès continue à voir le même danger, celui de la recons-titution d'une aristocratie ennemie de la nation. Et c'est ainsi qu'accepter le veto reviendrait pour lui à « admettre dans la machine législative un rouage étranger » (12).

La comparaison, cependant, s'arrête là. Lorsque Sieyès en vient à l'argument qui justifie la proposition du veto : la nécessité éventuelle de reconsidérer les décisions de l'Assemblée, il n'en rapporte pas la possibilité, comme les défenseurs du veto, à un *conflit* entre le roi et l'assemblée, mais à l'*erreur* que peut commettre l'Assemblée. Il avance alors une proposition décisive : expliquant que «ce qui fait l'unité et l'indivisibilité de l'assemblée, c'est l'unité de décision, ce n'est pas l'unité de discussion» (13), il suggère que, dans certains cas, l'assemblée se divise, pour mieux discuter, en plusieurs chambres, et ne se réunisse que pour le vote final.

L'unité expressive se trouve par là dissociée, la contagion de la ressemblance évitée : par la démultiplication de la délibération, la loi est ordonnée à la discursivité de la vérité et n'est plus essentiellement l'expression de la volonté nationale. Car limiter l'unité à celle de la décision, c'est affirmer un principe d'Etat, l'unité d'une autorité, non d'une collectivité.

La première intervention de Sieyès dans les débats constitutionnels confirme donc ce qu'annonçait, dans la partie théorique de *Qu'est-ce que le Tiers Etat ?*, sa présentation de la constitution du gouvernement représentatif : la constitution, qui organise la répartition,entre des organes distincts, d'un pouvoir délégué, est une mise à distance qui dissocie, dans l'apaisement d'un fonctionnement régulier, l'unité expressive de l'affirmation nationale.

Le rejet de l'appel au peuple, c'est-à-dire de l'idée qu'une assemblée d'électeurs pourrait, par son vote, exprimer une volonté différente de celle qu'avait déclarée l'Assemblée, va dans le même sens : dire que «le peuple ne peut parler, ne peut agir que par ses représentants» (14) exclut toute transcendance du peuple et de sa volonté par rapport aux instances régulières chargées d'énoncer la loi. On ne peut opposer la volonté du peuple à la loi, et la volonté générale ne s'affirme que dans la loi.

Dans ces conditions, la synonymie, voulue par Sieyès, entre le peuple et la nation est assimilation du peuple à la nation. A la place d'une unité collective, on a une multitude d'individus distincts, jouissant de droits égaux et n'ayant d'existence politique unifiée que celle que met en forme, constitutionnellement, la représentation. La nation est «l'ensemble des associés, tous gouvernés, tous soumis à la loi....» (15).

Il ne semble plus, alors, y avoir lieu de distinguer entre la nation, saisie dans son unité, et l'Etat. La nation ne paraît plus être qu'une entité idéale, ou une fiction, dont l'Etat, seul réel, personnifie l'existence.

Ce serait oublier le citoyen. Les associés sont tous soumis à la loi, mais cette loi, est-il immédiatement précisé, est «l'ouvrage de leurs

volontés» : «il est évident», affirme Sieyès, que «la loi doit être
l'ouvrage libre de ceux qui doivent lui obéir, l'expression claire et
promulguée de leur volonté» (16). Il existe donc, pour les «associés
gouvernés», un «droit inaliénable de faire la loi» qui en fait des
citoyens. Ce droit, d'élection, est bien un droit, individuel et originel,
non une fonction dévolue par la constitution (17). Bien loin que le
droit du citoyen soit une conséquence de la constitution, il en forme au
contraire la base et Sieyès invite à «former une bonne représentation
en la prenant à la base, c'est-à-dire dans la qualité de citoyen». C'est
que l'élection assure, dans le gouvernement représentatif, la présence
de la démocratie qui en forme la «base naturelle», que la représentation élabore.

Le citoyen est donc un élément indispensable de la nation, parce
qu'il est le seul à donner véritablement existence au principe de la
nation, qui est le consentement. Lorsqu'il considère les «époques de
formation d'une société politique». Sieyès met en effet à son origine
«la volonté de se réunir» d'un certain nombre d'individus isolés :
c'est bien fonder la nation sur le consentement. Mais, comme il fait
ensuite une théorie, non de l'institution du pouvoir, mais de sa
constitution, nul contrat ne vient donner forme au consentement et
placer le lien national dans l'immanence du social. Ce sont les citoyens,
dans leur participation, par l'élection à la formation de l'établissement,
qui manifestent ce consentement : «ceux-là seuls qui contribuent à
l'établissement public, sont les vrais actionnaires de la grande
entreprise sociale» (18).

Sieyès vient ici de définir les citoyens actifs. Mais cette distinction
d'avec ceux qui, passifs, peuvent seulement «jouir des avantages de la
société», est plutôt une qualification qu'une exclusion. Sieyès aurait
d'ailleurs voulu que la condition en soit une contribution volontaire,
non l'impôt communément payé.

On peut ainsi considérer les «parties élémentaires» de la nation
selon la progression croissante de leur activité et de leur indépendance.
On a d'abord les habitants, objets involontaires d'un dénombrement.
Puis ces habitants sont envisagés, d'après un modèle que Sieyès
emprunte à ses lectures économiques, comme des individus, mus par
leurs intérêts, entrant avec les autres individus dans de libres rapports
d'échange. Tous ces individus sont considérés comme des citoyens,
passifs ou actifs certes, mais citoyens : on peut voir là la requalifi-
cation politique du social, caractéristique d'une aspiration démocratique. Enfin, parmi tous ces individus citoyens, les plus indépendants,

ceux qui ne sont soumis à d'autre loi que la loi commune, sont les véritables citoyens.

Ils forment véritablement la nation. Celle-ci, alors, n'est plus une entité idéale, mais la communauté des citoyens actifs, ou, comme le dira un conventionnel en 1793, «la réunion complète de tous les citoyens français votant dans les assemblées primaires» (19).

Nation idéale ou communauté active des citoyens? L'enjeu est d'importance : il y va du caractère révolutionnaire ou non de la nation. L'affirmation explicite de l'idéalité de la nation est le fait de contre-révolutionnaires comme Bonald qui peuvent ainsi opposer aux révolutionnaires que, bien loin que les individus forment la nation, c'est la nation, toujours déjà existante, qui les forme. La position adverse est clairement énoncée dans la Déclaration des droits de l'homme de 1793 : «une génération ne peut assujettir à ses lois les générations futures». Les liens, qui feraient de la nation la continuité des morts, des vivants et des enfants à naître, sont dénoncés comme des chaînes oppressives, la nation est renvoyée au peuple, à sa présence active.

On a parfois assimilé l'affirmation de Sieyès selon laquelle on ne peut ni ne doit constituer la nation, car elle est constituante, à une déclaration révolutionnaire de ce genre (20). Mais Sieyès renvoie cette supériorité de la nation sur les pouvoirs qu'elle constitue, non à l'activité des citoyens vivants, mais à l'antériorité d'une nature.

L'affirmation de l'éminence de la nation sur les institutions est donc moins celle de la puissance révolutionnaire de la nation, que celle de la pérennité de l'Etat à travers le changement de ses formes.

On a pu, en la rapportant à l'universel, faire deux critiques à la nation révolutionnaire.

La première est l'excès de son universalité : elle serait incapable de rendre compte de sa détermination nationale, qui ne lui viendrait que par accident. Une telle critique ne me paraît pas recevable : elle identifie la détermination nationale à la recherche d'une identité préexistante. Or la conception révolutionnaire de la nation est autre : la nation n'est pas en quête d'une identité, elle est le résultat d'une dualité surmontée, affirmation politique. La nation, alors, n'est pas une affaire de noms propres. Ce qu'on affirme, en se disant français, ce n'est pas une généalogie, c'est une qualification politique. De sa réforme administrative, Sieyès attend qu'elle réduise les particularismes provinciaux à des préjugés privés : «nous porterons tous un jour le nom de Français et l'on pourra s'en glorifier ailleurs qu'au théâtre, lorsque ce nom désignera un homme libre». En 1790, Malouet, s'adressant à l'Assemblée, emploie le terme «souverain» de façon équivoque : on pourrait croire qu'il s'agit du roi. «On vous prie de parler français!», l'interpelle-t-on, à gauche. Il s'exécute : «quand je me suis servi du mot souverain je l'ai entendu dans son véritable sens : la souveraineté réside dans la nation».

Mais la nation est-elle vraiment un universel de cet ordre? C'est la deuxième critique : elle met en cause la capacité de ce multiple inconsistant qu'est le peuple à se constituer, à se donner l'unité d'une nation. La critique est parfaitement fondée : on a vu la difficulté qu'il y a à passer du rien au tout, à s'arracher aux divisions du social, à l'affrontement contradictoire de leurs positions, pour poser la généralité d'un intérêt, l'unité politique de la nation. On a vu comment c'était s'exposer à la prise en masse de la ressemblance, et, si l'on y échappait, faire disparaître la nation dans l'Etat. Ce à quoi Sieyès est conduit. C'est que, pour maintenir la nation, il faut, de l'Etat, distinguer la politique. Penser la politique, alors, c'est penser la Révolution et, pour Sieyès, la Révolution est, dès juin 1789, en son principe, achevée.

Catherine LARRÈRE
(Université de Bordeaux III)

NOTES

(1) Emmanuel Joseph SIEYÈS, *Qu'est-ce que le Tiers Etat?*, in *Ecrits politiques*, éd. R. Zapperi, Paris, Editions des Archives contemporaines, 1985, p. 121.

(2) Emmanuel Joseph SIEYÈS, p. 165.

(3) MOUNIER, in *Les Orateurs de la Révolution française*, Paris, Gallimard, 1989, p. 864, Bibliothèque de la Pléiade.

(4) CONDORCET, in *Archives parlementaires* (1862-), 1re série, 1787-1799, tome 58, p. 595.

(5) Emmanuel Joseph SIEYÈS, *Dire sur le veto royal*, in *Ecrits politiques, op. cit.*, p. 235.

(6) Emmanuel Joseph SIEYÈS, Cf. n° 1, p. 120.

(7) *Ibid.*, p. 133 (note).

(8) *Ibid.*, p. 157.

(9) *Ibid.*, p. 182.

(10) Emmanuel Joseph SIEYÈS, *Préliminaire de la constitution*, in *Ecrits politiques, op. cit.*, pp. 193-194.

(11) Les rapporteurs du comité de constitution défendaient la *sanction royale*, c'est-à-dire la participation du roi au pouvoir législatif, nécessaire à la pleine déclaration de la volonté générale. La majorité de l'assemblée y vit un *veto* dont certains voulurent faire un *appel au peuple* : c'est le peuple qui, par son vote, aurait tranché entre le roi et l'assemblée, lorsque ceux-ci auraient été en conflit.

(12) Emmanuel Joseph SIEYÈS, *Dire sur le veto royal, op. cit.*, p. 243.

(13) *Ibid.*, p. 242.

(14) *Ibid.*, p. 238.

(15) Emmanuel Joseph SIEYÈS, *Préliminaire de la constitution, op. cit.*, p. 198.

(16) Emmanuel Joseph SIEYÈS, Sur la nouvelle organisation de la France, in *Ecrits politiques*, p. 262

(17) Dans sa *Théorie générale de l'Etat* (1920), CARRÉ DE MALBERG défend la thèse de l'électorat-fonction. Cette analyse est critiquée par G. BACOT dans *Carré de Malberg et l'origine de la distinction entre souveraineté du peuple et souveraineté nationale*, Paris, éditions du C.N.R.S., 1985.

(18) Emmanuel Joseph SIEYÈS, *Préliminaire*, p. 199.

(19) Jean-Denis LANJUINAIS, in *Archives Parlementaires*, 1re série, tome 63, p. 194.

(20) En particulier par CARRÉ DE MALBERG, *op. cit.*

CONDORCET
THÉORICIEN DE LA DÉCLARATION DES DROITS :
UNE MACHINE À ÉVITER LE CRIME

Mon point de départ sera la très violente critique que Condorcet fait de L'*Esprit des lois*. Les critiques sont inintelligibles si on ne remonte pas à une théorie de la souveraineté. Une fois éclairées par ce détour, elles révèlent l'opposition entre un modèle régulateur et un modèle littéral dans le fonctionnement du droit. C'est comme texte que la *Déclaration des droits* se présente et qu'elle doit être pensée. Or, penser le fonctionnement du droit comme textualité, ou littéralité, c'est humaniser le droit, et non s'y aveugler.

I. LA THÉORIE DE LA SOUVERAINETÉ

Le véritable « esprit des lois », selon Condorcet, ne se dégage pas de faits empiriques : c'est *un fait de la raison*. En ce sens, Condorcet est partisan du droit naturel classique. S'il y a une nature des lois, elle ne relève ni d'une physiologie ni d'une histoire naturelle – on pourrait ajouter à présent : ce n'est pas réductible à une sociologie ni à une histoire.

Condorcet n'est cependant pas un théoricien du droit naturel comparable aux autres ; en effet, le concept de légitimité (qu'il appelle souvent « justice ») ne renvoie jamais pour lui à une figure contractuelle. Il n'est pas un théoricien du contrat social.

Le *fait rationnel* (ou plutôt, il vaudrait mieux dire : le fait raisonnable) auquel Condorcet renvoie en dernière analyse, susceptible de fonder l'esprit de toute législation n'est pas un *accord des volontés* mais c'est *la recherche du vrai* et *l'évitement de l'erreur*. Toute sa philosophie politique est fondée sur une théorie de la connaissance, et principalement sur une réflexion sur l'erreur.

Aucune souveraineté n'existe préalablement, essentiellement, quel qu'en soit le siège. Le seul motif acceptable devant lequel un homme peut s'incliner, le seul motif qu'on puisse avancer pour réclamer l'obéissance est une forme de vérité ; seules les décisions vraies ou susceptibles de l'être, et formées sur des motifs relevant de la sphère du vrai et du probable, peuvent prétendre avoir force de loi (1). Il ne s'agit nullement d'une thèse fixiste, qui relèverait d'une croyance dans le caractère absolu de la vérité. Le problème n'est pas tant de trouver la vérité sur telle ou telle question (et d'ailleurs ce n'est pas toujours possible) que de se donner, au moment où la décision doit être prise, le maximum de garanties pour éviter l'erreur. Les questions qui font l'objet de la législation étant par nature problématiques et faisant l'objet de débats, personne ne peut prétendre en détenir *la* vérité, il n'est pas possible de prouver leur vérité ; en revanche il doit être possible de prouver qu'on s'est donné, dans la procédure ayant arrêté la décision, toutes les garanties alors accessibles pour éviter l'erreur. Voilà pourquoi Condorcet se montre si pointilleux en matière de *procédure*.

Cette théorie de la souveraineté a pour corollaires

— une théorie de la délégation (de toutes les procédures de décision, l'assemblée formée par mandat temporaire est celle qui s'éloigne le moins de l'exigence de vérité) (2),

— une théorie du suffrage fondée sur le concept de l'exigence de pluralité, que Condorcet utilise pour récuser le principe de la peine de mort,

— la théorie de l'instruction publique (les votants doivent en effet être éclairés),

— une théorie de la révisabilité des lois, puisque les conditions de l'erreur peuvent toujours apparaître après coup.

Cette théorie de la souveraineté ne repose pas sur le concept de *volonté*, mais sur celui de l'*opinable* : il faut chercher, sur les objets qui exigent d'être réglementés par une loi, la position la plus raisonnable (3).

II. LA CRITIQUE DE MONTESQUIEU

Toutes les critiques que Condorcet adresse à Montesquieu restent inintelligibles si l'on ne remonte pas à cette théorie fondamentale.

Ces critiques sont réparties, pour la plupart, dans deux textes.

A) *Les Observations sur le 29ᵉ Livre de* L'Esprit des lois

Ce texte contient trois sortes de critiques :

1° Critiques de méthode. En utilisant la méthode des comparaisons et des collections, Montesquieu se trompe parce qu'il commet une erreur sur la *nature* des lois. Cette nature n'est pas un esprit déposé, caché, aliéné, retrouvé, dans le réel, c'est un *être de raison*. La véritable méthode, c'est la réflexion et le calcul sur ce que les hommes veulent vraiment, et surtout sur ce qu'ils ne peuvent pas accepter. Tous veulent n'obéir qu'à eux-mêmes, et il n'y a qu'un seul moyen de réaliser effectivement ce désir, c'est de le transformer par un travail philosophique : n'obéir qu'à soi-même, c'est ne s'incliner que devant des décisions que l'on a de bonnes raisons de tenir pour vraies.

2° Critiques politiques. La souveraineté ne peut être qu'une ; elle ne peut émaner que d'une source, la réflexion raisonnée de tout homme. On comprend alors l'universalisme de Condorcet, qui s'en prend au relativisme, au pluralisme, au localisme et à l'historicisme de Montesquieu (4).

Certes, des différences peuvent exister entre les législations, mais elles ne peuvent en aucun cas contredire les principes fondamentaux du droit. Campé sur cette position, Condorcet argumente en faveur de l'attribution du droit de cité aux femmes : les propriétés essentielles de l'espèce humaine et sa perfectibilité étant répandues indifféremment sur les deux sexes, il n'y a aucune raison pour priver les femmes de droits. Sur ce point, la comparaison avec Montesquieu se passe de commentaires (5).

3° Des critiques de style. Elles n'ont rien de futile et trouvent leur place dans une réflexion philosophique. Il y en a plusieurs, assez féroces, mais j'en soulignerai une, sur le chap. 11 :

> Qu'on nous permette seulement d'être un peu surpris que la barbarie de la torture, le refus injuste et tyrannique d'admettre à la preuve des faits justificatifs, et la loi équivoque et peut-être trop rigoureuse contre les faux témoins, soient présentés par Montesquieu comme formant un système de législation dont il faille examiner l'ensemble. Si c'est un persiflage, il n'est pas assez marqué. (Sur le chap. 11, *O.C.*, Arago I, p. 369-371).

Condorcet pense probablement à ces passages où Montesquieu manie l'éloge paradoxal, notamment le fameux Livre XV sur l'esclavage civil. Tout le début du livre est effectivement un « persiflage marqué ». La suite est étonnante. Après le chapitre 5, Montesquieu annonce explicitement qu'il sort du « persiflage » : « il est temps de chercher la vraie origine du droit de l'esclavage ». Et son propos, devenu sérieux, se laisse résumer ainsi : selon « le cœur », l'esclavage est injustifiable, mais « l'esprit » parle en faveur du *fait* ; il est anormal que les Européens aient des esclaves, mais c'est beaucoup plus compréhensible pour les autres. On obtient exactement un certain discours tiers mondiste actuel. Montesquieu raisonne de la même manière au sujet des femmes (à cette différence notable qu'ici, le « cœur » ne lui dicte rien en faveur d'une égalité de principe) : elles ne peuvent jouir d'une relative liberté que dans les pays froids, parce que ce sont les seuls où elles peuvent être à la fois belles et raisonnables ; ailleurs, elles sont belles quand elles ne sont pas encore raisonnables, et elles deviennent raisonnables quand elles ont perdu leur beauté, donc leur pouvoir et tout motif de considération – ce qui suppose une proposition implicite : un être qui ne serait que raisonnable n'est pas respectable, quand il s'agit d'une femme.

Je crois que Condorcet nous aide beaucoup à lire le « modernisme » de Montesquieu, du Montesquieu qui ne « persifle » pas.

B) Le second groupe de critiques se trouve dans d'autres textes très proches entre eux dans le temps : les *Lettres d'un Bourgeois de New Haven à un citoyen de Virginie sur l'inutilité de partager le pouvoir législatif entre plusieurs corps* et l'*Examen sur cette question : est-il utile de diviser une assemblée nationale en plusieurs chambres ?*

Les titres disent assez de quoi il s'agit : c'est une critique de la prétendue séparation des pouvoirs. Je dis prétendue parce qu'Althusser (6) a bien montré qu'il s'agit pour Montesquieu de combiner deux pouvoirs (l'exécutif et le législatif) entre trois puissances : le roi, la chambre haute, la chambre basse, et cela au profit des corps intermédiaires.

Condorcet a très bien vu ce point avant Althusser. Mais ce qu'Althusser dit en termes d'opposition de classe (Montesquieu veut avantager la noblesse), Condorcet le dit en termes de philosophie juridique et cela permet de dégager une opposition entre deux *modèles* de pensée au sujet du fonctionnement même de l'appareil juridique : régulation, littéralité.

En effet, Condorcet dit très clairement que, à ses yeux, ce n'est pas l'équilibre, la combinaison et la multiplication des instances, ce n'est pas la *régulation*, qui garantissent essentiellement le bon fonctionnement des lois, ce sont deux choses :

a) La justesse des lois dans leur principe, leur conformité au droit naturel.

b) La rectitude de leur énonciation, c'est-à-dire la manière *littérale* dont elles sont formulées. C'est la forme *littérale*, le dispositif *textuel* qui est le meilleur obstacle au despotisme et à la tyrannie. La forme permet, par la référence à l'explicite, de se révolter, de dénoncer les injustices, et de réfléchir aussi aux dispositions injustes résultant de lois justes.

On a donc deux modèles : *la régulation, la littéralité.*

III. LA LITTERALITÉ

La conception littérale de la production et du fonctionnement des énoncés juridiques est exposée dans la théorie de la Déclaration des droits (7). Cela ne signifie nullement qu'on peut faire l'économie d'une philosophie, d'une pensée vivante des lois ; au contraire, c'est précisément ce *moment philosophique* de réflexion qui invite à mettre au point un *moment mécanique* du fonctionnement des lois. La Déclaration des droits est ce moment où la pensée du droit se précipite en formes explicites, elle apparaît comme un dispositif, une *machine à éviter le crime.* Et le crime politique par excellence, celui que Condorcet appelle la tyrannie, c'est celui qui est commis au nom de la loi.

La théorie du fonctionnement littéral des lois se déploie en deux temps distincts.

1° L'argumentation philosophique proprement dite. Elle s'appuie sur la théorie de la souveraineté : on ne peut imposer que des décisions acceptables en raison par chacun. La première question à se poser est donc la suivante : sur quels objets est-il légitime (c'est-à-dire raisonnable et argumentable) de faire des lois ? sur quels objets n'a-t-on pas le droit (aucune raison) d'en faire ?

Une théorie du *champ d'application* de la loi, et du silence des lois, est donc nécessaire.

On ne peut faire des lois que sur les objets à propos desquels on peut prouver que la raison exige comme nécessaire une règle commune, où elle exige que chacun n'en fasse pas qu'à sa tête. L'exigence est bien celle de la raison, et non celle de la coutume : la raison ne peut pas exiger, par exemple, qu'un citoyen ait une religion (même civile), que tous aient les mêmes goûts, que les femmes soient exclues du droit de cité, etc. Voilà comment se construit le *champ d'application de la loi* : la loi n'a le droit de parler que sur des *objets généraux.* On retrouve le critère que Rousseau avançait, mais cette fois on est en présence d'une argumentation très différente : Condorcet pense que cela est susceptible de démonstration (8).

Quel rapport cette question entretient-elle avec le concept de littéralité ? Ce rapport est très simple : s'il y a des choses que la loi n'a pas le droit de faire, et s'il y a des choses qu'elle a le devoir de faire, il faut *dire explicitement quels sont ces interdits et quelles sont ces obligations*. On parvient ainsi au second moment de la théorie : c'est le moment déclaratif.

2° Il faut faire obstacle au pouvoir qui tend naturellement à légiférer sur tout, placer des dispositifs de sécurité qui font cran d'arrêt et qui permettent le contrôle mécanique, aveugle, des décisions et de l'exécution des lois par chacun, par le juge le plus borné.

C'est en fait un point sur lequel Condorcet rejoint Montesquieu : le problème posé par Montesquieu (comment faire obstacle au pouvoir ?) est un vrai problème. En effet, même avec une bonne philosophie du droit, on peut faire de mauvaises lois, qui exposent à l'abus de pouvoir. Mais Montesquieu répond mal à ce problème, parce qu'il n'a pas pensé le premier moment : il ne se demande pas sur quoi il est légitime de légiférer. Il recourt au modèle de la régulation, or ce dernier n'est pas satisfaisant pour deux raisons :

a) Parce que, on vient de le voir, la régulation peut très bien se passer de la réflexion sur la légitimité. On peut très bien «réguler» un pouvoir illégitime par nature. Elle n'offre aucune garantie philosophique, ce n'est qu'un fait, une empiricité : un esclave qui obéirait à plusieurs maîtres n'en resterait pas moins esclave et ce n'est pas la multiplication des instances de pouvoir qui le libérerait (9).

b) La régulation n'offre aucune garantie mathématique. Condorcet démontre que lorsqu'on a plusieurs chambres, une loi peut être votée avec une pluralité moindre que lorsqu'il n'y en a qu'une : il faut y établir la règle de l'*exigence de pluralité* (10). Ce concept a été mis au point par Condorcet dans son *Essai sur l'application de l'analyse* de 1785.

Voilà pourquoi il est préférable d'enserrer le fonctionnement des lois dans un modèle où les mécanismes de sécurité sont littéraux. Ce sont des textes qui garantissent les droits, parce que les textes sont explicites, contrôlables, consultables et révisables à tout moment. Ils fonctionnent comme une sorte de «preuve par neuf» (11).

La Déclaration a trois fonctions principales, elles-mêmes subdivisibles : dire ce que la loi n'a pas le droit de faire ; dire ce que la loi a le devoir de faire ; arrêter les formes d'énonciation des textes et les formes de leur révision :

Le seul moyen de prévenir la tyrannie, c'est-à-dire la violation des droits des hommes, est de réunir tous ces droits dans une déclaration, de les y exposer avec clarté et dans un grand détail, de publier cette déclaration avec solennité, en y établissant que la puissance législative ne pourra, sous quelque forme qu'elle soit instituée, rien ordonner de contraire à aucun de ces articles.

Il faut en même temps établir une forme légale, d'après laquelle on puisse ajouter à cette déclaration de nouveaux articles, parce que plus les lumières feront de progrès, plus les hommes connaîtront l'étendue de leurs droits, plus ils en sauront distinguer de conséquences évidentes.» (*Idées sur le despotisme à l'usage de ceux qui prononcent ce mot sans l'entendre*, § XVIII, *O. C.*, Arago IX, p. 165).

Ainsi, une déclaration des droits des citoyens considérés comme individus, relativement à la puissance publique de la société, doit renfermer trois parties.

1° La déclaration des droits auxquels la puissance publique ne doit porter aucune atteinte, dans les lois qu'elle peut faire.

2° La proscription de toutes les formes et de toutes les dispositions qui exposeraient, dans l'exécution des lois, à des violations de ces droits.

3° L'obligation de faire toutes les lois nécessaires pour empêcher les citoyens d'être troublés dans la jouissance de leurs droits, soit par les individus, soit par une force qui doive son origine à la société.

Chaque homme, en votant pour l'établissement d'une puissance législative régulière, lui dit : «Je vous établis pour régler la manière d'assurer à mes concitoyens comme à moi la jouissance de mes droits : je me soumets à obéir aux volontés générales que vous érigerez en lois; mais je dois mettre des limites à ce pouvoir, et vous empêcher d'employer contre mes droits la puissance que je vous donne pour les défendre.

Voilà quels sont ces droits, et vous ne pourrez y porter atteinte.

Voilà les dangers qui peuvent résulter, pour ces droits, de l'autorité confiée à la puissance publique; vous ne pouvez les y exposer.

Voilà ceux qui résultent nécessairement de l'état social, vous y apporterez un remède» (*Déclaration des droits, O. C.*, Arago, vol. IX, p. 182-183).

Penser la nécessité d'un texte de Déclaration, c'est donc en penser d'abord le fondement : c'est pourquoi il est toujours bon de faire de la philosophie, car ne pas en faire serait oublier à quoi sert la machine littéraire. C'est aussi en penser la rédaction, le fonctionnement, la procédure, bref : la lettre, car c'est sur la lettre que repose la garantie. La notion de littéralité juridique, loin d'automatiser le droit, l'humanise : elle en souligne à la fois la sûreté et la fragilité. Seuls des êtres faillibles ont besoin de philosopher, seuls des êtres faillibles ont besoin de se prémunir contre leurs propres pensées, surtout lorsqu'elles sont vertueuses.

C'est précisément parce que les hommes sont sujets à l'erreur qu'ils doivent recourir à des dispositifs explicites de contrôle, plus sûrs et plus modestes, parce que pensés plus fortement et plus prudemment, que ne l'est l'appel à la vertu et à l'amour de l'égalité. Ainsi, Condorcet administre la « preuve par neuf » que la République est possible, et qu'elle n'a pas besoin de héros.

Catherine KINTZLER
(Université de Lille III)

NOTES

(1) « En général, puisqu'il s'agit dans une loi qui n'a pas été votée unanimement de soumettre des hommes à une opinion qui n'est pas la leur, ou à une décision qu'ils croient contraire à leur intérêt, une très grande probabilité de cette décision est le seul motif raisonnable et juste d'après lequel on puisse exiger d'eux une pareille soumission », *Essai sur l'application de l'analyse à la probabilité des décisions rendues à la pluralité des voix,* Discours préliminaire.

(2) *Examen sur cette question : est-il utile de diviser une Assemblée nationale en plusieurs chambres ?,* Œuvres, édition dite Arago, Paris, F. Didot, 1847-1849, IX, p. 334-335.

(3) « Ainsi, la proposition : telle chose doit être réglée par une loi; et la proposition : telle loi sur cette chose est conforme à la raison ou au droit, peuvent être regardées comme deux propositions qui peuvent être vraies ou fausses; et l'intérêt général est de faire en sorte qu'elles seront presque toujours vraies », *Lettre d'un bourgeois de New Haven à un citoyen de Virginie sur l'inutilité de partager le pouvoir législatif entre plusieurs corps,* Lettre I, *op. cit.,* Arago IX, 5.

Je dois donc préciser ici ce que j'écrivais en 1984 (Condorcet aurait été « profondément convaincu de la légitimité des décisions populaires », *Condorcet, L'instruction publique et la naissance du citoyen,* Paris, Gallimard, Folio-Essais, p. 25) en accentuant la thèse selon laquelle c'est bien une théorie de la vérité (et, bien entendu, une réflexion sur l'erreur) et non le dogme d'une souveraineté populaire préalable qui fonde l'objet politique chez Condorcet. L'auteur de l'*Essai sur l'appli-*

cation de l'analyse... n'a jamais cessé à cet égard d'être un philosophe classique.

(4) « 'Lorsque les citoyens suivent les lois, qu'importe qu'ils suivent la même ?' Il importe qu'ils suivent de bonnes lois ; et comme il est difficile que deux lois différentes soient également justes, également utiles, il importe encore qu'ils suivent la meilleure, il importe enfin qu'ils suivent la même, par la raison que c'est un moyen de plus d'établir de l'égalité entre les hommes. Quel rapport le cérémonial tartare ou chinois peut-il avoir avec les lois ? Cet article semble annoncer que Montesquieu regardait la législation comme un jeu, où il est indifférent de suivre telle ou telle règle, pourvu qu'on suive la règle établie, quelle qu'elle puisse être ». (Sur le chap 18, *O.C.*, Arago I, p. 380-381).

(5) *Esprit des lois*, XVI, chap. 2 et 3. Montesquieu, à ce sujet, s'appuie *toujours* sur des motifs particuliers, l'utilité, le climat, etc. Il développe exactement les arguments de ceux qui aujourd'hui « excusent » (expliquent) le port du tchador ou les mutilations sexuelles.

(6) Louis ALTHUSSER, *Montesquieu. La Politique et l'histoire*, Paris, PUF, 1964.

(7) *Déclaration des droits*, *O.C.*, Arago, volume IX.

(8) « La loi ne peut avoir pour objet que de régler la manière dont les citoyens d'un état doivent agir, dans les occasions où la raison exige qu'ils se conduisent, non d'après leur opinion et leur volonté, mais d'après une règle commune.

Dans toute autre circonstance, le vœu même le plus unanime de tous les citoyens, un seul excepté, ne peut imposer à celui qui n'y a point adhéré une obligation légitime d'agir contre ce qu'il croit raisonnable et utile. [...]

Il y a deux parties bien distinctes dans toute législation : décider quels sont les objets sur lesquels on peut légitimement faire des lois ; décider quelles doivent être ces lois.

Si tous les hommes ne s'accordaient pas sur ce que doit être l'objet des lois, si cette détermination n'était pas susceptible d'être établie sur des principes vraiment démontrés, il deviendrait alors raisonnable et juste de décider cette question à la pluralité. Mais il en résulterait dans l'ordre de la société quelque chose d'arbitraire, et une institution qui ne serait juste que parce qu'elle serait nécessaire.

Si, au contraire, comme je le crois, la détermination de ce qui doit être l'objet des lois est susceptible de preuves rigoureuses, dès lors il ne reste plus rien d'arbitraire dans l'ordre des sociétés. [...]

Une loi est donc proprement une déclaration que (relativement à telles actions qui doivent être soumises à une règle commune) l'assemblée générale des citoyens, ou tel corps chargé par eux d'exercer cette fonction en leur nom, a décidé à la pluralité, regardée comme insuffisante, que la raison exigeait que cette règle fût telle.

Ainsi, la proposition : telle chose doit être réglée par une loi ; et la proposition : telle loi sur cette chose est conforme à la raison et au droit, peuvent être regardées comme deux propositions qui peuvent être vraies ou fausses ; et l'intérêt général est de faire en sorte qu'il soit très probable qu'elles seront presque toujours vraies » (*Lettre d'un Bourgeois de New Haven...*, Lettre I, *O. C.*, Arago IX, p. 3-5).

(9) « De ce que l'on est parvenu à faire aller une machine, en établissant une sorte d'équilibre entre des forces qui tendaient à la détruire, il ne faut pas en conclure qu'il soit nécessaire de soumettre une machine qu'on veut créer à l'action de ces forces contraires » (Lettre IV, p. 84-86).

(10) « On sait que dans la vie il existe des circonstances où la plus petite probabilité suffit pour déterminer à faire telle action, ou telle autre, plutôt que de rester sans agir ; et qu'il en est d'autres où l'on ne doit pas se déterminer, soit pour agir, soit pour l'une des deux actions proposées, à moins d'avoir une très grande probabilité qu'on ne s'exposera point à un grand danger, qu'on ne portera aucune atteinte aux droits d'autrui.

Ainsi, quand un homme se soumet à la décision d'un autre, il a droit d'exiger que, dans certains cas, elle ait une très grande probabilité ; et dans d'autres, il doit se contenter qu'elle soit seulement plus probable que l'opinion contraire... », *Examen sur cette question : est-il utile de diviser une Assemblée nationale en plusieurs chambres ?* (Arago, IX, p. 334-335).

(11) Condorcet a peut-être emprunté cette insistance particulière sur le caractère explicite des lois à Locke.

ROBESPIERRE
ET LE PROBLÈME DE LA REPRÉSENTATION

Robespierre n'est pas un philosophe. Il se défend à plusieurs reprises d'être même un théoricien politique, et revendique une pleine implication dans le combat quotidien de la Révolution. Ceci empêche-t-il qu'on s'interroge sur la doctrine robespierriste, et qu'on cherche à évaluer son apport à la théorie de la démocratie ? Même si certains le pensent, craignant que l'on ne profane ainsi l'enclos sacré du concept en y introduisant ce qui n'est que philosophie spontanée et vulgarité d'idéologue, gageons que l'authentique souci de philosopher, qui nous réunit aujourd'hui, ne peut que se sentir interpellé par Robespierre.

Cela, parce que cet homme de combat ne cesse de réfléchir ses propres choix, de les argumenter avec un luxe de contreforts doctrinaux, et de soumettre l'action révolutionnaire, aiguillonnée par la force des choses, aux rigueurs de la critique. Au point que l'un des lieux communs de l'antirobespierrisme est justement que le *primum mobile* de l'Incorruptible, à savoir la soif d'un pouvoir unilatéral et infaillible, serait toujours chez lui occulté par des réseaux de rationalisations secondaires, où la dialectique la plus sophistiquée se donnerait libre cours.

Pour la science politique, en tout cas, Robespierre s'impose comme le penseur le plus conséquent des contradictions de la démocratie. Non seulement celles de sa mise en place historique, dans le contexte d'une Révolution partagée entre rapports de force et Etat de droit, mais plus profondément encore celles de sa problématisation, de la mise en service de ses principaux concepts.

Pour Robespierre, la principale difficulté d'une pratique et d'une doctrine de la démocratie réside dans cette double contrainte : d'une part laisser s'exercer toute la puissance du peuple, d'autre part concentrer cette puissance et lui donner l'efficacité historique maximale.

Si elle n'exprime pas le *kratos* du souverain, qu'est en effet la démocratie ? Qu'est-elle en outre si elle n'ordonne ni n'oriente cette dynamique de la souveraineté ? Si elle ne l'arme ni ne la défend ? Il faut donc concevoir la démocratie comme ce double processus d'expression et de structuration de l'être du peuple, processus révolutionnaire s'il en est, puisqu'il doit s'engager contre les forces adverses d'aliénation et de dispersion de la souveraineté, qui nient précisément que le peuple *soit* le souverain, ou qui le chargent de pourvoir à tout.

La démocratie doit permettre au peuple d'exercer, mais aussi d'assumer sa souveraineté, et de prendre conscience de ce qu'il peut et ne peut pas faire. Ainsi cette définition du 18 pluviôse an II (5 février 1794) inclut-elle, dans le schéma qu'elle donne de l'organisation des tâches en régime démocratique, l'appréciation par le peuple des limites de sa propre compétence : « La démocratie est un état où le peuple souverain, guidé par des lois qui sont son ouvrage, fait par lui-même tout ce qu'il peut bien faire, et par des délégués tout ce qu'il ne peut faire lui-même » (Discours à la Convention *sur les principes de morale politique... dans l'administration intérieure de la République*).

Pour construire, à partir de cette problématique, un concept praticable de la démocratie, Robespierre entreprend une critique de la représentation. En juriste averti, il sait que c'est là, dans le statut du représentant, et plus encore du représenté, que se joue en droit public comme en droit privé la véritable capacité du sujet, son réel degré d'autonomie. La représentation est essentielle à un exercice maîtrisé de la démocratie. Mais ou bien elle est une fiction nécessaire, conçue pour aménager la souveraineté populaire, mais non pour la transférer ou l'aliéner à un autre sujet de droit. Ou bien elle est une mise en scène qui sert à déposséder le sujet de sa substance, de son être-souverain, tout en lui faisant croire que l'acte passé par autrui reste le sien propre.

A quelles conditions la représentation permet-elle au peuple d'exercer sa souveraineté dans le cadre d'une démocratie efficace ? Mais tout d'abord, quelles menaces font peser sur la souveraineté populaire toutes les conceptions antidémocratiques de la représentation ?

Dans l'idée même de représentation, pense Robespierre, il y a celle de l'incapacité du représenté. Pourquoi tient-on autant à ce que le peuple, souverain réel, n'exerce sa souveraineté que par la médiation de mandataires ? Parce qu'on tient à vider cette souveraineté de son contenu, et ce souverain de sa réalité. Mais qui, « on » ? Pour quelle raison ?

D'abord, Robespierre considère, en vrai révolutionnaire, que les habitudes despotiques sont assez fortement empreintes dans les mœurs politiques pour que chacun, s'il n'y prend garde, se trouve irrésistiblement enclin à penser qu'il est normal que le peuple soit incapable.

D'où le fait que les Etats généraux ont d'emblée écarté toute idée de mandat impératif, et que la Constituante, dès l'automne 89, a mis l'institution d'un suffrage censitaire à l'ordre du jour. Le peuple en tant que tel n'exerce pas directement sa souveraineté, celle qui s'exprime par la bouche des députés appartient, plus abstraitement, à la nation. Cette souveraineté nationale n'étant pas articulée sur la présence physique du peuple dans la vie politique, mais sur sa présence figurée, elle n'est nullement incompatible avec le suffrage censitaire. C'est du reste au nom des droits du citoyen, et nullement au nom du principe de souveraineté, que Robespierre intervient le 25 janvier 1790 pour dénoncer la loi électorale du 22 décembre 1789, aux termes de laquelle « une partie considérable des habitants de la France seraient frappés d'exhérédation politique », alors que le peuple serait tenu pour souverain !

Mais même lorsqu'elle est le résultat d'un vœu national exprès, et du choix de tous les citoyens, la représentation contient aux yeux de Robespierre un principe d'aliénation. Parce qu'elle est pouvoir. Robespierre ne distingue pas à cet égard la position des représentants et celle du gouvernement. C'est ce qui apparait notamment dans un texte fondamental, le discours *sur le gouvernement représentatif*, prononcé le 10 mai 1793 à la Convention, au moment où se radicalise la lutte contre les Girondins.

La représentation du souverain, dit Robespierre, tourne inévitablement à son oppression. Ceux qui sont chargés de représenter le peuple partent du postulat que ce dernier est incapable et dangereux, et qu'il doit être non représenté mais contraint. Les représentants n'ont donc pas compris le véritable objet de leur mandat, ni du reste celui de la constitution, qui « doit être de défendre la liberté publique et individuelle contre le gouvernement lui-même ». Ils ont au contraire cédé à des « préjugés absurdes et barbares » hérités de l'« anarchie » d'Ancien Régime : « ils se sont tous occupés de la puissance du gouvernement ; aucun n'a songé aux moyens de le ramener à son institution. Ils ont pris des précautions infinies contre l'insurrection du peuple, et ils ont encouragé de tout leur pouvoir la révolte de ses délégués ».

Autrement dit, les représentants n'ont pas encore appris à représenter le peuple, puisqu'au contraire ils ont cru que cette mission consistait à le maintenir dans l'impuissance. Au lieu de concevoir la représentation comme fiction de la présence du peuple aux choix engageant sa souveraineté, ils n'ont cessé de la concevoir comme mise à distance du peuple, comme organisation de son absence. Aux antipodes de la démocratie qui exige de faire comme si le peuple était présent, le régime représentatif s'est jusque là efforcé de rendre le peuple absent. D'une part en l'empêchant d'intervenir. D'autre part en lui donnant l'illusion d'intervenir.

Tel est le sens de la mystification parlementaire bourgeoise : « ceux mêmes d'entre les législateurs que le progrès des lumières semble avoir forcés à rendre quelque hommage aux principes (...) ont (...) employé leur habileté à les éluder, lorsqu'ils ne pouvaient plus les raccorder à leurs vues personnelles ». Ces principes ainsi devenus flexibles, la différence s'estompe entre le peuple incapable d'Ancien Régime et le peuple absent du régime constitutionnel : a-t-on vraiment « fait autre chose que varier les formes du despotisme et les nuances de l'aristocratie » ? Robespierre est formel, il n'y a pas de changement substantiel quand on substitue une absence à une incapacité. Il n'y a que continuation mimétique du mépris, et extension d'une idée aristocratique de la représentation à l'ensemble de l'organisation politique.

« Ils ont fastueusement proclamé la souveraineté du peuple et ils l'ont enchaîné ; tout en reconnaissant que les magistrats sont ses mandataires, ils les ont traités comme ses dominateurs et comme ses idoles. Tous se sont accordés à supposer le peuple insensé et mutin, et les fonctionnaires publics essentiellement sages et vertueux ». Et Robespierre de menacer ces faux révolutionnaires des foudres du peuple souverain – en l'occurrence, des sections parisiennes de sans-culottes, qui trois semaines plus tard se porteront à l'assaut de la Convention pour en déloger, *manu militari*, les députés girondins accusés de ne pas représenter les intérêts du peuple... Juste retour, dans la perspective jacobine, du mandat impératif. Et juste retour du peuple-sujet, insurgé contre tout ce qui le voue à l'hétéronomie, inquiet d'être trahi, ne comptant plus que sur son identité.

C'est du reste le 26 mai 93, aux Jacobins, que Robespierre évoque ce repli sur l'être populaire menacé : « Quand le peuple est opprimé, quand il ne lui reste plus que lui-même, celui-là serait un lâche qui ne lui dirait pas de se lever ». Le peuple-sujet, le peuple qui puise sa force et sa légitimité dans son être-peuple, est bien le sanctuaire de la souveraineté mise à mal par des mandats abusifs. Il faut donc revenir au peuple, lorsque les lois ne remplissent pas leur fonction et cessent d'être l'expression de la volonté générale. Lorsque, comme le prophétisera Robespierre au 8 thermidor, les politiciens laissent « flotter les rênes de la Révolution » et risquent ainsi de les abandonner au « despotisme militaire», il faut revenir au peuple comme à l'index irréfutable de l'intérêt public.

Le discours du 10 mai 93 formule bien ce principe universel, valable tant pour le gouvernement constitutionnel que pour le gouvernement révolutionnaire : «que le peuple est bon et que ses délégués sont corruptibles». Robespierre ne fait d'ailleurs que prolonger ici le point de vue qu'il a développé dans son projet de Déclaration des droits, présenté par lui à la Convention le 24 avril précédent : le souci de ne pas lier la volonté du peuple, de ne pas aliéner sa souveraineté s'y manifeste avec insistance. L'article 15 prend soin de définir explicitement la souveraineté reconnue au peuple : «Le peuple est souverain : le gouvernement est son ouvrage et sa propriété, les fonctionnaires publics sont ses commis». L'article 16 dispose que ce même peuple «peut, quand il lui plaît, changer son gouvernement et révoquer ses mandataires». L'article 25 définit la fonction de la loi : «défendre la liberté publique et individuelle contre l'abus de l'autorité de ceux qui gouvernent». L'article 26, enfin, revient sur l'encadrement nécessaire des mandataires du peuple :ce dernier «a le droit de connaître toutes les opérations de ses mandataires; ils doivent lui rendre un compte fidèle de leur gestion et subir son jugement avec respect». On retrouve ces dispositions, avec une rédaction plus sobre, dans la Déclaration des droits et dans la Constitution du 24 juin 1793. Nées d'une insurrection contre une assemblée accusée de confisquer la souveraineté populaire, celles-ci ne peuvent faire moins que de proclamer le droit «sacré» et le devoir «indispensable» d'insurrection.

Mais quel est ce peuple qui indique le nord politique de l'ancien avocat d'Arras? Un peuple politique, bien sûr. Un peuple qui fait chaque jour la preuve de sa qualité de peuple. En aucun cas il ne peut s'agir de n'importe quel agglomérat d'individus, d'une population non politique. Le peuple ne peut être assimilé aux gens ou à l'opinion, comme le prétendent les démagogues. Ce peuple se charge en effet de dire lui-même ce qu'il veut et pense, tandis que les gens et l'opinion ne sont jamais autre chose que l'alibi d'une classe politicienne, qui leur impute à son gré des idées et des choix. Robespierre élargira donc sa critique aux populistes et aux journalistes, les uns et les autres en appellent à un peuple fictif qu'ils se gardent bien de consulter. Ils ne valent pas mieux, pour la démocratie, que les politiciens girondins.

Elisabeth G. SLEDZIEWSKI
(Université Robert Schuman de Strasbourg,
Institut d'Études Politiques)

TROISIÈME PARTIE

NAISSANCE DES TRADITIONS

LA PANTHÉONISATION MANQUÉE DE DESCARTES

La Convention nationale, après avoir entendu son comité d'instruction publique, décrète :

Art. I. René Descartes mérite les honneurs dûs aux grands hommes. II. Le corps de ce philosophe sera transféré au Panthéon français. III. Sur le tombeau de Descartes seront gravés ces mots : Au nom du Peuple français, la Convention nationale à René Descartes, 1793, l'an 2 de la république...

Ce projet venait d'être présenté par Marie-Joseph Chénier :

Citoyens, votre comité d'instruction publique m'a chargé de vous soumettre un objet qui intéresse la gloire nationale, et qui vous offre une occasion nouvelle de manifester aux yeux de l'Europe votre respect pour la philosophie, source de bonnes instructions et de lois vraiment populaires.

Descartes est un de « ces hommes prodigieux qui ont reculé les bornes de la raison publique, et dont le génie libéral est un domaine de l'esprit humain ». Mais il fut victime et d'« une patrie inhospitalière » et du fanatisme : « Descartes, l'ornement de sa patrie, opprimé, se vit contraint de la quitter de bonne heure, et fut errant toute sa vie. Il essuya les persécutions de ce même fanatisme qui, du temps des guerres civiles de France, avait égorgé Ramus, et qui depuis, en Italie, avait plongé le vieux Galilée dans les cachots de l'Inquisition. ». Quel contraste avec la gloire de Newton qui devint de son vivant « une propriété nationale » ! « Après avoir vu ses contemporains dicter son éloge à la postérité, il expira plein de gloire et de jours, et ses restes, déposés dans Westminster avec une pompe solennelle, offrent un éclatant témoignage de l'intime union qu'a formée la nature entre le génie et la liberté.

C'est à vous, citoyens de venger du mépris des rois la cendre de René Descartes ».

Le projet de décret fut en ce 2 octobre 1793 «adopté au milieu des applaudissements». La proposition initiale remonte au 12 avril 1791 ; M. le Prestre de Chateaugiron sollicite de l'Assemblée nationale un «décret qui accorde à Descartes, son grand-oncle, l'honneur d'être placé où doivent être déposées les cendres des grands hommes» ; la demande eut probablement le patronage de Condorcet. Une fois le projet de décret adopté, des dispositions pratiques – on peut les relever dans les *Procès-verbaux du Comité d'instruction publique* – sont prises pour son application ; ainsi Guffroi propose le 4 octobre que le buste de Descartes par Pajou soit placé au Panthéon ; plus tard, David reste seul chargé des honneurs à rendre à Descartes.

Mais, en définitive, la «translation des cendres de Descartes au Panthéon» n'eut pas lieu. On n'y songe à nouveau qu'en 1796. L'Institut invite le 30 janvier 1796 le Conseil des Cinq-Cents à faire exécuter le décret voté par la Convention. Or un rapporteur est là, au Conseil, particulièrement prêt à remplir son office : ce n'est autre que Marie-Joseph Chénier en mesure de reprendre, le 7 mai 1796, ses envolées de 1793, à quelques ajouts près dus aux circonstances ; des éloges adroits iront et à «l'Assemblée nouvelle, si calme, si modérée, si éclairée», et à «l'Institut national des sciences et des arts qui est en butte aux calomnies royalistes ; ce sera prouver à l'Europe que les Vandales ont disparu devant les Français». Tout semblait concourir à un succès facile ; mais voilà que contre le panégyrique se déchaîne un blâme furieux : Louis-Sébastien Mercier accable Descartes, puis Voltaire des pires accusations ; quelques interventions «vengent la mémoire de ces grands hommes» ; mais le Conseil, «ordonnant l'impression des discours de Chénier et de Mercier, ajourne la discussion».

Louis-Sébastien Mercier (1740-1814) est surtout connu aujourd'hui par son *Tableau de Paris* et *L'An 2440*. Blâme furieux a-t-il été dit : voici quelques exemples d'injures et d'apostrophes ; «qu'il me soit permis de retracer l'histoire du mal qu'a fait Descartes à sa propre nation, dont il a retardé visiblement les progrès par la longue tyrannie de ses erreurs» ; «porterons-nous au Panthéon les restes de ce visionnaire qui a retardé pendant si longtemps la promulgation des vérités physiques ?» ; «il fut fantastique et visionnaire jusque dans sa philosophie». Après cela, on comprendra déjà le désarroi du Conseil.

L'affaire a été évoquée partiellement dans quelques ouvrages. Un article anonyme, court mais riche en détails précieux, émet l'hypothèse que la pétition initiale est rédigée par Condorcet, mais curieusement n'identifie pas l'orateur qui fit ajourner le projet (1). Charles Adam (2) suit de près cet article dans l'Appendice XV «Panthéon et Elysée

(1791-1819)», n'identifie Mercier que par un détour curieux (une citation de l'astronome Delambre), ne donne pas les comptes rendus des séances dans lesquelles fut traitée la question de la panthéonisation. C'est cette lacune que voulut combler M.Henri Gouhier (3) en relatant «ce petit drame en deux actes». Cette relation (4) pourrait être aujourd'hui enrichie de détails historiques, mais tel ne sera pas ici le propos; l'analyse va s'aventurer à éclaircir un peu ce qui à première vue la rebute : le blâme furieux de L.-S. Mercier. C'est dans la première partie de son *Discours* qu'il s'en prend directement à Descartes; c'est à dégager les grandes lignes de cette partie que s'attachera la suite de cette brève communication (5).

Un torrent d'injures, une suite désarmante de paradoxes surprenants: et voilà pourquoi Descartes n'est pas au Panthéon! M. H. Gouhier imaginait dans son article la surprise d'étrangers déçus en leur pieuse volonté de rendre hommage à Descartes : ils ne découvriront qu'avec beaucoup de peine, dans une petite chapelle de Saint-Germain-des-Prés, une bien discrète dalle funéraire. «Comment, Descartes n'est pas au Panthéon?». Pourtant ne crions pas trop vite à l'ingratitude du peuple français, et M. H. Gouhier a ce joli mot : «Descartes n'est pas au Panthéon, c'est vrai, mais il a failli y entrer». Quant à l'échec du projet, il le mettait avec indulgence, dans la rubrique «Variétés» de la *Revue de métaphysique et de morale,* au compte des soubresauts d'une époque troublée. La cause prochaine de la non-panthéonisation fut bien un incident de séance. Bien sûr, tout dans le discours agité de L.-S. Mercier, semble singulier, surprenant, scandaleux même; du coup, l'épisode en son entier sera rejeté du côté des bizarreries historiques. Mais cet incident de séance n'est-il qu'un incident?

Je vais m'aventurer à le prendre sous d'autres jours, à ne pas y voir seulement une foucade imprévisible dont on n'aurait à retenir que l'éclat, la fureur de l'opposant, et la surprise, la suspension de jugement d'une Assemblée désarçonnée.

Et pour une première raison simple : les oppositions même sommaires, brutales à un philosophe peuvent s'intégrer à des variations signifiantes de sa descendance philosophique. Et M. H. Gouhier ne nous a-t-il pas magistralement appris ce que fut le Descartes de Maine de Biran, le Descartes d'A. Comte? Or dans ces ferraillements au Conseil des Cinq-Cents, ne se joueraient-ils pas les sorts de quelques fragments d'«images» de Descartes?

Il y a bien d'autres motifs pour espérer quelques profits en affrontant, mieux armé aujourd'hui, les turbulences verbales de L.-S. Mercier; ne serait-ce que la bien meilleure connaissance que

nous avons maintenant de l'auteur de *L'An 2440*, du créateur de pièces
à succès qui fut si prisé en Allemagne, du journaliste du *Tableau de
Paris* et du *Nouveau Paris* pillés dès leur parution... et plus encore par
la suite; progrès effectués par la connaissance historique dans quantité
de directions, et qu'on désignera en vrac d'après des titres de
recherches actuelles : histoire des Eloges de Descartes; histoires et
interprétations des panthéonisations et des fêtes révolutionnaires; identification des références philosophiques rencontrées chez les acteurs de
la Révolution française; renouveau de l'intérêt porté aux Idéologues et
donc à leurs adversaires (dont L.-S. Mercier); étude des courants
opposés aux Académies, aux sciences elles-mêmes, à Newton...

* * *

Les lecteurs curieux d'Utopie connaissent aujourd'hui de
L.-S. Mercier *L'An 2440. Rêve s'il en fut* (1770) : ils seront surpris
d'apprendre que l'auteur ait pu plus tard s'en prendre à Descartes.
Dans le chap. XXVIII, « La bibliothèque du roi », est décrit le stupé-
fiant autodafé dont on peut constater les effets dans une bibliothèque
considérablement allégée :

> D'un consentement unanime, raconte le bibliothécaire, nous avons
> rassemblé dans une vaste plaine tous les livres que nous avons jugés
> ou frivoles ou inutiles ou dangereux; nous en avons formé une
> pyramide qui ressemblait en hauteur et en grosseur à une tour
> énorme : c'était assurément une nouvelle tour de Babel... Nous
> avons mis le feu à cette masse épouvantable, comme un sacrifice
> expiatoire offert à la vérité, au bon sens, au vrai goût..

Seuls quelques ouvrages choisis ont été conservés. Le héros du récit
examine les armoires :

> Enfin j'arrivai en face des écrivains français. Je portai ma main avide
> sur les trois premiers volumes : c'étaient *Descartes*, Montaigne,
> Charron..

Mais il y a plus extraordinaire : l'Académie française avait proposé pour sujet de prix, en 1762, l'*Eloge de Descartes*; L.-S. Mercier
concourut, et ce fut l'échec. Qu'il crie contre Descartes en 1796, on
l'accusera de se venger sur Descartes de l'Eloge non récompensé. Tel
Marat peut-être, toutes proportions gardées, dont on a souvent dit qu'il
se vengea, quand la Révolution lui en donna les moyens, des rebuffades
de l'Académie des Sciences. On ne peut toutefois s'en tenir à cette seule
explication par la rancœur et le dépit. L.-S. Mercier a rappelé sans

vergogne dans son Discours cet *Eloge* de 1762 et se donne le droit à la palinodie :

> Je l'avoue, j'ai fait aussi dans ma jeunesse un éloge de Descartes : mais j'étais alors la dupe de noms prônés dans les académies, et je ne savais pas encore que les plus grands charlatans de ce monde ont été quelquefois les hommes les plus célèbres.

Là encore, on pense à Marat et à son pamphlet de 1791 «Les charlatans modernes, ou lettre sur le charlatanisme académique».

L'injure fit fortune, et fut mitraillée en tous sens; les rapprochements ne peuvent donc être forcés; du moins, peut-on rassembler sous la rubrique : charlatanisme scientifique les attaques de L.-S. Mercier contre Descartes physicien; viendront ensuite deux autres rubriques : Métaphysique, Morale.

* * *

1.

a. Descartes a méprisé l'expérience : «il ne fit aucune expérience; il les dédaigna toutes, il s'écarta constamment de tout sentier qui conduisait à l'observation.».

b. Descartes fut présomptueux et ne sut pas commencer par le commencement; ce fut un fabricateur de système :

> La nature est un livre immense à dévorer, a dit Bacon; mais il faut commencer par l'*abecedaire*. Descartes fut un de ces mortels présomptueux qui veulent deviner la nature, au lieu de l'étudier avec une attention respectueuse. Il fut un de ces téméraires qui parlent et qui affirment leurs systèmes du monde, comme s'ils avaient assisté à la création.

c. Son système est un délire :

> La matière subtile de Descartes, sa force centrifuge, sa matière globuleuse, sa fine poussière dont il forme la terre habitable; tout son système enfin est un délire.

d. Les Français ont été servilement attachés aux visions de Descartes. Du coup, Descartes a fait le plus grand mal à la science française :

> Descartes a fait du mal à sa propre nation, dont il a retardé visiblement les progrès par la longue tyrannie de ses erreurs; il est le père de la plus impertinente doctrine qui ait régné en France. C'est

le cartésianisme qui tua la physique expérimentale, et qui fit des pédants d'école au lieu de naturalistes observateurs.

L.-S. Mercier reconduit à plaisir les thèmes critiques les plus sévères du XVIIIe siècle français, ceux qui dans les *Lettres philosophiques* de Voltaire criblèrent les malheureux tourbillons; et il va jusqu'à briser au passage la ligne de défense élaborée par « le bel esprit Fontenelle », consolidée par d'Alembert et qu'amplifiera plus tard A. Comte :

> Le bel esprit dit (et la tourbe des panégyristes l'a répété) qu'il avait fallu passer par les tourbillons pour arriver à la vraie théorie du monde. Comme si l'erreur pouvoit servir de degré pour s'élever à la vérité ! comme si Descartes étant venu après Képler et Galilée, n'avait pas eu sous la main, aussi bien que Newton, les vrais éléments de la théorie de l'univers ! et comme s'il lui eût manqué autre chose, que le grand art de les mettre en œuvre !

Au bout du compte, L.-S. Mercier détruit comme à plaisir, parfois point par point, son *Eloge* de 1762. A preuve un court extrait, presque trop extraordinairement probant, tant s'y enfle le dithyrambe :

> Ainsi un seul homme a causé une révolution aussi étonnante que subtile. Seul il découvrit la Théorie de l'Art de Penser, inconnue jusqu'alors, rendit toutes les parties des Mathématiques fécondes en inventions utiles, porta le flambeau de l'Expérience dans le sein ténébreux de la Physique, analysa les ressorts de la Nature, mit un monde *nouveau* sous nos yeux, s'éleva jusqu'à l'Homme et à son Créateur.

> Enfin, ce n'est plus le grand-Homme d'un seul Pays, l'idole d'une Nation, et le fléau des autres, que je dois ici célébrer. C'est un Philosophe, c'est un Sage, un Génie qui a servi l'Univers. Sa gloire n'est point bornée par l'enceinte des lieux, elle franchira l'espace, et sera celle de l'Humanité entière.

2.

Il semble faire le plus grand cas de la physique expérimentale, celui qui au nom de celle-ci, vient d'abaisser à ce point Descartes, ce « visionnaire » : va-t-il dire un seul mot sur sa métaphysique, et s'il en parle, qu'en dira-t-il sinon que Descartes y est encore visionnaire ?

« Je ne parlerai point ici de la métaphysique de Descartes parce que... »; quelle raison suivra le « parce que » ? On le donnera en mille : ... « parce qu'il n'y a plus de métaphysiciens après l'adorateur

Platon». Réprobation assez stupéfiante : en 1796, au Conseil des Cinq-Cents, le reproche d'ordre philosophique porté contre Descartes est qu'il n'a pas été assez fidèle à Platon!

Mettons à nouveau quelque ordre schématique dans les thèses qu'énumère L.-S. Mercier : cette fois-ci sur l'univers et sur l'âme.

a. «L'ordre et l'harmonie sont tout»; «il n'y a de réel que l'intelligence».

Il a fallu une impulsion initiale pour ébranler les sphères célestes; elle fut une, ainsi que la cause qui l'a ordonnée. Malheureux, qui ne voit que des agents bruts, que des agréggations forcées, que des poulies, des rouages, des cordages, des atômes, des tourbillons, et qui ne sait que tracer des figures géométriques! Est-il étonnant que la cause finale lui échappe, ainsi que le plan universel!

b. «L'être qui n'a point conscience de son être, c'est comme s'il n'existait pas.» «Cette âme distincte de celle que nous partageons avec les animaux compose notre moralité et elle n'est ni liée ni soumise aux organes corporels».

«Le souffle de la divinité est en nous».

Suit une condamnation en règle de Locke et de Condillac qui sont venus «nous empoisonner de leurs grossiers raisonnements sur l'entendement humain»; «ils n'ont point senti la liaison intime de l'homme à l'harmonie universelle, liaison indépendante des sens».

«Plaisants métaphysiciens que des métaphysiciens non spiritualistes!» Quel sort sera celui de Descartes en cette élévation spiritualiste?

a. Les doctrines cosmologiques seront, cela va presque sans dire, condamnées en accord avec de telles déclarations qui conduisent à s'horrifier d'un «*monde sans Dieu*» :

> Tous ces ordonnateurs de monde, tous ces fabricateurs de systèmes font un monde sans Dieu, et bâtissent l'univers en chassant, pour ainsi dire, l'intelligence suprême.

Toutefois, l'association entre science et «monde sans Dieu» ne doit pas être forcée, comme le manifeste une opposition pleine d'intérêt entre Descartes et Newton, conduite en termes d'«*adoration*» :

> Jamais Descartes, dans ses livres, n'adore ainsi que fait Newton, ce grand, ce premier moteur, cette intelligence unique qui a projeté pour des siècles à elle seule connu le plan initial de l'univers.

b. Quant à sa doctrine sur l'âme, Descartes n'est qu'à moitié condamné : son grand mérite est d'avoir admis les idées innées; il échappe aux railleries impitoyables qui assaillent Locke et Condillac.

Mais à l'aune d'une doctrine qui tient pour essentielle la liaison intime de l'homme à l'harmonie universelle, il est rebuté pour défaut d'«adoration»; jugé à la lumière des «plus hautes vérités», Descartes a fait fausse route par infidélité à un principe lumineux aperçu mais délaissé :

> Descartes était à moitié chemin des plus hautes vérités lorsqu'il soutint religieusement les idées innées; mais il nous parait qu'il n'eut pas la conviction intime du *deus est in nobis* lorsqu'il se sépara de Platon, et qu'il se perdit dans une logomachie scholastique. Il ne fit rien de ce principe lumineux, et c'est comme s'il ne l'eût pas avancé.

Le lecteur non prévenu peut être stupéfait, comme le furent certainement des membres du Conseil des Cinq-Cents : les idées innées religieusement révérées, les causes finales restaurées, Platon porté aux nues, ... De la physique expérimentale apparemment assez respectée pour que soit pourfendu le charlatanisme de Descartes en la matière, on a sauté aux «plus hautes vérités» : que croire? Etait-il question de physique, un éloge antérieur était récusé, complètement retourné; en va-t-il de même pour la métaphysique? Serait-ce par simple et pure provocation, sans y croire lui-même, que L.-S. Mercier prend complètement à rebrousse-poil les convictions dominantes, celles en particulier de Marie-Joseph Chénier?

Qui connaît, ne serait-ce que de loin, L.-S. Mercier, répondra résolument non; il poursuit des pensées exprimées bien plus tôt avec la même emphase; les circonstances, pourrait-on croire, provoquent le pur esprit de contradiction : d'où l'exaltation de thèmes spiritualistes; en fait, il n'en va pas du tout ainsi; ces circonstances ne font que débonder des discours déjà tenus, laissent libre champ à des enthousiasmes bien antérieurs.

Preuve en sera faite ici seulement par deux textes puisés dans le Songe dixième et dernier des *Songes philosophiques* de 1768 intitulé : «Le Ruisseau Philosophique», histoire assez filandreuse de la philosophie, agrémentée d'apparitions de déesses et de génies, animée par les approches plus ou moins favorables du «ruisseau philosophique», dont «l'onde bénéfique» ne doit être bue qu'après préparation :

> – Socrate mit fin au règne de l'Opinion.
>
> Platon, son disciple, s'éleva en même temps au trône du Créateur, et de ce point de vue élevé, il appercevoit la terre comme un point. Ce n'étoit point la détermination des orbes célestes qui fixoit ses regards, c'étoit la beauté immuable, éternelle, qui, empreinte sur la face de l'univers, se réfléchit dans chaque production créée; il

remontoit vers la cause première, vers cette cause universelle et indépendante, dont toutes les autres dérivent. Il examinoit comment l'Etre souverain a imprimé un principe de vie à la matière, et comme par sa puissance infinie, il l'a rendue propre à exécuter les effets les plus admirables.

– Le premier qui sût goûter avec fruit de cette onde salutaire au sein de ma patrie etoit Descartes. Je le vis penché sur ces bords, l'esprit plongé dans une méditation douce et profonde ; il avoit pris une méthode préparative qui lui réussit admirablement. Cependant emporté par la bonté de ces eaux, il me parut qu'il en avoit un peu trop usé ; c'étoit alors qu'il s'écrioit : Qu'on me donne de la matiere et du mouvement, et je vais donner l'être à un monde infini. Tout à coup son imagination enfantoit d'immenses tourbillons, plaçoit dans leur centre des soleils à son gré, et les faisoit mouvoir selon les lois qu'il leur traçoit.

Plus de trente ans plus tard, L.-S. Mercier se fit à l'Institut, dans le temple même de l'Idéologie, le champion acerbe, déconcertant, des idées innées : Descartes combattant Aristote et ses disciples « ramena les idées innées » dont le principe remonte à Platon et même bien au-delà ; Locke employa une partie considérable de son ouvrage à les renverser ; « le citoyen Mercier, est-il dit dans le compte rendu donné dans les *Mémoires* de l'Institut, veut aujourd'hui les faire revivre. Il s'élève contre une doctrine qui met l'âme dans une sorte de dépendance des sens ; il s'indigne de voir notre intelligence liée à la matière dans ses plus sublimes opérations ».

Sur les principes de la morale, l'essentiel a été déjà dit par les textes sur l'âme, et pourrait être précisé par cette déclaration : « La moralité, la volonté sont tout, ordonnent tout, et l'instinct moral est sans cesse affranchi des organes matériels ». Reste à rendre sensibles des harmoniques rousseauistes qu'on aura peut-être décelés, à relever un hommage direct à Jean-Jacques Rousseau, hommage qui ne surprendra pas chez l'admirateur, l'éditeur de Jean-Jacques Rousseau, chez l'auteur de : *De Jean-Jacques Rousseau considéré comme l'un des premiers auteurs de la Révolution*, 1791.

N'est-il pas étonnant qu'on ait foulé aux pieds, de nos jours, cette doctrine de Socrate, de Platon, de Marc-Aurèle, et qu'on ait oublié sitôt *la profession de foi du vicaire savoyard*, qui se marie à la sagesse de la plus haute antiquité ? Vous qui avez voulu conduire les hommes et faire des lois en abandonnant ces idées simples et religieuses, tous vos pas ont été des crimes.

Reste surtout à examiner une méditation sur un sujet douloureux ;
elle s'amorce dans la dernière phrase citée ; elle s'interroge sur les
ravages récents déchaînés il y a peu par une « immoralité profonde » :
méditation sur la Terreur. L.-S. Mercier avait protesté contre son
règne ; il fut incarcéré ; sauvé par la chute de Robespierre, il fut des
membres de la Convention qui passèrent en 1795 au Conseil des Cinq-
Cents. Voici d'abord la question :

> Frappé de l'immoralité profonde d'une génération où l'on a vu, pour
> la première fois peut-être, l'alliage des passions impétueuses du
> sauvage et de la dépravation de l'homme policé, je me suis souvent
> dit : Quels sont donc les principes qui, mal vus ou mal entendus, ont
> scélératisé tant de têtes ?

La réponse est prévisible si l'on se souvient de ces convictions
solidaires : la divinité est en nous ; il est une liaison intime entre l'homme et l'harmonie universelle. En effet, briser ce lien, ce sera ouvrir le
temps du mépris ; l'homme comptera pour rien :

> J'ai cru remarquer, dans les atteintes portées à la spiritualité de
> l'homme, la naissance de cet esprit infernal qui provoqua tant de
> scènes de carnage et de deuil. L'homme n'a plus été le miroir de la
> divinité ; on l'a brisé sans pitié comme sans remords.

Voici enfin le principe d'une explication de la Terreur ; la recherche n'en est faite ni dans un enchaînement déplorable d'événements
malheureux, ni dans l'immoralité de seuls individus, ni dans un
concours de circonstances qui feraient dévier une Révolution bien
commencée ; immédiatement, est désignée, au loin, la source d'un courant funeste : préparation par des travaux de naturalistes audacieux,
expansion d'une vision matérialiste du monde, triomphe d'une « philosophie » maudite qui a endurci la sensibilité, étouffé l'instinct moral :

> ... des naturalistes audacieux avoient préparé le règne de ces philo-
> sophes coupables qui veulent tout expliquer par les sens corporels,
> qui veulent tout réduire à des opérations purement physiques.
> Funeste philosophie, qui n'a cherché qu'à animaliser l'homme !
> c'est toi qui as formé le calus sur l'âme de tous nos égorgeurs ; et ils
> ont cessé d'être hommes : car je ne les ai pas encore entendus
> s'écrier, avec la voix du repentir : *Nous avons été des monstres* !

Tout à sa furieuse agression, L.S. Mercier aurait-il perdu de vue
Descartes ? Que non pas, il y revient immédiatement ; ira-t-il jusqu'à
envelopper Descartes dans la sinistre association : « funeste philosophie » et Terreur ? On ne saurait dire qu'il le fasse directement, car il

change de registre au moins apparemment, en assaillant «l'orgueil-
leuse géométrie» :

> C'est depuis ce fabricateur d'un univers idéal, et d'après lui, que
> l'orgueilleuse géométrie, sortant de ses domaines, est venue avec le
> froid de sa méthode, la rudesse de ses termes barbares et le néant de
> ses abstractions, s'exercer d'un air de suffisance sur toute sorte de
> sujets. Presque toutes les sciences en ont été infectées : tout s'est
> embrouillé dans un chaos immense de calculs; les hypothèses les
> plus folles, les systèmes les plus absurdes, ont été accrédités au
> moyen de cette espèce de charlatanerie; la raison a souvent été
> forcée de se taire devant l'appareil imposant de calculs algébriques;
> une certaine réputation, un ton affirmatif et des figures de grimoire,
> ont fait recevoir pour vrai les propositions les plus contradictoires.

Cette fois-ci, c'est contre les sciences elles-mêmes que, dans cette
nouvelle charge, partent en rafale de nombreux sarcasmes : relativité
des «systèmes» déjà déplorée plus haut et reprise plus bas pour déva-
loriser les panthéonisations prématurées; froideur, abstraction des
méthodes, chaos de calculs dissimulant l'inanité de pensée et donnant le
champ aux hypothèses les plus folles (on croirait entendre les violentes
diatribes d'A. Comte contre les automates algébriques). L'accusation
de charlatanerie ne porte plus contre de seuls charlatans; elle enveloppe ce qui a été désigné plus haut comme «sciences physico-mathé-
matiques». L'écart se creuse entre les «sciences infectées» et une
«*raison*» froissée, repoussée, réduite au silence. On sent monter chez
L.-S. Mercier une hostilité déclarée non seulement aux «abus de la
géométrie», mais contre les savoirs scientifiques les plus assurés, et qui
le conduira, comme membre de l'Institut et dans des écrits, à soutenir,
sous les risées, «l'impossibilité du système astronomique de Copernic
et de Newton». Pour le moment, il n'en a ouvertement qu'à «l'abus
invétéré du *langage* de la géométrie» : or «*l'abus de ce langage date
de Descartes*; il en donna le dangereux exemple jusque dans ses lettres
particulières.» Descartes est à nouveau désigné comme responsable
d'«abus» ultérieurs : l'accusation portée contre lui sera, au plus
faible, de le mettre sur le même pied que ces «naturalistes audacieux»
qui ont *préparé* le règne des philosophes coupables.

*
* *

Détruire la renommée du «grand homme» par des assauts répétés
sur des fronts très différents, par insinuations ou par attaques brutales,
sans grand souci de cohérence : tactique propre à surprendre l'audi-

toire, à l'étourdir; l'essentiel étant de suspendre l'approbation pour une cause qui semblait gagnée d'avance. Le premier tir est clair : n'allez pas vous ridiculiser en panthéonisant celui qui a tué la physique expérimentale en France ! Le deuxième est trop subtil : les raisons avancées étaient trop étrangères au commun des lecteurs des «philosophes», mais l'essentiel était d'insinuer que Descartes pouvait, devait être abaissé. Le troisième est pervers : ne serait-ce que par la proximité avec les violents propos sur la Terreur, Descartes est plus ou moins suspect d'avoir de très loin ouvert la voie aux horreurs proches. Les pour au contre, les contre au pour sont assez vertigineux; les paradoxes par moments si forcés qu'ils semblent cultivés pour eux-mêmes. Il serait vain de plaquer sur ce tourbillon une cohérence qu'il ne tolérerait pas. Ne convient-il pas plutôt de prendre le tourbillon comme tourbillon? En ce maelstrom, idées, valeurs, jugements changent de place et de direction, et éjectés ensuite, sont remis en circulation selon des ordonnances nouvelles. Ainsi la critique des sciences va se retrouver en termes très semblables dans Chateaubriand, et on a pu dire L.-S. Mercier «frère ainé de Chateaubriand»; ainsi la responsabilité de Descartes dans l'institution d'un «monde sans Dieu» sera-t-elle périodiquement réprouvée ou louée; ainsi, dernier exemple, la connexion entre Descartes et Platon sera-t-elle favorablement soulignée après 1800, et L.-S. Mercier quand il ferraillera à sa manière, à l'Institut, en faveur de Kant, placera Descartes près de Malebranche dans une liste des philosophes de l'intuition.

Ce ne sont pas les seuls enseignements qu'un document circonstanciel, rebutant, pourrait fournir à une histoire de la philosophie pendant la Révolution française; les trajectoires d'idées qui traversent le *Discours* de L.-S. Mercier nous révèlent une constellation de pensées que devraient prendre en compte ceux qui font le relevé des interprétations de la Révolution française élaborées au feu même des événements; on a là une vision rousseauiste de «l'idéal universaliste et de ses limites», mais beaucoup moins inspirée par le *Contrat social* que par la ferveur du Vicaire savoyard, et où l'universel premier est «le plan universel» du Créateur, «l'harmonie universelle» à laquelle l'homme doit être lié. L.-S. Mercier, respectueux de la sagesse la plus antique, proche de la Théophilanthropie, sensible à certains enseignements de Claude de Saint-Martin, ennemi de Voltaire, critique incisif des «sciences infectées» veut qu'on fasse des lois selon des «idées simples et religieuses»; ceux qui abandonnent de telles idées, ceux dont «les philosophes coupables» ont étouffé l'instinct moral, tous leurs pas sont des crimes.

* * *

Dans ce qui précède, était en question une seule panthéonisation : celle de Descartes. Or le *Discours* n'est pas achevé ; L.-S. Mercier qui n'en est pas à une volte-face près, repart dans une tout autre direction :

> Mais quand Descartes eût été un grand, un sage philosophe, un observateur patient et attentif, un *Spallanzani*, sommes-nous ici pour bâtir le palais de la renommée, pour distribuer les rangs parmi les philosophes et les naturalistes ?

Descartes n'est qu'un cas parmi d'autres, et l'hypothèse va jusqu'à le supposer « grand » en tout ; le problème est désormais général : c'est celui de la panthéonisation. Quel type de grands hommes faut-il honorer en leur « ouvrant les portes du Panthéon » ? On a panthéonisé Voltaire « ce grand corrupteur qui flatta tous les rois, tous les grands et tous les vices de son siècle » : comment dès lors prendre le risque de « panthéoniser à la légère » ? D'autant qu'il a déjà fallu se déjuger et aller jusqu'à « dépanthéoniser » ? Impossible ici de suivre L.-S. Mercier en ces nouvelles variations ; le problème, a-t-il été dit, est général, et il a suscité pendant la Révolution française quantité de débats ; quant à débrouiller les positions du contempteur des panthéonisations de savants, de philosophes, la tâche ne serait pas plus facile : il faudrait savoir écouter « la voix tendre et plaintive de J.-J. Rousseau » déplorant qu'on l'ait arraché à l'île des Peupliers ; il faudrait savoir scruter des attitudes phantasmatiques à l'égard de l'édifice même du Panthéon : tombeau froid et sinistre, dôme menaçant de crouler, monument insupportable sinon comme ruine future, ...

Toujours est-il que L.-S. Mercier a livré, dans plusieurs textes quelques clefs de l'ensemble du *Discours*, nous obligeant à relire sous de tout autres jours la partie sur Descartes ! Que soit seulement livrée ici une note du Discours qui laisse deviner pourquoi, en définitive, L.-S. Mercier pourrait être compté parmi ceux qui autour de 1800 ont participé à la « canonisation » de Descartes :

> Si l'on veut absolument panthéoniser Descartes, je ne m'y oppose plus ; mais je demanderois alors que l'on ne portât point à l'édifice cette vile matière qui n'est point Descartes. Je demanderois que l'on portât... son NOM.

Ernest COUMET
(E.H.E.S.S.)

NOTES

(1) *L'intermédiaire des chercheurs et curieux*, 10 avril 1890, «Descartes et ses tombeaux. Une page inédite de Condorcet».

(2) *Vie et œuvres de Descartes. Etude historique*, Paris, 1910.

(3) *Revue de métaphysique et de morale*, 1922, p. 243-251, «Descartes à la Convention et aux Cinq-Cents».

(4) Cf. G. RODIS-LEWIS, *Descartes*, Paris, Librairie générale française, 1984, p. 96-97.

(5) L'attention étant ainsi concentrée sur le blâme furieux de L.-S. Mercier, le détail des références ne pouvait être donné ici et se retrouvera dans une étude plus ample.

VOLNEY :
DU MYTHE DES RUINES
À LA RÉALITÉ DES RÉVOLUTIONS

Nous ne lisons plus guère les *Ruines* de Volney (1791), livre qui fut célèbre pourtant, et qui eut pour lecteurs attentifs un Hegel aussi bien qu'un Chateaubriand (1). Nous nous référons plutôt, pour la philosophie de l'histoire dans les années révolutionnaires, à l'ouvrage posthume de Condorcet : *Esquisse d'un tableau historique des progrès de l'esprit humain*, écrit quelques années après la publication des *Ruines* et qui en est, à bien des égards, la contrepartie systématiquement optimiste. La Révolution française était apparue d'emblée comme un rejet de l'histoire : « Notre histoire n'est pas notre code », selon un mot fameux de Rabaud Saint-Etienne à la tribune de la Convention. Cette quête de la liberté dans une rupture brutale avec la continuité historique avait été interprétée très tôt, par la pensée contre-révolutionnaire, comme un déni de réalité absurde et destructeur. Mais si la révolution n'est pas cette tentative insensée ou diabolique, comment penser son rapport à l'histoire ?

Le sous-titre des *Ruines* : « méditation sur les révolutions des empires », conserve la signification étymologique : une révolution est une phase décisive, catastrophique, dans un cycle renouvelé. Mais si l'histoire n'a pas cessé jusqu'à présent d'être celle des peuples en lutte, une nation ne peut-elle enfin la clore en accédant à une législation universelle ? Une révolution deviendrait alors la Révolution, comme le vieux terme d'*empires* a déjà fait place au mot tout neuf de *civilisation* à la fin du XVIIIe siècle. Condorcet fera en effet de la Révolution française l'événement majeur qui ouvre la dixième et ultime époque dans l'histoire d'une humanité qui pourra enfin déployer indéfiniment sa *perfectibilité* à la fois morale et physique. Quand, dans son célèbre *Tableau*, il transpose et en quelque sorte simplifie la méditation des *Ruines*, son affirmation devenue classique du progrès de l'esprit humain était bien déjà chez Volney, mais moins confiante, moins naïve si l'on veut. Sans doute pour Volney, comme plus tard pour Condorcet, l'imprimerie, cet «art sacré», a rendu tout possible. Mais les lumières des particuliers ne sont pas devenues celles des nations : «J'ai vu les pays civilisés et l'illusion de leur sagesse s'est dissipée devant mon regard, (...) la servitude raffinée des peuples policés m'a paru plus irrémédiable» (chap. 14). Pourtant : «La Terre attend un peuple législateur» et Volney semble avoir cru quelque temps que la Révolution française rendait effective l'espérance eschatologique du rationalisme par l'instauration du règne de la *loi naturelle*. L'avertissement des premières éditions, qui sera ensuite supprimé, précise : «On se demandera comment en 1784, on a eu l'idée d'un fait arrivé seulement en 1790. Le problème est simple : dans le premier plan, le législateur était un être fictif et hypothétique ; dans celui-ci, on a substitué un législateur existant et le sujet a gagné en réalité» (2). Pourtant, c'est seulement en 1793 qu'il publie la deuxième partie annoncée des *Ruines*, la *loi naturelle* devenant un catéchisme du citoyen français. Alors qu'en 1794, Condorcet, traqué, conservait un merveilleux optimisme théorique, Volney ne croyait déjà plus que la révolution allait accomplir le mythe et l'abolir en le réalisant. Il a été ainsi amené à une réflexion sur l'histoire dont l'originalité et sans doute la profondeur n'ont guère été perçues.

Rappelons qui était l'auteur maintenant méconnu des *Ruines*, ce «grand témoin de la Révolution et de l'Empire» (3). La notoriété de Volney (1757-1820) a d'abord tenu au *Voyage en Syrie et en Égypte* (1787). Malgré quelques passages déclamatoires, le livre reste le premier grand récit de voyage moderne, plus novateur en bien des aspects que l'*Itinéraire* de Chateaubriand (1811). Avec un sens très vif du contraste entre les rêves orientaux issus de la culture classique, et les réalités de sociétés appauvries, déchues, soumises au despotisme turc, il proposait une description de l'état social, politique, et même militaire de ces régions, dont Bonaparte devait bientôt tirer profit pour son expédition. Pourtant ce n'est pas avec ce maître-livre, mais avec les *Ruines* que Volney figure dans nos histoires de la littérature, comme un écrivain au pré-romantisme encore timide, inspiré des *Nuits* de Young, sans doute parce que l'ouvrage commence par une invocation aux tombeaux. C'est oublier que Volney fut aussi un orientaliste, un linguiste aux travaux contestés, un précurseur possible des enquêtes ethnologiques par ses *Questions de statistiques à l'usage des voyageurs*, un acteur politique enfin dont l'influence fut notable pendant la Constituante et sous le Consulat.

L'homme passait pour misanthrope et profondément athée. Si les références déistes ne sont pas forcément aussi hypocrites qu'on le dit, son hostilité à tout dogme, à toute religion instituée, et spécialement au christianisme, n'a jamais faibli. Il finit comte d'Empire et pair de France, mais c'est très injustement que le dictionnaire des Girouette comporte son nom : peu de ses contemporains furent aussi constants dans leurs convictions ; peu d'œuvres, dans la diversité des sujets traités, gardent une telle unité. Tous les thèmes essentiels sont déjà dans le *Voyage*, et, après quelques moments d'enthousiasme sous la Constituante, on ne trouverait guère à noter que l'accentuation du pessimisme caractéristique de l'auteur. Volney sera toujours le condillacien qui a fréquenté le salon du baron d'Holbach et la maison d'Auteuil de Mme Helvétius, «l'idéologue» ami de Cabanis, et qui a adopté la méthode analytique dont se réclament la plupart des savants de son temps, de Lavoisier à Pinel et Lamarck. Son domaine sera l'histoire, c'est-à-dire, comme il le précise lui-même, une *enquête* à la façon d'Hérodote, enquête qui associe à l'observation du voyageur, la réflexion du «philosophe» sur l'état des peuples, leurs institutions, leurs croyances, leurs mœurs et même leurs costumes (4).

Le voyage en Syrie et en Egypte avait permis à Volney de vérifier sur place les caractéristiques de ce *despotisme oriental*, devenu la référence obligée de la pensée politique comme de la critique religieuse à la fin du XVIIIᵉ siècle. C'est, dirions-nous, l'intellectuel engagé qui est élu député du Tiers, représentant l'Anjou, aux Etats Généraux. Sa première préoccupation est de travailler à la réunion des députés des trois ordres. Médiocre orateur, avec une voix faible, il est cependant très actif durant la première année de l'Assemblée Nationale auprès de Mirabeau. C'est avant la dissolution de la Constituante, à la fin de 1791, qu'il publie les *Ruines* en signant : «M. Volney député à l'Assemblée Nationale de 1789». Un frontispice représente l'auteur en long manteau, portant turban, assis près d'un palmier sur un fût de colonne renversée, et méditant au coucher du soleil devant les ruines de l'antique Palmyre, sur la gloire des civilisations passées opposée à la désolation présente du pays. Apparaît alors un fantôme, un génie des tombeaux, qui révèle les causes générales des révolutions des empires. On ne saurait se faire moins d'illusion : *l'avilissement* de ceux qui sont gouvernés est aussi grand que la *perversité* de ceux qui gouvernent. «Un cycle éternel de vicissitudes naquit d'un cycle éternel de passions» (chap. 13). C'est alors que Volney, élevé par le génie à une vision universelle assiste au spectacle merveilleux, évoqué avec pittoresque, d'une assemblée générale des peuples autour du peuple législateur, le peuple français de 1789 bien sûr ! Enfin éclairés, surmontant les contradictions religieuses qui provoquaient haines et guerres, les peuples se réclament unanimement de la «religion de la vérité», du «code immuable de la loi naturelle». Ainsi le mythe des *Ruines* conclut l'histoire dans le règne définitif de la Raison.

Elucider l'histoire est retrouver à la fois l'origine des fables et la fable des origines. La célèbre formule attribuée à Napoléon : «L'histoire est une fable convenue», vient tout droit de la lecture de Volney. Si l'histoire est essentiellement fabulation, la clôture de l'histoire sera sans cesse retardée par l'obstacle des religions. Dès 1791, Volney avait noté dans l'avertissement des *Ruines* «qu'une foule de passions nouvelles prenaient leur essor et que ces passions rendaient même aux opinions religieuses leur activité. Il devenait important de publier des vérités morales faites pour leur servir de frein et de régulateur commun». Un long chapitre des *Ruines* entreprend une *généalogie* des religions (5). En successeur de Boulanger, de d'Holbach, et suivant la méthode condillacienne de son ami Dupuis, qui publiera bientôt un énorme ouvrage érudit sur *L'origine de tous les cultes* (6), Volney va donc s'efforcer de remonter depuis le Dieu du monothéisme, «être chimérique abstrait», jusqu'au spectacle premier de la nature, aux faits d'ordre physique et surtout astronomique. Partout, dans la Bible, dans les récits mythologiques de tous les peuples, dans le nom même des dieux, il faudra retrouver «les traits indélébiles de la véritable nature». C'est ainsi qu'il n'y a pas lieu de s'interroger sur l'historicité de Jésus, directement interprétée comme un mythe solaire. Toute la critique des croyances et des cultes des religions historiques, celle du sens de l'histoire elle-même, consiste à restituer les fictions astronomiques primitives, de plus en plus déformées et corrompues par l'anthropomorphisme des mythologies antiques et davantage encore par les affabulations historiques de la Bible (7). Les *Recherches nouvelles sur l'histoire ancienne* publiées en 1813, se résumeront dans cette formule : «La différence la plus remarquable entre le récit chaldéen et le récit hébreu est que le premier conserve un caractère astrologico-mythologique, alors que le second est tourné dans un sens et dans un but moral» (chap. 12). Ainsi l'histoire ne peut-elle élucider le mythe que si elle se reconnaît d'abord comme mythique.

Le mythe des *Ruines* n'est donc pas seulement la présentation préromantique des convictions rationalistes d'un député de la Constituante : il est le mythe de l'achèvement de tous les mythes et de leur dissolution dans la rationalité. La Révolution française ne sera pas la révolution dernière que tous les peuples attendent si elle n'abolit pas les puissances mensongères du récit historique. Devenu professeur d'histoire à l'Ecole Normale de 1795, Volney met en garde ses auditeurs contre le «roman des peuples» et oppose l'homme *pensant* à l'homme *raconteur* (8). Comment surmonter les dangers de la culture historique? D'abord en apprenant à voir. Dans la préface du *Voyage en Syrie et en Egypte*, Volney prévenait : «Bien voir est un art qui demande plus d'exercice qu'on ne pense», et encore : «C'est en vain qu'on se prépare par la lecture des livres au spectacle des usages et des mœurs». Le voyageur Volney sait retrouver au-delà de la réflexion, la nouveauté du spectacle premier, la virginité de la sensation. L'attention portée aux langues est aussi un héritage condillacien. Il ne s'agit pas des langues systématisées par les humanités classiques, mais des langues parlées, des «monuments vivants». «La construction des langues, elle seule, est une *histoire complète de chaque peuple* et dont les filiations et les analogies sont le fil d'Ariane dans le labyrinthe des origines» (9). Les nouveaux dieux sont nés dans la confusion des signes et l'équivoque des mots. «Un bon dictionnaire étymologique serait la plus parfaite histoire de l'entendement humain», lit-on dans une note des *Ruines*.

«Tout est sauvé si le peuple est éclairé» avait écrit Volney dans les *Ruines*. Mais, très vite, il va se rendre compte que les peuples, et le peuple français en particulier, restent dominés par les mythes d'origine, à moins qu'ils ne s'en forgent de nouveaux. Il voit avec horreur se développer sous le nom de patriotisme les mythes guerriers et sanguinaires renouvelés de l'Antiquité et surtout de Sparte. Les mœurs les plus barbares des récits germaniques ou scandinaves semblent parfois revivre. Peut-être n'avons-nous fait que changer de fanatisme, et il n'est pas sûr que la Révolution française n'ait pas favorisé les pires régressions par l'exaltation des passions. Volney s'attaque particulièrement aux mythes rousseauistes. Une longue note de la quatrième leçon d'histoire montre qu'au contraire de Voltaire, Jean-Jacques Rousseau inspire l'affirmation passionnée plutôt que le raisonnement critique, et qu'il conduit tout droit à «l'intolérance persécutrice». Un long éclaircissement du *Tableau des Etats-Unis* (1803) s'attache à montrer par de multiples témoignages, que la vie sauvage est misérable, livrée à toutes les cruautés, tous les fanatismes (10). Pour Volney, le comble de l'absurdité est atteint par le romantisme de Chateaubriand, quand il combine dans *Atala* le mythe chrétien et le mythe rousseauiste.

Ainsi le voyage aux Etats-Unis a permis à Volney de dénoncer la réalité de la vie sauvage des Indiens, mais aussi d'observer la naissance d'un mythe nouveau : celui du «peuple jeune». Il écrit en 1803 dans la préface au *Tableau* : «Remontant à ses origines par les lois, les usages, je faisais sentir l'erreur romanesque [c'est-à-dire romantique?] des écrivains qui appellent peuple vierge et neuf une réunion d'habitants de la vieille Europe, Allemands, Hollandais et surtout Anglais». Ainsi les deux grands voyages de Volney sont curieusement symétriques : l'attrait de l'Orient était celui du souvenir d'une Antiquité prestigieuse, l'attrait des Etats-Unis celui de l'avenir d'un peuple naissant. Or l'enquête du nouvel Hérodote conclut à une double illusion : en affectant de ne pas avoir de passé, les Américains se donnent, eux aussi, un mythe d'origine, c'est à dire une source méconnue de préjugés. Au lieu de penser, ils racontent. Serait-ce le sort commun de tous les peuples ?

L'auteur des *Ruines* ira de désillusion en désillusion. Nous avons déjà noté que *La loi naturelle*, complément des *Ruines*, était parue en 1793 comme un «livre national», alors qu'il faut «espérer qu'il deviendra un livre commun à toute l'Europe», selon l'expression de l'Avertissement de 1818 (11). Sous la Terreur, quelque temps emprisonné, il se contentera de survivre. Il doit abréger son séjour en Amérique, sous l'accusation d'athéisme, et aussi d'espionnage (12). Il sera le conseiller souvent écouté du Premier Consul, qu'il connaissait depuis longtemps et avait soutenu en Brumaire. Mais il n'avait pu empêcher la désastreuse expédition d'Haïti et l'on imagine ce qu'il a pu penser du Concordat (il parle dans une lettre du «retour du mal sacerdotal») et surtout du rétablissement de la monarchie impériale, nouveau triomphe du mythe. Le petit écrit sarcastique sur l'*Histoire de Samuel, inventeur du sacre des rois*, qu'il publiera à la fin de sa vie en 1819, dénonce tout autant le fameux couronnement que le projet de sacre de Louis XVIII. Volney a voté contre l'Empire et Napoléon a refusé sa démission de sénateur. Dès lors il se retire, se consacre à ses travaux sur l'histoire ancienne et les langues orientales. Il ne faut certainement pas renoncer à la civilisation, ce qui serait retomber dans le mythe rousseauiste, mais il n'y a rien à attendre, et pour longtemps, de l'histoire des peuples : les révolutions poursuivent leurs cycles. Si Volney accepte les titres de comte d'Empire et de pair de France, ou d'avoir des funérailles religieuses, ce n'est pas conversion, mais pessimisme dédaigneux.

Cependant il semble avoir toujours compté sur les lumières répandues par quelques esprits capables de «philosophie». Une note ajoutée aux dernières éditions des *Ruines* contient peut-être le dernier mot de Volney : «Sans doute serait-il dangereux d'attaquer de front la croyance erronée d'une nation, mais il est un art philanthropique et médical de préparer les yeux à la lumière comme les bras à la liberté».

Volney se souvient-il ici de ses premières études médicales, alors que la médecine se disait volontiers «expectante»? Pas plus que le médecin des corps ne se prétend maître de la santé et de la maladie, le philosophe ne peut espérer mieux que d'éveiller une disponibilité à la lumière et à la liberté. L'art propre du médecin de la civilisation est une critique généalogique du sommeil de la raison.

Jean LEFRANC
(Université de Paris IV)

NOTES

(1) Pour Hegel, voir J. D'HONDT, *Hegel secret*, Paris, P.U.F., 1968, pp. 83-114. Pour Chateaubriand, son *Essai sur les révolutions* est de 1797.

(2) Dans un passage célèbre du *Conflit des Facultés* (2e section, 6), Kant croira trouver dans la Révolution française le signe historique qui prouve la tendance morale de l'espèce humaine. Chez Kant, le sens de l'histoire est indiqué par un événement. Chez Volney, le sens de l'histoire relève du mythe, même si ce mythe répond aux intérêts de la raison.

(3) C'est le titre d'un livre de J. GAULMIER, Paris, Hachette, 1959.

(4) Voir la curieuse note (5) des *Ruines* (édition de 1792) : «Une salle de costumes dans l'une des galeries du Louvre, serait un établissement du plus grand intérêt sous tous les rapports : (...) il fournirait des modèles précieux aux artistes et surtout des sujets de méditation utiles au médecin, au philosophe, au législateur».

(5) Chapitre 22 : Origine et filiation des idées religieuses.

(6) Trois gros volumes imprimés sur deux colonnes, plus un atlas, publiés en l'an III (1794). La Préface invoque «le grand axiome que toutes nos idées nous viennent des sens». Dupuis est cité dans les notes 33 et 48 des *Ruines* (1792).

(7) La note 37 conteste l'existence historique de Jésus. Voir aussi la note 28 : «Tous les prétendus personnages depuis Adam jusqu'à Abraham, ou son père Tharé, sont des êtres mythologiques, des astres, des constellations, des pays : Adam est Bootes, Noë est Osiris...».

(8) Dans l'avertissement des *Leçons d'histoire*, édité en 1986 par J. GAULMIER, Paris, Garnier, p. 84.

(9) *Leçons d'histoire*, 6ᵉ séance, *Ibidem*, p. 133, mots soulignés par Volney. Ce «fil d'Ariane» est ce qu'il appelle «l'ordre généalogique».

(10) Dans l'article 5 des Eclaircissements, intitulé : «Observations générales sur les Indiens ou sauvages de l'Amérique-nord». Le voyage avait eu lieu de mai 1796 à juillet 1798.

(11) Dans l'édition préparée par Volney des *Œuvres Complètes*, Paris, Bossange, 1820-1826, 8 vols.

(12) Voir la «Réponse de Volney au docteur Priestley sur un pamphlet intitulé : «observation sur les progrès de l'infidélité...» d'abord publié en 1797 à Philadelphie.

L'IDÉE D'UNE RÉVOLUTION DE LA PHILOSOPHIE SELON LES IDÉOLOGUES

Le second volume des *Eléments d'Idéologie* de Destutt de Tracy s'ouvre sur un aperçu historique dont la fonction est de replacer la science des idées dans la perspective générale des progrès de l'esprit humain. A sa façon, l'idéologue s'essaye à un genre canonique, illustré notamment par son collègue Condorcet, quelques années auparavant. Dans les «longues annales du genre humain», Destutt ne distingue que deux «intervalles de lumière»; l'un, bref, constitué par l'antiquité, l'autre, destiné à durer, ouvert par la période récente. La supériorité des Modernes sur les Anciens va de soi : quels que soient les mérites d'Aristote ou d'Hippocrate, les Grecs n'ont pu éviter de se fourvoyer dès leurs premiers pas, et d'entasser hypothèse sur hypothèse. Or c'est là la «principale raison» pour laquelle ils ont été incapables de perfectionner leur organisation sociale et politique jusqu'au degré où elle aurait été rendue assez solide pour résister aux barbares (1).

La remarque suppose, entre la philosophie d'un peuple, son organisation politique et sa capacité à durer, une circularité qui laisse pressentir la façon dont sera traitée l'époque moderne. Voici comment Tracy conçoit ce qu'il appelle «l'ère française» :

> Le moment où les hommes réunissent enfin un grand fond de connaissances acquises, une excellente méthode, et une liberté entière, est donc le commencement d'une ère absolument nouvelle dans leur histoire. Cette ère est vraiment l'ÈRE FRANÇAISE ; et elle doit nous laisser prévoir un développement de raison et un accroissement de bonheur, dont on chercherait en vain à juger par l'exemple des siècles passés : car aucun ne ressemble à celui qui commence. (2)

On remarquera d'abord que les trois composantes de l'ère française n'ont pas le même âge, et que la nouveauté radicale de cette époque, sa singularité, résultent à la fois d'une maturation longue et d'événements récents : le primat accordé à l'observation remonte en effet à Locke («le premier qui ait tenté d'observer et de décrire l'intelligence humaine» (3)), peut-être à Bacon (4). La découverte de la juste méthode, cette méthode que Tracy qualifie ailleurs de *française* également (5), est le fait de Condillac qui mérite à ce titre le rôle de «fondateur de l'idéologie» (6) pour avoir su constituer en science une discipline dont Locke et Bacon avaient assemblé les matériaux. C'est par la conjugaison de ces deux éléments que la philosophie est devenue capable de progrès : avant eux, l'on tournait en rond; après eux, s'ouvre la carrière des rectifications possibles, des amendements, des améliorations; le temps s'inscrit positivement dans l'histoire de la philosophie (7).

Pour qualifier cette *instauratio philosophica*, le terme *révolution* s'impose-t-il? Je ne l'ai pas trouvé chez Destutt. Mais il est chez Lacretelle, en 1786 (8), et il est chez Cabanis, dans la Préface des *Rapports du physique et du moral :* Bacon et Locke ont donné à la «révolution de la philosophie» sa première «impulsion» (9). Ici, *révolution* n'implique rien de violent, rien de vraiment soudain, rien d'opposé au progrès.

Mais tout ceci n'entre que pour une moitié dans la composition de l'ère française saluée par Tracy comme l'aube des temps nouveaux. Il y faut également le règne de la liberté politique. Dans son *Mémoire sur la faculté de penser,* publié dans le premier volume des *Mémoires de l'Institut,* en 1798, il n'hésitait pas, dans un bel élan républicain, à affirmer que l'art de «régler la société de façon que l'homme y trouve le plus de secours et le moins de gêne possible de la part de ses semblables», est «le plus grand des arts»; et il établissait, entre la connaissance de la génération des idées – ou idéologie proprement dite – et l'organisation de l'Etat, un lien d'implication nécessaire, quoique médiate (10). C'est ici que la Révolution française entre en scène : préparée pendant un siècle dans les progrès de la philosophie rationnelle, l'ère française ne pouvait advenir sans l'événement révolutionnaire. D'où, entre la philosophie et la Révolution, un rapport qu'il vaut la peine de préciser. Suivons ici Cabanis :

> L'indépendance des idées qui se faisait surtout remarquer parmi nous, même sous l'ancien régime; le peu de penchant à se laisser imposer par les choses ou par les hommes; la hardiesse des examens [...] ont acquis un nouveau degré d'énergie et de puissance par l'effet de la plus étonnante commotion politique dont l'histoire ait conservé le souvenir (11).

Qu'on y prête attention : tout n'est pas nouveau dans cette situation ; c'est à des dispositions anciennes, à un *éthos* national, que l'histoire a conféré une force accrue, un regain d'efficacité. La Révolution française a consisté à réactiver des traits que nous reconnaissons sans peine, car nous venons de les rencontrer chez Destutt : ce sont ceux qui caractérisent la tradition philosophique inaugurée par Locke et Bacon. D'où le choix du terme *commotion*, extrêmement significatif sous la plume de ce médecin. La «commotion», selon l'*Encyclopédie*, c'est «ce que l'on éprouve en faisant une expérience de l'électricité». Plus précisément : la commotion électrique, ou «secousse», est employée toutes les fois que l'on veut restaurer la circulation interrompue, redonner à des membres paralysés leur capacité de mouvement, ébranler un organisme devenu apathique (12). L'électricité rend à la fibre le «ton» qu'elle avait perdu. Appliquée à l'histoire, que vaut l'analogie ? Si la Révolution produit dans le corps social ce que la secousse électrique opère dans l'organisme, c'est qu'elle permet de dissoudre les obstacles qui s'opposaient à une libre circulation des Lumières. D'ailleurs, Cabanis le dit explicitement, renforçant ainsi l'analogie entre la *révolution* politique et la *crise* dans le corps malade :

> Les chocs révolutionnaires ne sont point, comme quelques personnes semblent le croire, occasionnés par le libre développement des idées ; ils ont toujours, au contraire, été le produit inévitable des vains obstacles qu'on lui oppose imprudemment (13).

Au premier chef, ce texte a pour effet de disculper les philosophes de leur responsabilité dans la genèse de la Révolution : celle-ci n'est pas davantage due à leurs idées que la maladie n'est due à la circulation des humeurs. Il en résulte que la Révolution est à l'histoire ce que la crise est au corps malade : l'une comme l'autre consistent en un épisode paroxystique provoqué par une résistance, épisode dont le terme est la dissolution de celle-ci et la restauration d'un équilibre rompu. Dans l'ordre médical, la crise est le fait de la réaction de l'organisme malade et traduit l'excédent de la vie sur la mort : le terme *réaction* a ici, dans le vitalisme, une acception positive. Dans l'ordre politique, la Révolution est également liée à la réaction, en ce qu'elle résulte des résistances mises à une «réformation» par des «réacteurs» : le terme *réaction* ne traduit plus l'excédent des forces vitales, mais au contraire l'excédent des forces conservatrices. De l'usage médical à l'usage politique, le signe s'inverse : on l'a remarqué depuis longtemps, les médecins vitalistes de l'époque révolutionnaire se font de la vie une conception située politiquement à l'opposé de celle qu'ils se font de la société. Mais, entre les deux domaines, si la valeur du mot change de signe, son contenu demeure : la réaction n'est pas l'équivalent, en sens opposé, de l'action; elle est le fait d'un excédent par rapport à l'action (14). Dans l'ordre politique, comment la réaction surgit-elle? Condorcet répondait à cette question : nous sommes arrivés, notait-il, « à l'époque où l'influence de ces progrès [de la philosophie] sur l'opinion, de l'opinion sur les nations ou sur leurs chefs, cessant tout à coup d'être lente et insensible, a produit dans la masse entière de quelques peuples une révolution» (15). *Lente et insensible* : c'est le propre de l'influence de la philosophie tant qu'elle demeure l'affaire des philosophes. Cette action devient au contraire véhémente et sensible, lorsque sa pénétration s'accélère, s'approfondit, lorsqu'elle devient chose publique. C'est alors que surgissent les forces de réaction, suscitées par ce premier stade de la diffusion des Lumières.

Le remède est dans le mal, si l'on ose dire. C'est en tout cas l'un des *leitmotiv* des Idéologues : Daunou le dit dans son *Rapport sur l'instruction publique du 23 vendémiaire an IV* : «Oui, c'est aux lettres qu'il est réservé de finir la révolution qu'elles ont commencée» (16). Et Garat : «Les lumières des philosophes sont devenues celles des législateurs; la Révolution ne sera accomplie que lorsque les lumières des législateurs deviendront celles du peuple» (17). Etape intermédiaire dans une révolution commencée avec Locke ou Bacon, la Révolution française est une crise qui n'a de sens qu'à déboucher sur un ordre politique tel que la philosophie puisse circuler enfin, et librement, dans tous les tissus du corps social. La mission éducatrice, à laquelle les Idéologues consacrent tant d'efforts, ne répond nullement chez eux à un vague idéal humanitaire; elle est la rigoureuse conséquence d'une définition de la Révolution comme stase. D'où le vibrant appel que lance Cabanis au Conseil des Cinq-Cents, le 19 novembre 98 :

> Je termine donc; mais c'est en vous conjurant, au nom de ce que nous avons de plus cher, la Patrie, la Liberté, la République, d'organiser au plus tôt cette instruction nationale, que le cri général demande depuis si longtemps en vain. Nous sommes sortis victorieux de tous les orages révolutionnaires, [...] mais je vous le dis avec le sentiment d'une profonde conviction, nous n'avons rien fait pour l'avancement de la liberté [...] si le bon sens et la saine instruction ne viennent pas joindre dans tous les cœurs, à l'énergie des sentiments libres, l'amour de l'ordre et le goût des utiles travaux. Cette révolution, qu'on peut appeler celle des idées et des mœurs, [...] est le dernier triomphe qu'il vous reste à remporter sur les tyrans (18).

Donnons au propos de Cabanis tout le poids qu'il mérite : si la « régénération des esprits » par l'universelle *diffusion* des connaissances ne suit pas la « régénération des lois » (19), dont nous avons vu qu'elle déclenche, par les *blocages* qu'elle provoque, la crise révolutionnaire, alors il en sera du corps social comme il en est d'un organisme où la crise ne résout pas la maladie : la révolution sera interminable et la tyrannie renaîtra. Une rigoureuse corrélation caractérise donc cette ère française qui est une ère philosophique : le progrès des lumières appelle un gouvernement de la liberté, mais un gouvernement de la liberté n'est fort que lorsque le peuple est éclairé. « Le gouvernement républicain, qui seul se fortifie des lumières publiques... », écrivait Cabanis dans la Conclusion de son premier mémoire des *Rapports du physique et du moral,* en 1798 (20). C'est dire qu'un gouvernement républicain est fragile tant que les lumières ne sont pas publiques. Beaucoup de philosophie permet le règne de la liberté politique, mais trop peu de philosophie a produit, au lieu de la liberté, la Terreur.

* *
*

Cette conception, qu'on dira libérale, de la philosophie et de son rapport à la Révolution française, prend tout son relief lorsqu'on la compare à l'idée que les mêmes hommes, ou en tout cas ceux du même groupe, se font de la révolution kantienne. A leurs yeux, Locke et Condillac s'inscrivent dans la généalogie de la liberté républicaine et de 89 ; Kant se rattache au contraire au courant qui a fait 93.

Sans doute, est-ce d'abord comme un allié potentiel que Sieyès et ses amis voient le philosophe de Königsberg au lendemain de Thermidor. Karl Reinhardt, ministre plénipotentiaire de la jeune république auprès des villes hanséatiques, écrit à Sieyès le 18 novembre 1795, à propos de la parution de la *Paix perpétuelle* : « Peu à peu, on voit éclore en Allemagne des écrits parfaitement bien faits dans nos intérêts » (21). Lorsque paraît, début 96, une traduction française du texte de Kant, même écho sous la plume de Ludwig Ferdinand Huber ou de Adrien Lezay-Marnésia (22).

Mais ce sentiment d'une alliance possible entre la cause des républicains modérés et Kant ne dure que le temps d'une lecture. Du côté de Königsberg, la réaction au projet de correspondre avec Sieyès est dilatoire : Kant conseille à Charles Théremin, qui s'était entremis, de faire traduire d'abord la *Raison pure,* la *Raison pratique* et les *Fondements de la métaphysique des mœurs* (23). Du côté français, les Idéologues de bonne volonté achoppent devant la forme comme devant

le contenu du kantisme. Le *Journal* de W. von Humboldt est à cet égard
très clair : il montre à quel point il était impossible que la greffe du
kantisme sur l'Idéologie prît. Ni l'*a priori*, qu'ils prennent pour l'inné,
ni le transcendantal, qu'ils confondent avec le transcendant, ni l'idée
d'une raison pure ou d'un entendement pur, où ils croient reconnaître
les vieilles lunes, ne peuvent convenir aux Idéologues. Sieyès exprime
l'avis de tous lorsqu'il dit à Humboldt, le 27 mai 98 : «Vous ne
parviendrez jamais à une philosophie véritable» (24).

Au-delà, ou en-deçà des jugements philosophiques, il y a de la part
des Idéologues un jugement sur le type de révolution accompli par
celui qu'on appelle, non seulement «l'Hercule des penseurs», mais
aussi «le tout-pulvérisant» (25). Si la révolution lockienne est
associée au progrès, mise au compte de la «réformation», la révolution kantienne est associée à la rupture radicale, au renversement
général. A ce titre, elle entretient elle aussi une relation avec la Révolution française, mais fort différente de celle de la révolution lockienne. Disons, en simplifiant, que la révolution kantienne est *essentiellement* révolutionnaire.

Tout engage les Idéologues dans cette direction. Et d'abord les
propos tenus par tous ceux qui, s'efforçant d'acclimater Kant à la
France de 1796, opèrent entre sa philosophie et la Révolution une analogie promise à une belle postérité. C'est le cas, notamment, de Huber,
qui présente Kant comme celui «qui a produit en Allemagne dans les
esprits une révolution pareille à celle que les vices de l'ancien régime
ont laissée arriver en France dans les choses». Avec davantage de
précisions, et dans un souci non moins apologétique, Michel Berr écrit
dans la *Décade* un article sur «les progrès de la philosophie en
Allemagne au XVIIIᵉ siècle». Il décrit longuement «l'esprit d'inquiétude et d'innovation» qui a régné en Europe au XVIIIᵉ, et qui n'a
épargné rien ni personne, ni œuvres ni institutions. Aussi le XVIIIᵉ
doit-il être appelé, selon lui, le siècle révolutionnaire, bien plutôt que le
siècle philosophique. Or cet esprit critique a produit des effets symétriques : en France, une révolution politique, en Allemagne, la
révolution kantienne qui a «renversé les systèmes de philosophie les
plus accrédités» (26). Il est clair que l'interprétation de l'événement
révolutionnaire et de sa relation avec la philosophie, est toute différente de celle que mettent en avant Cabanis ou Destutt, lorsqu'il s'agit
de la révolution lockienne : la Révolution n'est plus une crise suscitée
par le refus de voir répandues les Lumières, mais un épisode inscrit
dans le droit fil d'un siècle révolutionnaire par essence. Pour Destutt
ou Cabanis, la Révolution n'a pas été voulue mais rendue inévitable ;

pour Huber ou pour Berr, elle est portée par l'esprit d'innovation qui a régné durant un siècle, et elle partage cet héritage avec le kantisme. On retrouvera cette figure chez Degérando, mais au service d'une interprétation critique. Le texte le plus net est son *Rapport historique sur les progrès de la philosophie depuis 1789*, rédigé en 1808 à la demande de l'Empereur. Le kantisme est présenté dans la perspective d'une opposition fondamentale entre *progrès* et *révolution*.

L'établissement ou plutôt le triomphe du nouveau système ne fut point l'effet de ce succès lent, progressif et paisible qui appartient à la vérité et à la sagesse ; ce fut une irruption violente d'idées nouvelles, adoptées avec une sorte de passion, célébrées avec exagération (27).

Passion, exagération, triomphe : ces modalités de la réception du kantisme sont loin d'être, dans l'analyse de Degérando, des aspects inessentiels : elles impliquent quant à son contenu, des traits qui suffisent à inscrire cette philosophie du côté des révolutions illégitimes par excès. Une doctrine capable de susciter une passion est encore apparentée aux doctrines d'autrefois, religieuses notamment. Destutt dit la même chose d'une autre façon : une philosophie authentique est pour lui aussi peu liée à la personne de son auteur que les mathématiques le sont à Euclide, ou la physique à Newton. Or la philosophie de Kant « fait secte », ce qui veut dire d'une part qu'elle a des sectateurs, d'autre part qu'elle demande à être acceptée en bloc. Au contraire, le signe certain que la philosophie française est entrée dans l'âge de sa positivité, est le fait qu'elle ne prétende connaître ni le Tout, ni tout d'un coup (28).

Au fondement du kantisme, il y a donc un excès : excès d'ambition, excès de complication dans le vocabulaire — une science bien faite suppose une langue bien faite, et une langue bien faite est une langue claire —, excès de passion. Excès d'esprit critique enfin. Or ceci n'est évidemment pas sans rapport avec la Révolution française. La relation est très claire pour Degérando, comme elle l'était pour Michel Berr : ce sont « les mêmes causes » qui ont amené la révolution politique et la révolution kantienne. Au premier rang, figurent « l'esprit de censure et de critique », et « l'amour immodéré des innovations » (29). Dans la Révolution française et dans la révolution kantienne, Degérando voit une commune prétention exorbitante à la nouveauté radicale, *recto* d'un processus dont le *verso* est l'universelle destruction. En France, la « main tutélaire » de l'Empereur « a calmé la tempête » qui menaçait conjointement la philosophie et les institutions ; aussi faut-il bénir cette main. Mais en Allemagne, où il n'y a pas eu de Napoléon de la philosophie, Fichte et Schelling ont payé le prix de la révolution kantienne :

> Le maître avait creusé l'abîme, les disciples s'y sont plongés ; et cet abîme est sans fond (30).

*
* *

Tout se passe comme si la matrice des jugements prononcés sur la philosophie de Locke-Condillac et sur celle de Kant, était constituée par un jugement sur la Révolution française dans sa double composante, jacobine et modérée. L'interprétation que les Idéologues font de la révolution philosophique se trouve ainsi reconduire à la grande opposition qui traverse toute l'époque révolutionnaire, entre révolution légitime et révolution illégitime, opposition qui tient principalement à deux façons opposées d'évaluer la relation de la Révolution française à la nécessité. Pour faire court, l'on dira qu'il y a d'un côté une conception réformiste où la nécessité de l'épisode révolutionnaire lui demeure externe et tient à des résistances qu'elle a pour fonction de résorber : la révolution est une crise ; de l'autre côté, une conception proprement révolutionnaire où la nécessité est interne au projet lui-même, dont le moteur est une ambition régénératrice totale : la révolution est une table rase.

Aux yeux de Destutt ou de Cabanis, de Garat ou de Degérando, inscrire l'ère française au compte des Lumières, c'est se prononcer en faveur d'une révolution qui tire sa légitimité du déséquilibre provisoire, comme disait Constant en 1797, entre les institutions d'un peuple et ses idées ; à l'inverse, Kant offre le contre-exemple d'une révolution qui, parce qu'elle outrepasse son terme, devient aussi arbitraire que ce qu'elle remplace (31).

Le choix philosophique des Idéologues a-t-il été sans conséquences ? Pour avoir placé l'ère française du savoir sous l'égide de Condillac et de Locke, et pour avoir cru que la critique kantienne était l'analogue philosophique de la Terreur, ils se sont évidemment exposés à un démenti rapide ; d'une part, le condillacisme même revu par eux n'a guère duré au-delà de leur propre génération ; d'autre part, Kant n'a pas tardé à s'imposer comme une figure majeure, marquant vraiment une rupture dans l'histoire de la philosophie. Les Idéologues, de ce point de vue, demeurent comme ceux qui ont fait en quelque sorte le mauvais choix.

Leur choix politique n'est pas non plus sans rapport avec le discrédit dans lequel ils sont tombés. Ces modérés ont été désavoués par l'histoire, par ceux qui faisaient le choix résolu de la Contre-Révolution comme par ceux qui retenaient de l'épisode révolutionnaire le volontarisme et le radicalisme jacobins. Ils ont été en somme trop ou trop peu révolutionnaires.

Ainsi, par leur option philosophique comme par leur option politique, l'une et l'autre étant d'ailleurs, nous avons essayé de le montrer, dans un rapport de symétrie, les Idéologues ont manqué leur inscription forte au cours de l'histoire intellectuelle et politique qui a fait le XIXe siècle et une grande partie du XXe. Maintenant que, pour reprendre une expression devenue fameuse, « la Révolution française est terminée », va-t-on pouvoir enfin lire les Idéologues ?

François AZOUVI
(C.N.R.S.)

NOTES

(1) DESTUTT DE TRACY, *Eléments d'idéologie,* Seconde partie, Grammaire, Paris, 1803, pp. 2-6.

(2) *Ibid.,* p. 11.

(3) *Projet d'éléments d'idéologie*, Paris, an IX, pp. 2-3.

(4) *Eléments d'idéologie,* t. III, pp. 50 sq.

(5) DESTUTT DE TRACY, *De la métaphysique de Kant, Mémoires de l'Institut National des Sciences et des Arts..., Sciences morales et politiques,* an XI, p. 550.

(6) DESTUTT DE TRACY, *Eléments d'idéologie,* t. I, p. 182; t. II, p. 11; t. III, p. 123. Même rôle dévolu à Condillac par Cabanis, Garat, Condorcet et avant eux par LACRETELLE: *Encyclopédie méthodique, Logique et métaphysique,* 4 vol., Paris, 1786-1791, t. I, p. XIV.

(7) DESTUTT DE TRACY, *Eléments d'idéologie,* t. III, p. 108; CABANIS, *Rapports du physique et du moral,* éd. Lehec et Cazeneuve, Paris, PUF, 1956, t. I, pp. 112-113.

(8) LACRETELLE, *op.cit.,* p. IX, à propos de Descartes.

(9) CABANIS, *op.cit.,* p. 111.

(10) DESTUTT DE TRACY, *Mémoire sur la faculté de penser,* *Mémoires de l'Institut National,* t. I, p. 287.

(11) CABANIS, *op.cit.,* p. 117.

(12) Voir par exemple MAUDUYT, *Mémoire sur les différentes manières d'administrer l'électricité, et Observations sur les effets que ces divers moyens ont produits,* Paris, 1784, p. 22:«On donnera le nom de *commotion* à l'effet qu'elle [l'électricité] produit sur le corps vivant soumis à cette expérience, parce qu'elle secoue, meut et agite fortement les membres qui en éprouvent l'impression».

(13) CABANIS, *op. cit.,* p. 117. Même idée chez CONDORCET: *Esquisse d'un tableau historique des progrès de l'esprit humain,* éd. Alain Pons, Paris, Flammarion, 1988, p. 235: «La maladresse de son gouvernement a précipité cette révolution; la philosophie en a dirigé les principes; la force populaire a détruit les obstacles qui en pouvaient arrêter les mouvements».

(14) Sur cette question, cf. au premier chef l'article de Jean STAROBINSKI, «Le mot réaction: de la physique à la psychiatrie», *Diogène,* n°93, 1976, pp. 3-30. Voir aussi Bronislaw BACZKO, *Comment sortir de la Terreur,* Paris, Gallimard, 1989, pp. 328-350.

(15) CONDORCET, p. 216.

(16) DAUNOU, *Rapport sur l'instruction publique du 23 vendémiaire an IV,* in Bronislaw BACZKO, *Une éducation pour la démocratie,* Paris, Garnier, 1982, p. 505.

(17) GARAT, *Discours prononcé en offrant les œuvres de Condillac, à la séance du 3 fructidor an VI,* p. 4, cité par Sergio MORAVIA, «La Société d'Auteuil et la Révolution», in *Dix-huitième siècle,* n°6, 191.

(18) CABANIS, *Rapport fait au conseil des Cinq-Cents, sur l'organisation des Ecoles de Médecine,* t. II, p. 423.

(19) CABANIS, *ibid.,* p. 424.

(20) CABANIS, *Rapports du physique et du moral, op.cit.,* p. 161 (version non retenue dans l'édition de 1802).

(21) Cité par Jean DELINIÈRE, «K. Fr. Reinhardt, introducteur de Kant auprès de Sieyès», *Revue d'Allemagne,* 1980, n° 4, p. 488.

(22) L.-F. HUBER, «Projet de paix perpétuelle, par Kant», *Gazette nationale ou le Moniteur universel,* 13 nivôse an IV;A. LEZAY-MARNESIA, «Observations sur le Projet de paix perpétuelle, d'Emmanuel Kant», *Journal d'Economie publique, de morale et de politique* (Roederer éd.), 11 octobre 1796, pp. 232 sq.

(23) KANT, *An A.L.Théremin,* 9 mars 1796, cité par J. DELINIÈRE, p. 493.

(24) *Wilhelm von Humboldts Tagebücher,* hgg. von A. LEITZMANN, Berlin, 1922, p. 485.

(25) Archives Nationales, 284 AP 17/8, *Fragment des ouvrages du Philosophe Kant.*

(26) *Décade,* 30 vendémiaire an XIV, pp. 135-136.

(27) DEGÉRANDO, «Philosophie», in DACIER, *Rapport sur les progrès de l'histoire et de la littérature ancienne depuis 1789 et sur leur état actuel,* Paris, 1805, p. 289.

(28) DESTUTT DE TRACY, p. 547.

(29) DEGÉRANDO, *op.cit.,* pp. 282 et 327.

(30) P. 289.

(31) Il faut relire l'excellent essai de Marcel Gauchet qui sert de préface à : Benjamin CONSTANT, *De la liberté chez les modernes,* Pluriel, 1980, pp. 11-91. Du même auteur, l'article «Constant», dans François FURET et Mona OZOUF, *Dictionnaire critique de la Révolution française,* Paris, Flammarion, 1988, pp. 951-959. Je puise librement dans les articles de Mona OZOUF, *ibid.,* «Régénération» et «Révolution».

On rappellera que c'est comme «arbitraire» qu'est présenté le principe kantien de la moralité, dans l'essai de CONSTANT, *Des réactions politiques,* 1797.

LE DUC DE SAINT-SIMON
ET LES ÉTATS GÉNÉRAUX DE 1715 :
ROMAN OU SONGE PROPHÉTIQUE ?

Parler, à un colloque sur la Révolution française, de Saint-Simon et de ses *Mémoires* peut sembler doublement paradoxal. Paradoxal d'abord pour une évidente raison de chronologie : mort en 1755, le mémorialiste a écrit un demi-siècle avant l'événement, et ce qu'il raconte concerne la fin du règne de Louis XIV. A cet anachronisme de soixante-quinze ans ou encore de deux Louis, de Louis XIV à Louis XVI, entre 1715 et 1789, s'ajoute un second paradoxe que je dirai de doxologie, pour préciser le terme d'idéologie qui risque ici de faire équivoque. Le duc et pair, si attaché à défendre les privilèges traditionnels contre l'alliance funeste entre la monarchie absolue et une vile bourgeoisie, n'est-il pas le dernier à convoquer pour célébrer ou même pour penser le dernier acte de la monarchie française, l'irruption de la souveraineté nationale sinon populaire ?

Et pourtant, ce double décalage chronologique et idéologique ne rend que plus marquant un passage consacré à l'année 1715, quand la disparition du vieux roi ouvrit les chemins du pouvoir au régent Philippe d'Orléans, et derrière lui à son fidèle ami et serviteur le duc de Saint-Simon. «Je propose des états généraux», tel est le titre courant de ce passage. Je vous en lis la conclusion : «une idée sans exécution est un songe et son développement dans tout ce détail» (une vingtaine de pages dans l'édition de la Pléiade) «un roman. Je l'ai compris avant de l'écrire. Mais j'ai cru me devoir à moi-même de montrer que je n'enfante pas des chimères». La modalité affichée de cette digression vaut avertissement. Le mémorialiste quitte ici l'histoire, le narré des *res gestae*, les événements qui se sont effectivement passés. Il se fait rêveur ou romancier, voyeur du possible. Ce qu'il développe est un projet ou une proposition : «je propose à M. le duc d'Orléans de convoquer aussitôt après la mort du Roi les états généraux, qui sont sans danger et utiles sur les finances, avantageux à M. le duc d'Orléans». Ce projet n'a pas été retenu ; il est donc resté dans le domaine de l'irréel ou de l'imaginaire, c'est un songe. Mais il aurait pu être, il est non-contradictoire : dire qu'il n'est pas une chimère, c'est affirmer ce qu'il a de réalité logique. Reste à préciser où se loge cette réalité logique. Absolument en dehors du monde effectif, dans un ailleurs sans temps ni lieu ? Cette utopie ou uchronie serait alors un simple roman, comme les critiques en dénonçaient dans le monde physique de Descartes ou dans l'état de nature rousseauiste. Ce genre de roman est déjà plus qu'un songe qui, lui, peut être chimérique. Il est encore trop peu. «Un roman serait un nom bien impropre à donner au rétablissement d'un gouvernement sage et mesuré, au relèvement de la noblesse anéantie, ruinée, méprisée, foulée aux pieds, à celui du calme dans l'Eglise. Si des projets de cette qualité, et dont l'exécution est rendue sensible, n'ont pas réussi, c'est qu'ils n'ont pas trouvé dans le temps le plus favorable un régent assez ferme, et qui eût en soi assez de suite». Saint-Simon tient à ancrer son projet dans la réalité, comme vérité d'un rétablissement ou d'une restauration. Il pense que le possible qu'il énonce, non-contradictoire ou non-chimérique, est la possibilité même de l'histoire effective. Il croit dire la vérité de la monarchie française, telle qu'elle se confond avec son passé plus ou moins lointain, plus ou moins mythique. L'occasion se présentait, «le temps le plus favorable». Seule la cause efficiente a manqué, c'est l'agent ou l'acteur qui a fait défaut : avec un régent plus ferme, la boucle se bouclait. Le possible était l'effectif même, la rationalité d'un réel déjà advenu qui se serait instaurée en se restaurant. «Dois-je me repentir pour cela de les avoir pensés et proposés ? J'ai toujours cru que ce n'était pas le succès qui décidait de la valeur des choses qui se proposent, beaucoup moins quand il dépend d'un autre qui néglige de les suivre, ou qui ne veut pas même les entreprendre».

L'autre est ici le Régent. Philippe d'Orléans a finalement refusé de convoquer les Etats Généraux en 1715 : s'en est-il plus mal porté ? Louis XVI les a convoqués en 1789, il lui en a coûté successivement la souveraineté absolue, la couronne, et la tête. Saint-Simon n'enfante pas des chimères : mais le roman non-chimérique qu'il a consciemment développé a peut-être avec la réalité historique un autre rapport qu'il n'a cru. Pour celui qui relit son roman à la lumière des années révolutionnaires, le duc et pair fut à sa façon un prophète. Ce qu'il a rêvé est arrivé, avec un succès rigoureusement opposé à l'objectif visé. Ce qui était peut-être un projet réaliste et avisé à l'ouverture de la Régence devient un songe prophétique, tel le rêve d'Athalie ou celui de Pauline à l'ouverture de *Polyeucte*, pour ceux qui liront la Régence comme l'acte premier d'une histoire qui aurait sa péripétie avec le serment du Jeu de Paume et son dénouement sur la guillotine, le 21 janvier 1793. Dois-je me repentir de ce que j'ai pensé et proposé? Avant d'être la question répétitive des vaincus, et en particulier des monarchistes qui ont mis en marche la grande révolution, cette question est celle du grand seigneur mémorialiste. Il ne faut jamais se repentir de penser, ou d'avoir pensé. Et peut-être que Saint-Simon a pensé le premier, par avance, le sens *et* le non-sens de la Révolution Française pour ce qui sera une tradition non-révolutionnaire ou même, mieux, contre-révolutionnaire. A regarder le contenu longuement développé du «roman», non-chimérique, à le dissocier du «songe» que fut une idée privée de son exécution, à le comparer à l'histoire ultérieure et à son effectif «succès», on se rend compte que Saint-Simon prophétisait la vraie révolution, celle qui aura lieu de 1789 à 1793, quand il se croyait le théoricien de la chimérique restauration, celle qui n'a eu lieu ni en 1715 ni en 1815.

Il reste naturellement à le montrer, en analysant le contenu de la longue digression.

De quoi s'agit-il? De convoquer, pour la première fois depuis un siècle, les Etats Généraux, c'est-à-dire de rassembler autour du trône les représentants du royaume en ses divers ordres, ce que Saint-Simon appelle lui aussi «la nation». Les Etats Généraux, cette institution traditionnelle de l'ancienne monarchie, n'avaient plus été réunis depuis 1614 et la minorité de Louis XIII. Ils ne le seront pas avant 1789, et la crise finale de l'absolutisme. L'idée pourtant n'a jamais quitté l'horizon politique de ces deux siècles, plus ou moins systématiquement discutée selon que les circonstances rendaient plus ou moins aiguës les difficultés à résoudre. L'originalité de Saint-Simon n'est donc pas de réfléchir avec beaucoup d'autres sur «une assemblée d'états généraux», ni même d'en proposer la tenue alors que la vieille machine louis-quatorzième semble agoniser avec le vieux monarque. Son originalité tient aux trois actes politiques différents et hétérogènes que le conseiller du Régent en escompte, et à leur enchaînement tel que le romancier visionnaire le décrit. Trois actes qui sont, en vérité, comme les trois étapes d'un transfert de souveraineté à moitié conscient de lui-même.

* *

Le premier acte n'a rien pour dérouter, il est l'acte traditionnel de tous les états généraux : régler la question financière. En l'occurrence, le monarque disparu laisse derrière lui une dette écrasante, héritage des dernières guerres. A l'arrivée d'un pouvoir neuf, qui n'a aucune responsabilité dans la gestion passée, il s'agirait de tirer un trait, faire un bilan et prendre un nouveau départ. Inutile d'insister sur cette constante de l'institution, renflouer la caisse quand l'administration des finances est à bout de ressources. Le plus important pour nous est le jeu qui commence à se jouer, dès ce premier niveau qui reste le plus traditionnel, entre l'opinion et la réalité du pouvoir souverain. Car Saint-Simon entend faire assumer par les Etats Généraux le choix d'une solution à la fois indispensable et impossible, la banqueroute proclamée dans « un édit bien libellé, bien serré, bien ferme et bien établi ».

Au futur Régent qui lui proposait la direction des finances, Saint-Simon n'a pas caché que, dans l'état désespéré où les dettes de Louis XIV les ont réduites, il ne voyait que trois partis. Deux sont clairs : ou bien rembourser ces dettes, c'est-à-dire achever d'accabler le royaume d'impôts qui détruiront toute activité économique, sans terme prévisible ; ou bien « faire banqueroute publique par voie d'autorité, en déclarant le Roi futur quitte de toutes dettes et non obligé à celles du Roi son aïeul et son prédécesseur », formule qui libère toute l'économie du pays mais en ruinant d'un coup une infinité de familles, celles des créanciers directement et, indirectement ou par contrecoup toutes celles qui en dépendent. La troisième solution a toute l'indétermination des compromis, « un milieu qui ne peut être qu'une liquidation des différentes sortes de dettes, pour assurer l'acquittement des véritables, et rayer les fausses », ce qui exige l'examen des preuves, et celui des parties déjà payées, et jusqu'à quel point, bref « une mer sans fond » pour l'administration qui rembourse, et un « vaste champ à pièges et à friponneries » pour les hommes d'argent qui se font rembourser.

Entre ces partis, Saint-Simon a fait son choix, mais il ne veut pas et il ne peut pas l'assumer. « Me trouvant chargé des finances, j'aurais été trop fortement tenté de la banqueroute totale, et c'était un paquet dont je ne me voulais pas charger devant Dieu et devant les hommes ». Pourquoi ? On approche ici d'un point, non certes aveugle, mais à peine avouable. « Oserais-je avouer une raison encore plus secrète ?... » « Ces raisons qui se peuvent alléguer m'entraînaient ; mais j'étais touché plus fortement d'une autre que je n'explique ici qu'en tremblant ». En vérité, Saint-Simon hésite à une limite qui est à la fois celle du droit et celle de la souveraineté monarchique. Refuser de rembourser les dettes du roi défunt, est-ce ou non une injustice ? Le duc ne tranche pas. « Entre deux effroyables injustices tant par elles-mêmes que par leurs suites, la banqueroute me paraissait la moins cruelle des deux » : même si tout le reste du public est sauvé, à l'égard des créanciers la banqueroute reste donc une effroyable injustice. Mais un peu plus loin, Saint-Simon motive l'édit qui proclamerait le droit à la banqueroute : chaque monarque accède à la couronne en vertu de l'acte originaire qui a fondé la monarchie, il ne dépend pas du monarque qui l'a précédé, de ses engagements et des dettes qu'il a contractées, bref la souveraineté ne peut pas se limiter elle-même, ou, mieux, elle ne peut pas être limitée par les décisions d'un souverain particulier, qui n'engage que lui. « A ce raisonnement, je ne vois aucune réponse vraie, solide, exacte, effective ; conséquemment je ne vois que justice étroite et irrépréhensible dans cet édit ». La banqueroute est donc, en un autre sens, juste de la justice la plus stricte. Et là se loge la pensée la plus secrète, celle que l'auteur ose à peine s'avouer : une banqueroute ainsi proclamée couperait définitivement les ailes à tout futur emprunt public, les rois successeurs seront condamnés par la mécanique de la défiance à se contenter de leurs revenus annuels effectifs. L'atteinte au crédit public, qui est d'ordinaire pour les régimes nouveaux la principale raison d'honorer les dettes de leurs prédécesseurs, est au contraire pour Saint-Simon le motif de sa prédilection pour la banqueroute. Il rêve d'étrangler par avance toute possibilité d'emprunt. Mais de cette pensée secrète, et de la justice de ce choix, il n'est pas assez sûr pour se charger du paquet. D'où son refus irréductible d'accepter la direction des finances, malgré l'insistance du Régent.

D'où aussi la fonction qu'il attribue aux Etats Généraux, et ses premières équivoques. Il entend rejeter sur les représentants de la nation la charge de cette cruelle décision. Est-ce un droit, pour la nation, de choisir elle-même ses remèdes ? En fait, la question de la souveraineté commence à se poser ici ; et deux logiques se dessinent entre lesquelles le mémorialiste ne tranche pas clairement. « Déclarer aux états que, le mal étant extrême et les remèdes extrêmes aussi, son Altesse Royale *croit devoir* à la nation de lui remettre le soin de le traiter elle-même » : ce devoir peut d'abord sembler un devoir strict ou de droit, et, dans ce cas, le Roi – ou le Régent qui le remplace pendant sa minorité – se trouve réduit à une fonction subordonnée d'exécutant. « Après qu'elle (la nation) aura décidé seule et en pleine et franche liberté, se réserver *l'exécution fidèle et littérale* de ce qu'elle aura statué par forme d'avis sur cette grande affaire » : à la totale irresponsabilité quant au bilan du règne précédent succèdera une totale responsabilité. « J'ajouterai que ce serait perdre presque tout le fruit que M. le duc d'Orléans recueillerait de tout ce qui vient d'être dit, s'il ne *se faisait* pas *une loi*, qu'aucune considération ne pût entamer dans la suite, de se conformer inviolablement au choix du remède porté par l'avis formé par les états ». Mais une loi qu'on se fait à soi-même n'est pas une loi qui s'impose juridiquement, et une autre logique s'ouvre, qui est la logique juridique dominante dans la pensée du duc et pair. « Les états généraux sont sans *aucun pouvoir* par leur nature, et... ce n'est que les députés de leurs commettants pour exposer leurs griefs, leurs plaintes, la justice et les grâces qu'ils demandent, en un mot de simples plaignants et suppliants ». Ainsi, leur avis n'est pas juridiquement une loi qui s'impose à la couronne. En fait, en « imitant à la lettre ce que les rois prédécesseurs jusqu'au pénultième ont tous fait, majeurs et mineurs, et pour des cas bien moins importants », le Régent n'aura porté aucune atteinte, si minime soit-elle, à l'autorité royale. Il n'aura pas « rendu un compte qui *n'est pas dû*, et dont il se faut bien garder de faire le premier exemple ». Revenons alors au choix du remède cruel, et à la discrète préférence en faveur de la banqueroute. « C'est le public qui en portera tout le poids et toute la souffrance, soit d'une manière ou de l'autre ; n'est-il pas de *la sagesse* et de *l'équité* de lui en laisser le choix ? » L'équité n'est pas le droit, et si la nation est à l'origine de tout droit, les états n'ont aucun pouvoir juridique propre. Ils sont « un grand nom ». Ils ont un pouvoir d'opinion et d'opinion seulement.

Or la sagesse consiste justement, pour le Régent, à s'assurer le soutien unanime de l'opinion publique. Inespérée au premier jour de la Régence, cette convocation librement décidée aura un « prodigieux effet ». La multitude ignorante croit les États Généraux revêtus d'un grand pouvoir : elle nagera dans la joie et bénira le Régent « comme le restaurateur des droits anéantis de la nation ». La minorité éclairée sur l'impuissance juridique des États verra dans leur convocation un geste de bonne volonté : cette complaisance lui semblera « les arrhes du gouvernement le plus juste et le plus doux ». Les plus lucides enfin perceront le secret, politique, de cette feinte : « vous ne faites que vous décharger sur eux (les états généraux) du choix de remèdes qui ne peuvent être que cruels et odieux, desquels, après leur décision, personne n'aura plus à se plaindre, tout au moins à se prendre à vous de sa ruine et des malheurs publics ».

Dès le premier acte, financier, attendu des Etats Généraux, le glissement de la souveraineté à l'opinion commence à s'opérer dans l'équivoque d'un leurre.

* * *

Le second acte l'accentue, et il n'a rien de traditionnel. Avant même que soit tranchée l'inextricable question financière, Saint-Simon veut profiter des «premiers élans d'amour et de reconnaissance» pour obtenir des Etats Généraux «un acte solennel» tout à fait extraordinaire, et qu'il faut bien appeler au sens le plus strict un acte de souveraineté. Il s'agit en effet de savoir qui devrait accéder au trône si mourait le futur Louis XV, l'enfant-roi de cinq ans. Question dynastique, question juridique, question politique. A nouveau, deux logiques s'opposaient. Selon la loi fondamentale progressivement dégagée par les siècles et rejetée désormais rétrospectivement à l'origine même de la dynastie, le trône de France devait être occupé de mâles en mâles, d'aîné en aîné, par mariage légitime à l'intérieur de la maison régnante. Si donc le fils ainé, le Duc de Bourgogne, disparaissait avec tous ses enfants (y compris le seul survivant, le futur Louis XV), le trône revenait à son frère cadet, Philippe, l'ancien duc d'Anjou devenu entre temps Philippe V roi d'Espagne. Mais précisément, au terme de la guerre épuisante soutenue pour lui assurer la succession d'Espagne, Philippe avait renoncé, pour lui et toute sa descendance, au trône de France, tandis que ses parents de France avaient symétriquement renoncé à toute prétention ultérieure au trône d'Espagne. Ces «renonciations», imposées par l'Europe lors du traité d'Utrecht, acceptées alors par Louis XIV, appelaient désormais au trône de France, en cas de disparition de l'enfant-roi, Philippe d'Orléans, le fils de Monsieur frère de Louis XIV. L'intérêt politique du Régent était ici évident, et d'autant plus pressant que Louis XIV, soucieux de n'entamer en rien le caractère absolu de son autorité, s'était contenté de faire enregistrer au Parlement de Paris les renonciations. Elles étaient donc, aux yeux de Saint-Simon et de beaucoup d'autres, «informes et radicalement destituées de tout ce qui pouvait opérer la force *et le droit* d'un tel acte, le premier qu'on eût vu sous les trois races de nos rois pour intervertir l'ordre jusque-là si sacré à l'aînesse masculine légitime, de mâle en mâle, à la succession nécessaire à la couronne». On saisit aussitôt le «grand parti à tirer délicatement des états généraux sur les renonciations».

Délicatement, en effet, ô combien! Car il s'agit, à nouveau, d'une radicale contradiction quant à l'exercice de la souveraineté. Il s'agit de ce qui, dans une monarchie, est le plus fondamental des actes de souveraineté : l'ordre de succession au trône. Il s'agit de concilier deux idées radicalement contradictoires concernant les Etats Généraux et leur rapport à la souveraineté. D'un côté, ils n'ont juridiquement aucun droit : il n'est déjà pas sûr que la nation effectivement rassemblée, avec ou sans le Roi, serait habilitée à revenir sur un acte initial qui règle la succession pour toute la durée de la dynastie ; il est en tout cas assuré que les Etats Généraux, simples plaignants et suppliants, n'ont aucun droit à modifier la succession. Mais, d'un autre côté, qui plus que les Etats Généraux, leur grand nom, l'opinion où se trouve la multitude ignorante de leur grand pouvoir, peut donner force aux renonciations ? La solution de Saint-Simon a le mérite de la franchise. « Je lui fis sentir (à Philippe duc d'Orléans) la nécessité de suppléer au juridique par un populaire de ce poids, et de profiter de l'erreur si répandue du prétendu pouvoir des Etats Généraux, qui après ce qu'ils auraient fait en sa faveur, la nation se croirait engagée à le soutenir à jamais par cette chimère même de ce droit qui lui était si précieuse, ce qui lui donnait toute la plus grande sûreté et la plus complète de succéder, le cas arrivant, en quelque temps que ce put être, à l'exclusion de la branche d'Espagne, par l'intérêt essentiel que la nation commise se croirait dans tous les temps y avoir ». Phrase complexe, pour une pensée subtile.

L'objectif est simple : il s'agit de tirer tout le bénéfice politique effectif d'un acte qui n'a juridiquement aucune valeur. Il n'y a pas de souveraineté populaire, ni même peut-être nationale : le droit de se donner un maître et de régler la succession à la couronne n'existe pas, au moins tant que la dynastie n'est pas éteinte. Ce droit est donc une chimère. Mais la nation, comme pouvoir d'opinion, est une réalité, et celui qui l'aura de son côté aura un atout décisif, si une querelle de succession vient à s'engager entre le Régent et Philippe V d'Espagne à l'éventuelle disparition de l'enfant-roi. C'est pourquoi il est essentiel que la nation croie s'engager, et qu'elle s'imagine avoir exercé son droit. Tout le fruit politique sera pour le Régent : il sera assuré d'avoir à jamais la nation pour soi et pour sa branche contre celle d'Espagne. Mais il n'acquiert « ce suprême avantage que par un simple leurre auquel la nation se prendrait, et qui ne donnait rien aux états généraux ». Qui dit leurre ne dit pas mensonge : la nation se trompe, elle n'est pas positivement trompée. Car elle n'a pas et elle n'a jamais eu de droit en ce domaine, et encore moins les Etats. Ce droit est une chimère, et si elle s'y prend elle en est seule responsable. Encore faut-il ne rien lui donner ou concéder.

D'où le moyen utilisé. L'acte solennel qu'il s'agit de tirer « brusquement » sera seulement un vœu ou une acclamation, et le « certificat du vœu unanime ». Le peuple, la nation, les Etats Généraux croiront sans doute s'engager, prendre une décision essentielle. Il est indispensable qu'ils le croient, pour que l'acte ait son efficacité politique. Mais pour respecter le droit, et pour que la nation se trompe sans être trompée, il est essentiel que l'acte ne soit qu'une acclamation, ce qu'on appella *verba et voces*. « Je lui fis sentir l'adresse et la délicatesse, à laquelle sur toutes choses il fallait bien prendre garde à s'attacher à coup sûr que les états ne prononceraient rien, ne statueraient rien, ne confirmeraient rien » : une confirmation implique une autorité, seconde peut-être, mais qui s'ajoute à la première qu'elle confirme ; une instance qui prononce ou qui statue répond à une question posée, même si sa réponse n'est qu'un avis, comme l'avis sur le remède cruel aux difficultés financières. Ici, ce serait trop. Il faut pourtant que l'acclamation reste fixée, jusqu'au jour où la mort de l'enfant-roi la rendrait déterminante. D'où l'acte par écrit en forme de simple certificat. « Le certificat pur et simple qu'une chose a été faite n'est qu'une preuve qu'elle a été faite, n'en peut changer l'être et la nature, ni avoir plus de force et d'autorité que la chose qu'il ne fait que certifier ; or cette chose n'étant ni loi, ni ordonnance, ni simple confirmation même, l'acte qui la certifie avoir été faite ne lui donne rien de plus qu'elle n'a. Ainsi le leurre est entier, tout y est vide ; les états généraux n'en acquièrent aucun droit ». Au roi majeur, le duc d'Orléans n'aura pas de peine à montrer qu'il n'a porté aucune atteinte au droit souverain du monarque : il n'a rien demandé aux Etats Généraux, il ne leur a rien accordé, c'est eux qui ont exprimé spontanément la disposition de leur cœur. Et pourtant, en cas de succession dynastique ouverte, Monsieur le duc d'Orléans aura acquis l'essentiel « par cette erreur spécieuse et si intéressante toute la nation, qui pour son plus cher intérêt à elle-même, la lie à lui pour jamais ».

Ce qui émerge avec cet acte solennel, c'est l'irruption des Etats Généraux dans l'exercice de la souveraineté. Ce qui permet de dissimuler cette irruption et de la réduire, sans mensonge caractérisé, à un simple leurre où tout est vide, c'est une rencontre unanime de volontés. Car il s'agit, au fond, de montrer « des vœux et une disposition de leurs cœurs *conformes* à celle du feu Roi et de toute l'Europe, et, pour ainsi dire, canoniser ses volontés, les fondements de la paix, et ceux du repos de la France en quelque cas que ce puisse être ». Nul en définitive n'est lésé, puisque la branche d'Espagne elle-même, solennellement et volontairement, a fait en pleins *cortes* assemblés à Madrid ses renonciations. Avec ce second acte, « solennel », le poids décisif du populaire est introduit dans une question de souveraineté, mais il ne fait que « canoniser » une décision antérieure du monarque.

*
* *

Le troisième et dernier acte va plus loin, il conduit au seuil d'une subversion caractérisée, et c'est à sa « mécanique » qu'est précisément consacré le « roman » de notre passage. Il s'agit encore et toujours de la question de souveraineté par excellence, de la succession au trône. Mais maintenant Saint-Simon entend faire casser et non pas canoniser une décision prise par Louis XIV : à savoir le droit reconnu à ses bâtards légitimés, en premier lieu le duc du Maine, d'accéder à la couronne au défaut de descendants légitimes.

Le problème posé n'est pas, dans son principe, très différent du précédent : qui a le droit de modifier la loi fondamentale, celle qui détermine l'accès au pouvoir souverain ? Tout à l'heure il s'agissait de restreindre, en excluant la maison d'Espagne. Maintenant il s'agit de revenir sur son extension, consentie par la faiblesse paternelle de Louis XIV à l'ambition effrénée de son bâtard. Or Saint-Simon fait une nouvelle fois appel aux Etats Généraux, mais pour défendre une cause rigoureusement inverse. Tout à l'heure le changement inconnu dans toute l'histoire de la monarchie était canonisé; maintenant il est inconditionnellement prohibé. « Le Roi, même à la tête de toute la nation, n'a pas droit de donner à qui que ce soit, ni en aucun cas, le droit de succéder à la couronne acquis aux mâles, de mâles en mâles, d'aîné en aîné, à la maison régnante, à laquelle personne, tant qu'il en peut exister un, ne peut être subrogé ». Il reste que, sans demander d'avis, Louis XIV s'est arrogé ce droit que personne n'a : il a accordé à ses bâtards cette « apothéose », ce « monstre incroyable » de les rendre « habiles à succéder à la couronne ». Et jusque dans la famille du Régent sa propre femme, la duchesse d'Orléans qui est elle-même une bâtarde et la sœur du duc du Maine, lutte de toutes ses forces pour défendre cette acquisition.

Pour la détruire, Saint-Simon s'appuie sans doute sur ce qu'il appelle une « disposition universelle » : malgré « les artifices de la cabale », l'opinion publique était restée aussi hostile qu'au premier jour à la scandaleuse innovation. Une double universalité était donc, en principe, virtuellement opposée aux bâtards : universalité du peuple, « le gros du monde de tous états », « une multitude qui représente le corps de la nation »; universalité d'un attentat sans aucune comparaison, pire encore qu'un simple régicide sur la personne d'un roi puisqu'il atteint le principe même et non la personne physique du prince, « l'anéantissement de toutes les lois », « un attentat contre Dieu même », « le danger le plus imminent de l'Etat et de tous les particuliers », bref « une matière qui pour ainsi dire comprend tout ». Mais cette double universalité a besoin, pour passer de la virtualité à l'actualité, d'une intervention effective qui aboutisse à casser la décision du roi défunt. Ici, l'entrée en scène des Etats Généraux va prendre la forme d'une pression aux limites de l'illégalité. Saint-Simon imagine en effet un scénario en trois actes, où le Régent se fait en quelque sorte forcer la main par les Etats pour perdre son beau-frère le duc du Maine.

Premier acte, où en sous main, « sans que M. le duc d'Orléans y parût en aucune sorte », ses amis sèment la tempête, et excitent l'assemblée. Il s'agit de lui faire « prendre résolument le mors aux dents ». Pour y parvenir, il suffit de prendre appui sur le sentiment unanime des grandes choses qui se trouvent maintenant, « naturellement », entre les mains des Etats. Ce sentiment passe par une psychologie des députés : « les piquer d'honneur d'immortaliser leur tenue et leurs personnes, par se rendre les libérateurs de tout ce qui est le plus sacré et le plus cher aux hommes ». Il se fixe à travers une sociologie des assemblées : « il y a toujours, dans ces nombreuses assemblées, des chefs effectifs à divers étages qui, sans en avoir le nom ni le caractère, en ont la confiance et l'autorité par l'estime, par l'adresse, par une mode que le hasard établit et que la conduite soutient jusqu'à les rendre presque maîtres de tourner les esprits et les délibérations où ils veulent. C'est ceux-là qu'il faut de bonne heure reconnaître et persuader, pour avoir par eux toute l'assemblée. » On aboutit ainsi à une requête solidement motivée, dont le canevas aura été préparé à l'avance, et qui ne sera discuté par les Etats que peu de temps, juste « assez pour compter qu'entre leurs mains il est devenu leur ouvrage, ce qu'il est très important qu'ils se persuadent bien ».

Second acte, le moment semi-révolutionnaire où les Etats Généraux forcent la main au Régent. Les députés en corps dans des carrosses préparés et rassemblés en sous-main, se transportent à Marly, où se trouvent l'enfant-roi, le Régent et le Conseil, et ils demandent qu'on tranche sur le champ en faveur de leur requête. C'est ici que Saint-Simon se fait voyant, sinon prophète. Car il s'agit de forcer une décision que bien des intérêts et même quelques bonnes raisons peuvent conduire à différer. Les Etats, avec la secrète complicité du Régent, « ne se laisseront point persuader de quitter prise », « résolus de ne pas sortir du salon, aux portes duquel il sera bon qu'il y ait plus que les Suisses ordinaires, pour empêcher l'entrée aux gens suspects ». « Attente opiniâtre des états généraux dans le salon », voilà le moment décisif : il produit stupeur et paralysie. Le Régent les feint, mais pour mieux « communiquer au Conseil le même embarras et le même étonnement». Et c'est bien cet «état violent» qui force la décision : le Conseil, le Régent, le Roi cèdent, ils reprennent à leur compte la requête, ils acceptent de l'envoyer pour enregistrement au Parlement. Et dès lors le troisième acte peut revenir à la légalité stricte : chacun se félicite et se réjouit, les Etats acceptent enfin de quitter le fameux salon pour se confondre en remerciements. «Ce remerciement sera pathétique sur l'importance de l'affaire, énergique sur la fidélité et l'attachement». La volonté royale sera, selon les formes, transmise et enregistrée au Parlement de Paris. Personne, et surtout pas les Etats Généraux, n'aura accompli un acte de souveraineté : c'est au contraire la vieille loi immémoriale, celle que nul ne peut modifier, pas même le Roi à la tête de toute la nation, qui sera restaurée dans son antique éclat, en effaçant la scandaleuse innovation du vieux roi trop complaisant. Tout sera donc comme si rien ne s'était passé. Mais qui pourra oublier que cette restauration a exigé «l'état violent et plus qu'embarrassant», qui pourra oublier le salon où la représentation populaire a refusé opiniâtrement de bouger ?

Dans ce dernier acte, où Saint-Simon croit maintenir l'intervention des Etats Généraux entre la direction occulte du Régent qui l'excite et les formes de souveraineté traditionnelle qu'elle restaure, son roman a conduit jusqu'aux frontières entre souveraineté populaire et violence révolutionnaire.

Concluons brièvement sur cette idée sans exécution, ces Etats qui ne se sont pas tenus en 1715 et le récit qu'en a laissé le grand mémorialiste visionnaire. Il serait naïf assurément de croire qu'il a prophétisé de si loin les événements que nous commémorons : à l'évidence, rien dans le discours de Saint-Simon ne correspond aux situations effectives de 1789, ni l'état de la société, ni la personnalité des acteurs, ni le contenu des décisions politiques. Il reste que la superposition du roman et de l'histoire est possible et même légitime, qu'elle n'est pas chimérique, qu'elle éclaire à la fois un problème de fond et la constitution d'une tradition interprétative.

Elle éclaire les apories d'une certaine conception de la souveraineté, qui est au moins celle de la monarchie traditionnelle. Car il est à la fois impossible et nécessaire, dans cette conception, de faire appel à l'universalité effective du peuple rassemblé. Il est nécessaire de le faire s'il s'agit de trouver une instance qui puisse régler les cas extrêmes de la crise, quand la loi fondamentale immémoriale et implicite doit être remise en question. Et il est impossible de le faire sans que l'identification du monarque et de la souveraineté soit ébranlée, sans que l'intervention du « populaire » passe par un « état violent » où l'autorité royale se trouve inéluctablement suspendue. De ce point de vue, les précautions mêmes de Saint-Simon, et l'évidence de ses intentions monarchiques, ne rendent que plus saisissants les caractères du moment « violent » qu'il croit pouvoir réduire à un instrument dans les mains d'un Régent habile. Kant éclairé par l'histoire saura formuler dans la *Doctrine du Droit* cette aporie : « Ce fut une grande faute de jugement chez un puissant souverain de notre temps que d'avoir, afin de se tirer de l'embarras suscité par de grosses dettes publiques, remis au peuple ce fardeau, afin qu'il s'en chargeât et le partageât comme il l'entendrait... Car par là le pouvoir souverain du monarque disparut entièrement, il ne fut pas seulement suspendu, et il passa au peuple ».

Mais les *Mémoires* de Saint-Simon éclairent aussi une tradition interprétative ; ils permettent de comprendre une des manières traditionnelles dont la Révolution Française a été appréciée. N'oublions pas en effet qu'ils n'ont été publiés qu'à la veille de la Révolution, ou même, pour être plus exact, qu'on hésite à appeler édition princeps l'édition (incomplète) de 1788 ou l'édition (complète) de 1829-1830. L'histoire d'un livre est aussi l'histoire de sa réception, et, ici, la réception commence avec la Révolution et avec la Restauration. En ce sens, on peut soutenir qu'au moment où l'on commence à les lire, les *Mémoires* apparaîtront à plus d'un prophétiques, et partant, que la tradition contre-révolutionnaire, celle d'une mécanique sans dynamique révolutionnaire interne, commence avant la Révolution, avec la publication de 1788. Elle fournit son cadre à une pensée de la Restauration, avant même les événements qui viendront remplir ce cadre. Mais s'il y a une universalité de Saint-Simon, elle est plutôt dans ce qui fait aussi de son œuvre un roman, avant d'en faire cette très discutable prophétie : car, par la magie littéraire du roman, elle a échappé aux limites de la tradition contre-révolutionnaire. Stendhal, lecteur de Saint-Simon, ne réserve pas la lecture des *Mémoires* à une seule des deux Frances post-révolutionnaires. Si Madame de Fervaques a pour « livre favori les *Mémoires du duc de Saint-Simon*, surtout pour la partie généalogique », c'est la prédilection pour la partie généalogique qui l'enferme dans une des deux Frances, tandis que le roman a su s'adresser aussi à l'autre.

Jean-Marie BEYSSADE
(Université de Paris IV)

LA RÉVOLUTION
DANS LE MIROIR DE LA CONTRE-RÉVOLUTION :
LE CAS DE JOSEPH DE MAISTRE

Au fur et à mesure de son déroulement, et des conflits spécifiques auxquels celui-ci a donné lieu, le mouvement révolutionnaire a suscité des représentations, images contrastées de la Révolution, qui ont joué auprès d'elle le rôle de modèles théoriques d'interprétation et de schèmes pratiques d'intervention, réglant simultanément les pensées et les comportements. Essayons, pour commencer, de répertorier et de sérier ces représentations.

Du côté de ceux qui se sont engagés positivement dans ce mouvement, ce qui l'emporte, c'est la figure d'un acte essentiellement humain : la question étant alors de savoir quelle nature d'homme est impliquée dans son dispositif, celle d'un individu délibérant et se déterminant en vertu de ses droits fondamentaux, ou celle d'une collectivité solidaire, sinon unanime, soudée dans l'existence de fait d'une nation organique.

Du côté de ceux qui, au contraire, ont pris leurs distances vis-à-vis du mouvement révolutionnaire, ou ont entrepris de lui résister, domine la représentation d'un processus inhumain, en ce sens que les hommes qui y prennent part, s'ils en sont les acteurs, n'en sont pas véritablement les auteurs. Et cette représentation supporte elle-même deux interprétations : l'une fait ressortir l'idée d'un événement naturel soumis aux lois par définition communes d'une fatalité objective ; l'autre met en avant la manifestation singulière d'une intervention surnaturelle, mystérieusement ourdie suivant les voies obscures de la Providence divine.

Le système de ces représentations est traversé par un certain nombre de clivages : celui du positif et du négatif, celui de l'universel et du singulier, celui du voulu et du subi, celui du mécanique et de l'organique, celui du rationnel et de l'irrationnel, pour ne citer que les plus importants.

A partir de là pourrait être reconstituée une grille explicative, ordonnée en référence à un triple modèle : un modèle naturel, un modèle artificiel, un modèle surnaturel, ceux-ci soutenant des conceptions de la Révolution opposées entre elles.

Comment l'interprétation de la Révolution proposée par J. de Maistre, essentiellement dans ses *Considérations sur la France* de 1796, se situe-t-elle par rapport à ces repères ? Or sa position à cet égard apparaît comme paradoxale, dans la mesure où, au lieu de privilégier l'un de ces modèles par rapport aux autres, elle emprunte à chacun des éléments qu'elle ajuste à l'intérieur d'une ligne composite, et peut-être contradictoire.

Partons du modèle naturel : « Croit-on que le monde politique marche au hasard et qu'il ne soit pas organisé, dirigé, animé par cette même sagesse qui brille dans le monde physique ? » (1). « Une révolution n'est qu'un mouvement politique qui doit produire un certain effet dans un certain temps.Ce mouvement a ses lois, et en les observant attentivement sur une certaine étendue de temps, on peut tirer des conjonctures assez certaines pour l'avenir » (2). De ces formule se dégage l'idée d'une politique tirée de l'expérience, au lieu de se placer en rupture par rapport à elle, dans la ligne des conceptions déjà exposées par Burke, que Maistre semble reprendre à son compte. Mais cette réflexion sur le pouvoir des faits, qui prime toute considérations de droit, s'inscrit aussi chez Maistre dans la perspective d'une sagesse inspirée de l'Antiquité païenne : « Il faut surtout se garder de l'erreur énorme de croire que la liberté soit quelque chose d'absolu, non susceptible de plus ou de moins ! Qu'on se rappelle les deux tonneaux de Jupiter ; au lieu du bien et du mal, mettons-y le repos et la liberté. Jupiter fait le lot des nations ; plus de l'un et moins de l'autre ; l'homme n'est pour rien dans cette distribution » (3). Si la Révolution est réfléchie comme un événement naturel, c'est donc au sens d'une nature qui est interprétée à la fois en termes d'expérience et de destin.

Passons au modèle artificiel. « Ouvrez les yeux et vous verrez que la république française ne « vit » pas ! Quel appareil immense ! Quelle multiplicité de ressorts et de rouages ! Quel fracas de pièces qui se heurtent ! » (4). « Une constitution écrite telle que celle qui régit les Français n'est qu'un automate, qui ne possède que les formes extérieures de la vie. L'homme, par ses propres forces, est tout au plus un Vaucanson ; pour être Prométhée, il faut monter au ciel, car le législateur ne peut se faire obéir ni par la force ni par le raisonnement » (5). Ce modèle fonctionne donc de manière répulsive, en référence à l'opposition du vif et du mort, de l'animé et de l'articulé :

l'homme n'est qu'un constructeur de machines, qui sont elles-mêmes condamnées à se dérégler ; et ce qu'il présente comme étant sa « création » n'a en fait aucune valeur positive, mais doit en réalité s'interpréter en termes de destruction. Toutefois, selon Maistre, les hommes ne sont pas seulement des fabricants d'automates, ils sont eux-mêmes des automates, simultanément manipulateurs et manipulés. « Ils ont toujours marché en avant sans regarder derrière eux ; et tout leur a réussi parce qu'ils n'étaient que les instruments d'une force qui en savait plus qu'eux. Ils n'ont pas fait de faute dans leur carrière révolutionnaire par la raison que le flûteur de Vaucanson ne fit jamais de notes fausses » (6). La Révolution n'a donc été qu'un théâtre d'ombres, derrière lequel ont dû jouer des ressorts plus cachés.

La logique de l'artificiel conduit ainsi Maistre à celle du surnaturel : ce qui a mis en marche la machine révolutionnaire, c'est un plan divin, agencé selon des fins par définition cachées. « Il est doux, au milieu du renversement général, de pressentir les plans de la divinité. Jamais nous ne verrons tout pendant notre voyage, et souvent nous nous tromperons ; mais dans toutes les sciences possibles, excepté les sciences exactes, ne sommes-nous pas réduits à des conjectures ? » (7). Au nom de « la magie noire qui opère dans ce monde » (8), Maistre interprète aussi la Révolution comme un acte expiatoire, s'inscrivant dans le contexte d'une histoire-catastrophe, vécue comme un holocauste, à l'ombre portée par la figure immémoriale du bourreau. On pourrait ici parler, à la limite, d'un travail du négatif, puisque « si la Providence efface, sans doute c'est pour écrire » (9).

Ainsi J. de Maistre a-t-il simultanément interprété la Révolution en termes de violence, en rapport à l'action destructrice des hommes ; de nécessité, en rapport à la force aveugle des choses ; et d'épreuve, en rapport à l'intervention extraordinaire de Dieu. En ressort une image composite, équivoque, et peut-être, on l'a suggéré pour commencer, contradictoire. On peut interpréter cette contradiction de la manière suivante : Maistre a pensé contre la Révolution, mais dans le contexte de la Révolution, dont le mouvement l'a ainsi marqué objectivement.

On peut encore lire dans les *Considérations sur la France*, « Je suis si persuadé des vérités que je défends, que lorsque je considère l'établissement général des principes moraux, la divergence des opinions, l'ébranlement des souverainetés qui manquent de base, l'immensité de nos besoins et l'inanité de nos moyens, il me semble que tout vrai philosophe doit opter entre ces deux hypothèses, ou qu'il va se former une nouvelle religion, ou que le christianisme sera rajeuni d'une manière extraordinaire. C'est entre ces deux suppositions qu'il faut choisir, selon le parti qu'on a pris sur la vérité du christianisme» (10). On sait qu'exactement au même moment Chateaubriand posait, à la fin de son *Essai sur les révolutions*, la question : «Quelle sera la religion qui remplacera le christianisme?», question à laquelle il répondra lui-même cinq ans plus tard, au terme de ce qu'il fera apparaître comme une véritable conversion, en adoptant la seconde des options évoquées dans le texte de Maistre, celle d'une «régénération» du christianisme. Parallèlement, après avoir écrit ses *Considérations sur la France*, Maistre a composé des «Fragments sur la religion, ou recueil d'extraits et de réflexions relatives à un ouvrage projeté où le système catholique serait envisagé sous un point de vue nouveau», et dans les notes préparatoires de cet ouvrage on peut lire ceci : «Je n'entreprendrais pas d'écrire sur un sujet aussi souvent traité si je n'espérais pouvoir le présenter sous un jour nouveau et avec de nouveaux arguments» (11). On voit que, dans les toutes dernières années du XVIIIe siècle, le projet d'un *Génie du christianisme* était dans l'air.

Que signifie au juste cette perspective d'un renouveau du christianisme, qui donne leur arrière plan théorique à toutes les réflexions théoriques de Maistre sur la Révolution, et qu'est-ce qui le distingue de l'instauration d'une religion nouvelle? Une telle tentative a pris chez Maistre la forme surprenante, aussi peu dogmatique que possible, d'une synthèse de l'illuminisme et du catholicisme, conduisant à l'établissement d'un véritable syncrétisme : aussi bien, dans les *Considérations*, les Dieux d'Homère sont-ils évoqués aussi souvent que celui de la Bible, au nom du principe suivant : «Il n'est point de système religieux entièrement faux» (12). On pourrait voir ici l'amorce d'un néo-catholicisme à la manière de Lamennais, et les germes d'un modernisme, tels qu'ils s'ébauchent à l'intérieur même d'une doctrine de la «tradition».

S'expliquerait alors la tentative de Maistre en vue de réconcilier, au nom de la force de l'expérience, l'ancien et le nouveau : tentative qu'illustre l'improbable alliance, esquissée dans les *Considérations sur la France*, entre le système de la Fatalité et celui de la Providence, alliance qui débouche finalement sur une vision gnostique de l'histoire, où s'affrontent, à puissance égale, le bien et le mal. Vision aussi peu traditionnelle que possible.

On comprend que l'interprétation de la Révolution forgée à partir de telles prémisses soit elle-même fondamentalement hétérodoxe, révolutionnaire et contre-révolutionnaire à la fois. On en conclura que la pensée dite «contre-révolutionnaire» ne peut être complètement isolée du processus de la Révolution, dont elle fait partie intégrante comme l'un de ses aspects extrêmes. Replacée dans le mouvement global de la Révolution, qui ne peut être ramenée à un événement ponctuel, relevant d'une interprétation univoque, cette pensée en exprime aussi, à sa manière qui doit être paradoxale, les orientations les plus profondes, qui l'ont marquée à son insu.

Pierre MACHEREY
(Université de Paris I)

NOTES

(1) J. DE MAISTRE, *Considérations sur la France*, éd. Tulard, Paris, Garnier, 1980, Les Classiques de la politique, chap. X, p. 86.

(2) *Ibid.*, chap. X, p. 98.

(3) *Ibid.*, chap. VIII, p. 75.

(4) *Ibid.*, chap. VII, p. 67.

(5) *Ibid.*, chap. VII, pp. 67-68.

(6) *Ibid.*, chap. I, p. 33.

(7) *Ibid.*, chap. III, p. 49.

(8) *Ibid.*, chap. II, p. 40.

(9) *Ibid.*, chap. II, p. 45.

(10) *Ibid.*, chap. V, p. 59.

(11) cité par E. DERMENGHEM, *J. de Maistre mystique*, Paris, La Connaissance, 1923, pp. 110-111.

(12) *Considérations*, éd. citée, chap. X, p. 87.

QUATRIÈME PARTIE

REGARDS DE L'ÉTRANGER

LA RÉVOLUTION FRANÇAISE
ET LA PENSÉE ITALIENNE

« RÉVOLUTION ACTIVE » ET « RÉVOLUTION PASSIVE »

D'APRÈS L'*ESSAI SUR LA RÉVOLUTION NAPOLITAINE DE 1799*

DE VINCENZO CUOCO

Dans un passage bien connu du *Conflit des Facultés*, Kant, parlant de la Révolution française, écrit que, malgré toutes les réserves qu'elle peut susciter, « cette révolution trouve néanmoins dans les esprits de tous les spectateurs (qui ne sont pas engagés dans ce jeu) une sympathie d'aspiration qui touche de près à l'enthousiasme ». Mais que se passera-t-il si les spectateurs sont entraînés à leur corps défendant dans le jeu ? Deviendront-ils des acteurs, ou seront-ils simplement « agis », obligés de jouer une pièce dont ils ne seront pas les auteurs, et dont ils auront le sentiment qu'elle ne les concerne pas, ou peu ? Qu'en sera-t-il alors de leur enthousiasme, voire de leur sympathie ?

Plus qu'aucun autre pays d'Europe, l'Italie a vu son destin bouleversé par les conséquences de la Révolution française et par les guerres entraînées par elle, guerres dont elle a été le terrain privilégié. Le *Risorgimento*, la création de l'Italie unifiée, découlent directement des ébranlements subis alors par un pays morcelé, tenu depuis plus de deux siècles à l'écart de l'histoire.

Il n'est pas question, bien entendu, d'évoquer ici cette genèse de l'Italie moderne, ni même d'étudier dans leur ampleur et leur variété les réactions de la pensée italienne aux idées révolutionnaires françaises, et de suivre les traces laissées par ces idées dans les œuvres des écrivains, et en particulier dans celles des poètes, d'Alfieri à Leopardi en passant par Foscolo et Monti. La thèse de Paul Hazard sur la *Révolution française et les lettres italiennes 1789-1815*, qui date de 1910, a déjà magistralement abordé la question, à laquelle par la suite de nombreuses études ont été consacrées, en Italie surtout. Il me suffira de dire très vite qu'aucun autre pays n'était mieux que l'Italie préparé à accueillir avec «sympathie», pour reprendre le mot de Kant, les idées de 1789. La multiplicité des petits Etats italiens, la variété de leur organisation politique, leur dépendance par rapport à l'Espagne ou à l'Autriche, et le souvenir d'une glorieuse tradition communale et républicaine, pour ne pas parler de la nostalgie de l'antique grandeur romaine, empêchaient tout attachement profond des populations aux monarchies, aux dynasties et à la personne même des princes.

L'influence de la culture et de la langue française avait d'autre part permis, au XVIIIe siècle, la diffusion des idées des «philosophes» français, qui avaient trouvé chez des penseurs comme Pietro et Alessandro Verri, et Cesare Beccaria, en Lombardie, Genovesi et Filangieri à Naples, des émules devenus célèbres dans l'Europe entière.

Les nouvelles venues de France ne pouvaient donc, au début, quand l'Italie était encore « spectatrice», qu'être accueillies avec sympathie par ces mêmes milieux «éclairés» qui avaient un peu plus tôt appuyé les réformes tentées sous les auspices de Joseph II et de Léopold de Toscane, et avec enthousiasme par la jeune génération vite acquise aux idées républicaines et que l'on allait bientôt désigner du nom de «jacobins», sur le modèle français. La répression brutale des princes ne fit que rapprocher davantage de la France ceux qui n'étaient au départ que des réformateurs modérés, et les radicaliser.

Mais le problème se posa en termes différents quand l'Italie devint un enjeu dans la guerre opposant la France aux monarchies coalisées. Les victoires de Bonaparte, à partir de 1796, amenèrent la formation des républiques cisalpine, cispadane, ligurienne, romaine, et enfin parthénopéenne, en janvier 1799. La création de ces «républiques-sœurs» répondait à des motivations équivoques : d'un côté le désir sincère de débarrasser les peuples de leurs «tyrans» et de leur apporter les bienfaits de la démocratie, et de l'autre, la volonté de se constituer des monnaies d'échange dans la partie militaire et diplomatique engagée. La conduite des armées françaises, les hésitations et le cynisme du Directoire, suscitèrent des réactions nationalistes de rejet, et ceux-là mêmes qui soutenaient les républiques nouvelles furent amenés à s'interroger sur la signification de la «révolution» qui était ainsi imposée plutôt qu'offerte, et sur ses chances de survie, une fois la protection française disparue.

Ce fut le cas de certains de ceux qui participèrent à la courte et tragique aventure de la révolution napolitaine de 1799, à laquelle je veux consacrer l'essentiel de mon exposé, car elle a été exemplaire à bien des égards. Y jouèrent en effet des rôles importants quelques-uns des meilleurs esprits de l'époque, Mario Pagano, Vincenzo Russo,

Vincenzo Cuoco, héritiers de la grande tradition philosophique, juridique et politique méridionale inaugurée par Vico et illustrée par Gravina, Giannone, Genovesi, Filangieri entre autres.

Et surtout elle fut l'occasion pour Cuoco, sauvé par miracle de la terrible répression qui avait suivi le retour de Ferdinand IV, d'écrire, en 1801, un *Essai historique sur la révolution napolitaine de 1799*, qui est un chef d'œuvre historiographique, et une réflexion profonde, dans la lignée de Machiavel et de Vico, sur la notion même de révolution, et, de façon plus particulière, sur la question de l'universalité de la Révolution française et de ses limites (1).

Toute l'analyse de Cuoco repose sur la distinction entre ce qu'il appelle les « révolutions actives » et les « révolutions passives ». La révolution napolitaine a été une révolution « passive » parce que la chute de l'ancien régime a été causée par des armes extérieures, et non par les « armes propres » des Napolitains, pour parler comme Machiavel, et que le régime républicain, avec ses institutions nouvelles, a été imposé, en partie directement par les soldats et les administrateurs français, en partie par des « patriotes » napolitains aux intentions pures, essayant d'appliquer des théories universalistes et abstraites, importées de France, sans tenir compte de la situation particulière de l'ancien royaume de Naples, avec ses structures encore féodales et l'emprise de la religion sur une population superstitieuse. C'est parce que la révolution était menée par des aristocrates et des intellectuels éclairés, voulant le bien du peuple, mais incapables de comprendre ce dernier et de l'écouter, que la république parthénopéenne s'est écroulée, dès que les troupes françaises l'ont abandonnée, sous les coups d'une insurrection populaire partie des campagnes calabraises et dirigée par un cardinal (le cardinal Ruffo).

La Révolution française, au contraire, n'a été possible que parce qu'elle était préparée, rendue inévitable, par la marche de l'histoire, par ce que Cuoco nomme le « cours éternel des choses mêmes », le mouvement des idées, des sentiments, l'évolution des institutions, en un mot parce que le peuple, en entendant par là la majorité des Français, toutes classes confondues, en ressentait plus ou moins consciemment le besoin. Et d'après Cuoco, le déroulement de la révolution, avec la montée aux extrêmes que constitue la dictature jacobine et la Terreur, puis l'affaissement dans une semi-anarchie, avec le Directoire, et enfin la phase d'apaisement et de reconstruction instaurée par le bonapartisme, est en quelque sorte paradigmatique, par sa perfection même, sans qu'elle puisse cependant servir de modèle aux autres peuples, tant elle a bénéficié de conditions favorables. Elle a été une révolution réussie dans la mesure où d'un bout à l'autre elle a été «active», mue par une nécessité interne, autonome. Toujours, écrit Cuoco, «les idées et les choses ont été au même niveau», sont allées du même pas. Cela veut dire qu'il y a eu entre les discours et décisions des dirigeants révolutionnaires et les aspirations de la majorité de la population cette correspondance profonde qui seule permet à des institutions de durer. En ce sens, Thermidor a été un rappel à l'ordre, à l'ordre véritable des choses humaines, quand Robespierre, qui avait continué jusque là à être soutenu par la majorité des Français, a «découplé» les idées et les choses en tenant des discours dans lesquels le peuple ne se reconnaissait plus, en voulant des «réformes superflues». Le nom même d'«ultra-révolutionnaire» qui lui fut appliqué est, note Cuoco, significatif : il voulait aller au-delà de la révolution, au-delà des changements voulus par les Français.

On reconnait là l'application de deux «axiomes» de la *Science nouvelle* de Vico, un auteur que, dans ce livre du moins, Cuoco cite peu, mais dont il adopte la conception générale de l'histoire. Le premier axiome énonce que «les choses hors de leur état naturel ne peuvent ni s'établir ni durer» (§ 134), et le second que «l'ordre des idées doit procéder selon l'ordre des choses» (§ 238). La philosophie de Vico, on le sait, est une philosophie de l'ordre, mais d'un ordre qui s'accomplit dans le temps. Cet ordre se révèle dans le rapport synchronique existant, à un moment donné de l'histoire, entre les idées et les choses, à savoir entre les manières de sentir et de penser des hommes, leur langage, leurs croyances religieuses, leurs idées philosophiques, et d'autre part leurs institutions politiques. Il se révèle aussi dans la suite diachronique des différents moments de l'histoire, dans la logique de la succession du «cours» historique. Les patriotes napolitains et leurs conseillers français n'ont pas écouté Vico en ne respectant pas l'ordre, en faisant marcher les idées avant les choses, ou plutôt en voulant faire entrer de force les idées dans des choses qui n'étaient pas prêtes à les recevoir. «Les actions des peuples», écrit Cuoco, «sont soumises à une méthode, de même que les idées des hommes. Si vous troublez, si vous inversez l'ordre et la série des unes et des autres, si vous voulez exposer en 1789 les idées de 1792, le peuple ne les comprendra pas».

On voit déjà que l'historien napolitain, s'il peut sembler proche des adversaires de la Révolution française, comme Burke ou Joseph de Maistre, qui critiquent l'universalisme abstrait de l'idéologie révolutionnaire et lui reprochent d'avoir rompu avec le passé, la tradition et l'autorité qu'elle représente, en un mot avec l'histoire, s'en sépare sur des points essentiels. Personnellement, il n'est pas viscéralement hostile aux idées françaises prises en elles-mêmes, il n'est pas attaché à la monarchie absolue et n'a pas de haine pour la forme républicaine de gouvernement. Il n'est pas «contre-révolutionnaire», et il se définit comme un modéré, «l'homme d'aucun parti, si ce n'est celui de la raison et de l'humanité», ce qui suffit à l'exclure du camp «réactionnaire». Mais surtout, et c'est en cela que réside son originalité, ce que l'on a pu appeler son «historicisme» est beaucoup plus radical et conséquent que celui des contre-révolutionnaires. Chez ces derniers, le recours à l'histoire achoppe sur le phénomène même qu'ils combattent. Folie, absurdité, délire criminel, pour eux la Révolution n'a pas d'autre consistance que celle de mauvais rêves dont ils espèrent se réveiller un jour. Or la Révolution a eu lieu, qu'on le veuille ou non, elle est un événement réel, irréversible, historique. On ne peut à la fois justifier l'Ancien régime par l'autorité de l'histoire, et abandonner brutalement toute analyse de type historique pour se livrer uniquement à l'imprécation ou à la lamentation, lorsqu'il s'agit d'événements aussi importants que ceux qui sont intervenus en France depuis 1789. Les contre-révolutionnaires ne possèdent donc pas davantage le «sens historique» que ne l'ont les révolutionnaires qui, eux, en appellent, contre l'histoire, aux lois éternelles de la raison.

L'historicisme de Cuoco est radical, dans la mesure où il s'attache à rendre compte aussi bien des «choses» que des «idées», dans leurs relations réciproques et indissociables, en n'oubliant jamais que «l'ordre des idées doit procéder selon l'ordre des chose». Cela lui permet d'affirmer, en opposition aux thèses des révolutionnaires aussi bien qu'à celles des contre-révolutionnaires, que la Révolution de 1789 «n'a pas été l'effet de la philosophie des Français», mais qu'«elle n'a été que l'effet des circonstances politiques dans lesquelles se trouvait leur nation». Et il précise : «Il y avait, à la fin du XVIIIe siècle, une contradiction poussée à l'extrême entre le gouvernement et les lois, les lois et les idées, les idées et les coutumes, et entre les différentes parties de la nation». Cette infinité d'abus à corriger condamnait tous ceux qui voulaient les réformer à se réclamer de principes généraux et abstraits : «les Français furent contraints de déduire leurs principes de la métaphysique la plus abstruse, et par là à confondre leurs propres idées avec les lois de la nature... Tout ce qu'ils avaient fait ou voulaient faire, ils crurent que c'était le devoir et le droit de tous les hommes».

On ne saurait trop souligner l'intérêt de cette analyse (typiquement vichienne) qui constate le caractère abstrait et universaliste des principes de la Révolution française, non pas pour le dénoncer et le déplorer, mais pour l'expliquer par les circonstances historiques de leur apparition, et par là même pour leur donner la justification que l'histoire est capable d'accorder. Mais en les justifiant de cette manière, Cuoco enlève à ces principes toute autre valeur que locale et temporelle. Ils sont l'expression de la situation française à un moment déterminé, mais ne sont pas applicables tels quels à des nations dans lesquelles le rapport entre choses et idées est différent. En ce sens, l'abstraction n'est pas tant dans les idées de la Révolution française que dans la tentative de les appliquer en les transplantant dans des terrains qui ne sont pas encore prêts à les recevoir, et qui peut-être ne le seront jamais. Ces idées, Cuoco ne les condamne ni ne les approuve dans l'absolu, il se contente, au nom de l'expérience historique et de sa philosophie vichienne de l'ordre, d'affirmer que ce qui était bon pour la France ne l'était pas pour Naples, et probablement pas davantage pour la plupart des autres pays.

L'erreur, que les patriotes napolitains ont payée si cher, a pour origine la façon dont les révolutionnaires français, prisonniers de leur « métaphysique abstruse », ont interprété leur propre action. Selon eux, ce serait leur effort volontariste qui aurait fait brusquement entrer dans la réalité politique les idées des philosophes, idées qui possédaient par elles-mêmes une valeur, une vérité absolues, et qui n'attendaient pour s'incarner que l'intervention de patriotes résolus. D'où l'illusion que les mêmes idées, transportées dans d'autres pays, pourraient, au prix d'un effort analogue, avoir les mêmes effets qu'en France. Cette illusion, Cuoco la retrouve chez ses amis Mario Pagano et Vincenzo Russo, deux grandes figures de la République parthénopéenne, morts sur l'échafaud, et dont les positions sont en antithèse parfaite avec les siennes. D'un côté on trouve, surtout chez Russo, une volonté radicale de reconstruire la société napolitaine sur des bases totalement nouvelles, en rompant brutalement avec tous les legs du passé, de l'autre, chez Cuoco, on a affaire à une pensée gradualiste, attentive au concret, au relatif, et à tout ce qui, chez l'homme, ne relève pas de la pure raison. Pagano, né en 1748, professeur à l'Université de Naples, est, au moment de la révolution de 1799, la figure la plus illustre de la pensée napolitaine. Ses *Essais politiques* (1783-1785) constituent une synthèse séduisante des idées de Vico et de celles de Turgot, Boulanger et Condorcet. Républicain modéré, il est l'auteur d'un projet de constitution pour la République parthénopéenne calqué sur la constitution française de l'an III. Russo, né en 1770, avocat, est, comme le définit *Le Moniteur* de Paris, « un jeune Napolitain, homme d'un rare talent, ayant étudié la philosophie de Kant dans la langue allemande, parlant le français couramment, et possédant une éloquence digne d'un Romain ».

Il a publié à Rome, en 1798, des *Pensées politiques* qui développent un programme relevant d'un socialisme utopique et moralisant : au nom de l'égalité et de la raison universelle, il demande la suppression de la propriété dans une société d'où le commerce et les manufactures auraient disparu, où il n'y aurait plus d'armée permanente, où l'on donnerait une éducation uniforme, et où tous les fonctionnaires recevraient la même rétribution. C'est cette utopie radicale que Russo défend ardemment à Naples, pendant l'intermède républicain, à la *Commission législative*, dont il fait partie, et à la *Salle d'instruction publique*, club révolutionnaire fondé en février 1799.

Que peut signifier un tel programme pour les *lazzaroni* de Naples ou pour les paysans de Calabre soumis depuis des siècles à la domination féodale des barons et à celle de l'Eglise ? Pour Cuoco, nous le savons, une révolution ne peut être active, c'est-à-dire réussir, que si le petit nombre, l'élite qui la mène, exprime les besoins profonds du peuple qui suit, pour parler en termes machiavéliens. Ou, pour parler en termes vichiens, si ceux qui jouissent de « la raison pleinement développée », et qui forment l'intelligence des nations, savent traduire en termes rationnels et en décisions réfléchies les sentiments et les imaginations du peuple, qui est le corps de la nation. Sinon, l'échec est fatal.

Une préface, écrite en 1806 pour une seconde édition de son *Essai*, laisse clairement voir qu'à cette date Cuoco, comme bien d'autres, crédite Napoléon de la « magnanime entreprise de recomposer les idées et les institutions de l'Europe ». Désormais, selon lui, dans le « cours éternel des choses mêmes », le moment des révolutions, actives ou passives, est révolu. Celui de la réorganisation commence. Pour l'Italie, toujours en retard dans l'ordre des choses comme dans celui des idées, une seule urgence s'impose, celle de l'unité politique et de l'indépendance nationale, qui sont à conquérir en même temps. Il faudra bien des luttes, pendant bien des décennies, pour qu'elle y parvienne.

Alain PONS
(Université de Paris X)

NOTE

(1) Vincenzo CUOCO, *Saggio storico sulla rivoluzione napoletana del 1799*, a cura di Fausto Nicolini (Bari, Laterza, 1913).

LA PHILOSOPHIE ESPAGNOLE
DEVANT LA RÉVOLUTION FRANÇAISE

La Révolution française – ou du moins ce qu'elle commençait à signifier dans le fond et dans la forme à partir des journées de Juin 1789 – traversa prestement les Pyrénées comme une flèche incandescente, au mépris du «cordon sanitaire» qu'avait fait installer tout le long de la frontière le premier Secrétaire d'Etat, le Comte de Floridablanca, et malgré la surveillance continuelle de l'Inquisition. Naturellement, la nouvelle de ce qui se passait dans le pays voisin suscita en Espagne des réactions très diverses, selon la disposition et les intérêts des récepteurs et aussi selon la caractérisation prédominante (socio-politique, économique, juridico-morale, religieuse, philosophique...) à partir de laquelle on percevait et on analysait le phénomène en question. Or, comme la même nouvelle se présentait en continuelle évolution, changeant de couleur et de sens au fur et à mesure de la succession des événements, les réactions ne restèrent pas stationnaires : elles évoluèrent à leur tour au rythme de ce mouvement exceptionnel.

La difficulté de l'étude que nous abordons va donc de pair avec la complexité qu'implique par lui-même tout phénomène de réception, et d'autant plus s'il s'agit d'un événement de cette ampleur et de cette nature. Pour que cette étude soit complète, il serait bon de considérer la multiplicité des aspects qui intègrent le processus, tant dans sa dimension dynamique que statique. Mais les éléments qui entrent en jeu sont si variés et si dispersés qu'ils exigent des chercheurs des compétences scientifiques très diverses et très profondes, de sorte que seule une équipe pluridisciplinaire bien entraînée et homogène pourrait affronter avec succès une analyse tant soit peu satisfaisante. Il va de soi, donc, que mon travail n'a pas ces prétentions. Je me propose uniquement de recueillir quelques aspects de la réponse apportée par la philosophie espagnole au fait de la Révolution française. Je vais porter principalement mon attention sur les raisons, les arguments et les attitudes que quelques philosophes espagnols ont maniés et adoptés devant le contenu et la forme de cette Révolution-là, ainsi que sur la valorisation et interprétation de ses origines intellectuelles et des principes qu'elle a soutenus et proclamés. Je ne me propose donc pas de découvrir ou d'analyser les canaux par lesquels la nouvelle de la Révolution s'est introduite en Espagne ni de m'étendre sur le prosélytisme ou la propagande, sur les réactions populaires ou les tentatives subversives qui eurent lieu. Je ne m'arrêterai pas davantage sur l'activité diplomatique ou sur la politique de censure dans la presse ou dans l'imprimerie... Cela étant posé, je vais me pencher exclusivement sur la prise de position philosophique.

D'abord, j'exposerai en deux mots la situation philosophique de l'Espagne pendant les années qui précédèrent l'explosion révolutionnaire. L'analyse nous montrera que la philosophie espagnole de l'époque n'était pas – et d'ailleurs, elle ne l'avait jamais été – uniforme et monolithique. D'autre part, nous verrons quelque chose de beaucoup plus surprenant à première vue et surtout, de généralement moins connu : c'est que notre philosophie avait accepté ou refusé – bien avant que la grande Révolution ne se mette en marche – certains présupposés doctrinaux, principes ou aspirations essentiels de celle-ci. La Révolution française ne tomba donc pas sur un terrain vierge. L'Espagne – comme le reste de l'Europe, d'ailleurs – était critiquement prête dans un sens ou dans l'autre, et avec des nuances.

Le cœur de cet exposé sera constitué, bien entendu, par l'étude des différentes réponses données par l'ensemble de la philosophie espagnole au fait révolutionnaire considéré dans ses aspects purement doctrinaux. Nous procéderons à l'analyse en tenant compte de la double exigence statique et dynamique de la question. Notre travail se termine en 1814, année où prend fin le premier cycle révolutionnaire français et espagnol. Nous partons du principe – une sorte d'hypothèse – que ce cycle s'ouvre avec la convocation des Etats Généraux en Mai 1789 et qu'il se ferme avec la chute du Premier Empire en Avril 1814. Nous retenons ces mêmes dates pour l'Espagne, bien qu'avec des circonstances et des significations différentes. Le cycle, on le voit, est vaste et diffus non seulement pour ce qui est de la France mais aussi pour l'Espagne. Cependant, il semble empli dans sa totalité par une même tâche, une même inquiétude politique et culturelle qui englobe, d'une certaine manière, les deux pays et, en réalité, toute l'Europe ; un cycle parcouru par un même fil conducteur, le plus souvent sinueux : la transformation de la société et de l'Etat de l'Ancien Régime interprétée selon l'idiosyncrasie particulière et la circonstance historique des divers protagonistes...

LA PHILOSOPHIE ESPAGNOLE DANS LES ANNÉES 80

Avant tout, il faut éviter, comme préjugé simplificateur hérité précisément du XVIIIᵉ siècle, l'idée fausse de l'uniformité (1). La vie philosophique en Espagne, dans les années qui précèdent immédiatement la Révolution française, était tout ce qu'il y a de moins ressemblant aux eaux tranquilles d'un lac. Cette image, transmise parmi d'autres considérations par Montesquieu, Deslandes, Voltaire et Masson de Morvilliers – pour qui la Péninsule Ibérique somnolait pacifique sous la férule universelle de la Scolastique (2) – ne correspond pas à la situation convulsive et agitée dont témoignent les documents et les livres de l'époque. Il se peut que de l'extérieur on vît les choses d'une autre manière, ou bien que la mentalité éclairée et l'encyclopédisme cherchât à exagérer la situation pour des raisons connues de tous. Il n'en est pas moins vrai qu'à l'intérieur du pays on respirait alors une atmosphère philosophique mêlée de polémiques aigres et vives. La controverse, parfois dure, et l'hétérogénéité idéologique, clairement observable, constituaient la tonalité dominante, malgré la scrupuleuse censure civile et ecclésiastique.

Et de quoi discutait-on avec tant d'ardeur? Bien entendu, nous ne pouvons pas entrer dans le détail ni embrasser tout l'éventail thématique du débat. Mais, pour ce qui est des lignes générales et de quelques grandes questions sur lesquelles les philosophes intervenaient avec le plus d'acharnement, on peut distinguer trois grands blocs de discussion :

1. La valeur de l'histoire intellectuelle et philosophique de l'Espagne, mise en question par un secteur de la pensée européenne (3).

2. La réforme de l'enseignement public, spécialement de l'enseignement universitaire.

3. Le renouveau social et politique de l'Etat.

Ces objets de discussion mirent en relief le fait que la conscience philosophique espagnole était réellement divisée sur des points essentiels et formait des groupes plus ou moins homogènes qui, avec le temps, allaient prendre des tournures diverses devant le phénomène révolutionnaire français et ses principes. Voyons rapidement quelques-uns des aspects les plus notables de ces groupes, que nous allons réduire schématiquement à deux : le groupe traditionaliste et le rénovateur.

LE GROUPE TRADITIONALISTE

Formé par les scolastiques d'observance étroite, amants de la tradition dans toute sa pureté même littérale, les membres de ce groupe prétendaient que l'Université de la fin du XVIIIᵉ siècle devait continuer à être le temple sacré de la Théologie et du Droit, selon l'esprit de la conception médiévale. Tout ce qui revenait à s'éloigner de la vieille structure hiérarchique du savoir – soit en nivelant les Facultés, soit en introduisant à l'intérieur des murs de ce temple la philosophie et les sciences modernes – devait être rejeté. Celle-là comme inutile et dangereuse. Inutile parce que la philosophie moderne ne servait pas, selon eux, à l'intelligence des Facultés supérieures, qui s'appuyaient sur la philosophie antique. Dangereuse parce que ses postulats audacieux déformaient la juste compréhension de la tradition religieuse et intellectuelle. On risquait de s'éloigner de la lecture littérale et authentique des textes sacrés et des Autorités. C'est pourquoi ils s'opposèrent de toutes leurs forces à toute tentative d'ouvrir la Scolastique à la modernité, même en conservant l'essentiel de sa structure et de son contenu. Il n'y avait donc rien à rectifier ; tout devait rester tel que l'avait légué le Moyen Age. Même chose pour la question sociale, politique et économique.

Sans aucun doute, les sciences doivent progresser, mais hors de l'Université : dans ces nouveaux centres que l'Etat prévoyant a mis peu à peu en marche ou encouragés tout au long du siècle, comme les Académies, les Jardins Botaniques, les Sociétés Economiques d'Amis du Pays, etc. Tout au plus on permettait à l'Université l'enseignement de la physique expérimentale, pour ceux qui souhaitaient étudier la Médecine ; mais là devait se limiter tous ses contacts avec la science moderne. La décadence observée dans les études ne doit pas être attribuée – comme le prétendent les modernes – au manque de méthode et de bons livres, mais plutôt « au libertinage et à la corruption du cœur, incompatible avec la science véritable... Nous n'en voulons pour preuve – déclaraient certains représentants du groupe – que le nuage épais de nouveaux philosophes qui, dans ce siècle éclairé, ont vu le jour, non pas pour éclairer mais pour obscurcir les vérités les plus claires et les principes les plus assurés, tant dans les affaires morales que sur certains points de la Religion » (4).

En ce qui concerne le débat sur la valeur de la science espagnole – tournée en ridicule par un secteur de la pensée éclairée européenne –, le groupe était convaincu de la grande dignité de notre patrimoine culturel, principalement en matière de sciences de l'esprit, fermement

enracinées dans la tradition qui remontait au Moyen Age chrétien.
A ce propos, voici ce que disait Vicente Fernandez, chanoine de Palencia :

> On nous tient pour endormis, nous les Espagnols, parce que nous ne sortons pas de la Secunda Secundae de Saint Thomas, parce que nous nous alimentons de vieux auteurs, Soto, Cayetano, Báñez, Molina, Lugo, Navarro, etc., et que nous ne nous décidons pas à nous réveiller à l'appel de ceux de l'Europe, à voir les merveilles que contiennent Puffendorf, Heineccio, Wolff et autres : *Potius est dormire quam illo modo vigilare.* Ce que ceux-ci peuvent avoir d'utile et de sain, nous le trouverons bien, à mon avis, dans les nôtres ; tout le reste, nous n'en voulons pas, autant vaut que nous dormions plutôt que de nous réveiller pour voir de tels paradoxes (5).

LE GROUPE MODERNE

Il n'existe aucun terme pour désigner les limites internes et externes d'un groupe humain, et encore moins lorsque celui que l'on prétend refléter, comme c'est le cas ici, est formé de personnalités hétérogènes et opposées sur des points fondamentaux. De par leur profession, leurs idées, leur façon de poser les problèmes et leurs aspirations, la plupart de ceux qui apparaissent ici sous le terme « moderne » n'ont presque rien à voir les uns avec les autres. Les uns sont des scolastiques plus ou moins ouverts à la philosophie moderne et à certains courants religieux, tel le jansénisme ; les autres sont des néo-classiques fervents de l'humanisme espagnol de la Renaissance, du type J. L. Vivès ; d'autres sont des « éclairés » à proprement parler, très profondément marqués par la philosophie européenne de l'époque... Cependant, le regroupement sous le terme cité est commode et sûr parce qu'il met en évidence un point sur lequel tous convergent : ils préconisent des réformes, et même si celles-ci sont entendues de mille manières différentes. Et elles sont présentées avant que n'ait lieu la Révolution française.

Face à l'histoire culturelle et intellectuelle de l'Espagne, le groupe moderne se montra parfois apologiste (mais non de la scolastique), parfois critique ; mais de toute façon, reprocha aux Espagnols eux-mêmes la méconnaissance dans laquelle l'Europe se trouvait de leur propre histoire, parce qu'ils ne s'étaient pas donné la peine de la travailler et de l'écrire. En ce qui concerne la réforme des études, ils essayèrent d'en chasser la scolastique ainsi que l'esprit de parti

philosophique; ils essayèrent de briser l'ancienne structure hiérarchique du savoir pour élever la dignité académique de la philosophie et
introduire dans l'enseignement de nouvelles disciplines plus appro-
priées aux nécessités du temps, comme l'Economie politique ou civile,
le Droit naturel et les sciences exactes, physico-chimiques et naturelles.
Ils mirent en évidence la nécessité en Espagne d'élaborer un plan
d'études totalement nouveau dans l'intention d'implanter «l'empire de
la raison», ce qui revenait à établir la prédominance des sciences utiles
et à proscrire la scolastique. Et pour finir, le secteur le plus avancé de
ce groupe fut partisan d'une réforme profonde de l'Etat, dans tous les
secteurs de la vie publique. Ce groupe eut le sens du droit et de la
liberté; certains de ses membres formulèrent une critique très dure sur
la situation sociale, politique et économique de l'Espagne antérieure à
1789.

Cependant, les rénovateurs espagnols – très influencés par la pensée européenne du XVIIIᵉ (française, anglaise, allemande, italienne...),
mais aussi dans une large mesure par l'histoire nationale – ne remirent
en question ni la monarchie, ni la religion. Tout au contraire, même les
plus hardis se montrèrent profondément monarchiques et religieux. De
plus, on peut même affirmer que l'immense majorité «rénovatrice»
était, dans le fond de l'âme, chrétienne et espagnole. Ceci explique son
attitude face à la Révolution française et le jugement critique que les
représentants les plus qualifiés du groupe portèrent sur les principes
révolutionnaires, et en particulier sur l'étendue et les fondements
doctrinaux des droits de l'homme. Le thomisme rénové et un humanisme chrétien largement ouvert furent, en particulier, les deux
positions philosophiques à partir desquelles le groupe moderne jugea
doctrinalement ces principes et ces droits. Deux positions ouvertes,
sans aucun doute, à toutes les influences du siècle; mais il n'en est pas
moins vrai que leurs principales racines plongent dans le terrain de
l'histoire culturelle de l'Espagne elle-même.

LA PRISE DE POSITION

La philosophie espagnole prise en bloc – si l'on excepte quelques
cas isolés – accueillit la nouvelle de la Révolution française avec de
nettes marques de désapprobation. Scolastiques et modernes procla-
maient bien haut leur répulsion, en employant parfois des termes très
durs. L'Inquisition, par exemple, faisant allusion aux premières
feuilles et papiers révolutionnaires qui entrèrent en Espagne, faisait

savoir en Décembre 89 que «c'était les productions d'une nouvelle race de philosophes, d'hommes à l'esprit corrompu» (6). De son côté, León de Arroyal, penseur éclairé, écrivait en Octobre 92 qu'il fallait craindre que les bouleversements survenus dans le pays voisin n'apportent que «de funestes conséquences pour le genre humain» (7). Ces sentiments se firent de plus en plus fermes, au fur et à mesure que la Révolution fut entraînée, à partir d'un certain moment, sur la pente noire de la violence et de la terreur. Jovellanos, l'auteur de l'une des biographies intellectuelles les plus limpides de notre XVIIIᵉ siècle, disait en Mai 94 : «Ces barbares se détruisent les uns les autres et travaillent à leur perte. La fureur des proscriptions terrifie. Heureusement, ce sont les mauvais qui meurent». Quelques jours plus tard, il écrivait à nouveau dans son *Journal* : «Mon opinion contre la fureur des républicains français s'explique fermement; la crainte qu'elle ne produise rien si ce n'est de faire empirer la race humaine!» (8).

On constate au début, en effet, un rejet généralisé de la Révolution, mais la coïncidence entre les groupes philosophiques espagnols fut plus apparente que réelle, plus de forme que de fond. Il est indubitable que pendant les vingt-cinq ans que dura la premier cycle révolutionnaire(1789-1814), tous réprouvèrent avec plus ou moins de conviction la façon dont se produisit et se déroula la Révolution française. Tous éprouvèrent une sensation forte devant la rapidité avec laquelle on était passé d'une situation à l'autre, devant l'état de mouvement continu et d'instabilité, les contradictions profondes et les va-et-vient idéologiques selon les moments, etc. La réprobation est facile à vérifier dans le secteur scolastique (*antiquo modo*), mais on trouve aussi d'abondants exemples analogues dans le secteur moderne, rénovateur ou éclectique. En fait, le groupe scolastique d'observance étroite soutint constamment une opposition radicale à tout le bloc révolutionnaire, tant sur le fond que sur la forme, sans offrir d'autre alternative que celle de l'ancien ordre des choses, sauf en ce qui concerne la vie morale et religieuse, publique et privée, où il exigeait un véritable revirement. L'autre groupe – du moins en partie – s'il en refusait en principe la forme, acceptait et comprenait le fond de la question, entre autres raisons parce que la plupart de ses membres avaient déjà défendu certaines de ses vues antérieurement. Voilà la raison des éloges prodigués par la majorité des philosophes modernes à l'œuvre constituante de la nouvelle France.

C'est le cas de Francisco Cabarrús, qui en 1793 écrivait à son ami Jovellanos : «Cette assemblée constituante de la France, le plus grand et le plus célèbre rassemblement de talents et de grandes connaissances qui ont peut-être jamais honoré l'humanité...» (9). C'est aussi le cas de León de Arroyal, qui en Octobre 1794, au moment où il se préparait à rédiger une Constitution politique pour l'Espagne, déclarait : « Quant au style et à la méthode, je suivrai celui de la Constitution française de l'an quatre-vingt-neuf (sic) car, bien que ce soit l'œuvre de nos ennemis, nous ne pouvons pas nier que c'est le plus pertinent ; et je n'hésiterai pas à en retenir ce qu'elle peut contenir de bon, parce que la raison ne connaît ni partis ni rivalités et que, où que ce soit que la justice et la vérité apparaissent, elle les adopte et les reçoit comme siennes » (10). C'est enfin le cas de Jovellanos, qui publia en 1795 une des œuvres les plus audacieuses de moment (l'*Expediente sobre la Ley Agraria*) et commença la lecture de la « Constitution de la France » (il ne précise pas laquelle, mais on peut supposer qu'il s'agit de celle du 5 Fructidor de l'An III, 22 Août 1795). Celle-ci lui parut « admirable », selon sa propre expression (11).

Les éloges, cependant, ne signifient pas identité idéologique entre les rénovateurs espagnols et les théoriciens de la Révolution française. S'ils s'accordent sur la nécessité d'introduire de grands changements dans la société de leur temps, s'ils s'accordent dans leurs aspirations essentielles, ils diffèrent en général sur les méthodes d'action, sur l'ampleur des droits reconnus, sur le fondement juridico-moral de ces droits ainsi que sur la source d'inspiration historique de cette constitution politique qu'ils souhaitent pour l'Espagne. Pour ce qui est de la méthode d'action, la philosophie espagnole des Lumières dans son ensemble – sauf quelques cas exceptionnels et dépourvus de clarté – n'en proposa qu'une seule : *la formation de l'opinion publique par le biais de l'instruction et de l'éducation*. De Jovellanos et Cabarrús au début, jusqu'à Quintana et Alberto Lista en plein milieu de l'invasion napoléonienne, ils répétaient tous la même chose : la culture était la seule force véritable pour tirer un peuple de son accablement. La majorité se méfiait des procédés expéditifs et subversifs. Jovellanos, par exemple, écrivait au début de la Révolution française :

> Je l'ai déjà dit ; je ne me résoudrai jamais à sacrifier la génération présente au profit de celles qui viennent. Vous approuvez l'esprit de rébellion ; moi, non : je le désapprouve ouvertement et il m'en coûte de croire qu'il porte en lui le sceau du mérite. Entendons-nous bien. Je loue ceux qui ont le courage de dire la vérité, de se sacrifier pour elle, mais pas ceux qui sacrifient des êtres innocents à leurs opinions, qui, en règle générale, ne sont que des désirs personnels, bons ou mauvais. Je crois qu'une nation éclairée peut réaliser de grandes réformes en évitant le sang et je crois que pour atteindre les Lumières, la rébellion n'est pas nécessaire. Je fais abstraction de

l'opinion de Mably qui autorise la guerre civile, quelle qu'elle soit; je la deteste et les Français la feront détester à tout homme sensible (12).

Cabarrús pensait la même chose, bien que sur de nombreux points il fût moins scrupuleux que Jovellanos. Et bien plus tard, en pleine convulsion nationale, sous la guerre d'Indépendance, Alberto Lista qualifiait ainsi la plus profonde et la plus durable de toutes les révolutions : la formation de l'opinion publique par le moyen de l'instruction. Il écrivait en 1809 :

L'action des Lumières est plus lente et plus sûre. Elle n'œuvre pas par la violence mais par la persuasion. La philosophie n'a pas besoin de force armée mais de liberté. Si la raison, encore prisonnière des chaînes qui l'ont opprimée pendant les derniers siècles, a tant fulminé contre l'ignorance et la tyrannie, que serait-ce si elle était libre?

La Révolution française n'a pas été achevée ; celle d'Amérique risqua d'échouer et on pourra faire marche arrière ; mais la révolution lente des Lumières, cette action posée et sans déficiences qui mine peu à peu les fondations du grand édifice de la barbarie, finira par porter ses fruits. Alors, il ne sera plus nécessaire d'employer la force pour donner leur liberté aux nations. Les tyrans passent, mais la raison demeure (13).

Ainsi donc, la philosophie espagnole «rénovatrice» fut en général hostile à la violence comme méthode d'action sociale et politique. Nos rénovateurs croyaient que cette méthode était en contradiction avec l'essence même de la philosophie. Comment se fait-il donc que des philosophes – comme cela s'est bien produit en France – aient défendu l'action violente comme forme de libération? Il n'y a qu'une seule explication : ou ce n'était pas de vrais philosophes, ou ils ont été incohérents vis-à-vis de leurs postulats. La violence peut aussi découler d'une résistance obstinée qu'un secteur de la population oppose à tout essai de réforme. En définitive, la cause la plus universelle à la question de la violence, c'est le manque généralisé d'une véritable instruction (14). Or, l'ignorance ne peut être combattue que par l'éducation rationnelle, par la lumière qui émane de la raison même, jamais par le despotisme de l'opinion : c'est le plus violent, le plus cruel et le plus sanglant de tous les despotismes (15). La violence qu'a fait naître la Révolution française n'est pas due, donc, principalement à la philosophie ni aux principes ni aux droits proclamés par elle, mais à des causes de nature diverse. Cette opinion majoritaire du secteur moderne ne pouvait être pleinement partagée par l'autre groupe, pour lequel la faute de la violence retombait sur la philosophie elle-même.

En ce qui concerne l'ampleur et les fondements doctrinaux des droits de l'homme, on observe aussi des différences entre les théoriciens de la Révolution française et les philosophes espagnols rénovateurs. En général, les premiers appuyaient leur argumentation sur la conception du droit naturel issue du rationalisme éclairé, abstrait, très XVIIIe siècle ; les seconds, en revanche, inclinèrent plutôt en faveur d'un droit naturel de type traditionnel, très enraciné dans la pensée grecque, dans la grande Scolastique de la Renaissance et dans l'humanisme chrétien. Ces fondements différents se répercutèrent logiquement sur la conception de la liberté, beaucoup plus individualiste et illimitée chez les révolutionnaires français que chez les rénovateurs espagnols. Ceux-ci eurent une conscience plus claire des limites et une conception plus « organiciste » de l'ensemble social. En définitive, la pensée espagnole rénovatrice paraissait beaucoup plus en accord avec le monde chrétien traditionnel. Voici un curieux texte de León de Arroyal, daté de Mai 93, et qui malgré ses sympathies envers la Déclaration des Droits de l'Homme et du Citoyen de 89, prend ses distances par rapport à la philosophie juridico-politique contenue implicitement dans cette Déclaration

> Voici bien des jours que, fâché contre tout ce qui a été écrit sur les droits de l'homme, je désirais trouver un moyen de sortir de ces doutes très graves qui, à mon insu, se présentaient à moi à propos de choses qui bénéficient généralement de principes libres de toutes controverses. Les diverses opinions des philosophes sur ce qui est juste et injuste, sur ce qui est droit et ne l'est pas, me firent soupçonner qu'ils ne fussent de bons maîtres pour enseigner la vérité à tous ceux qui ne s'accordent pas sur la vérité à enseigner, pour reprendre une pensée de Socrate. J'ai lu, j'ai médité, j'ai calculé et je me suis senti de plus en plus confus, jusqu'à ce que, abandonnant les livres humains, je me sois livré au divin livre de la nature, et, en le lisant à la lumière de la religion, j'ai réussi à éloigner les ténèbres qui m'envahissaient (16).

Il convient de situer les penseurs les plus représentatifs de ce cycle révolutionnaire dans la ligne d'Arroyal : une ligne qui s'ouvre et se referme dans le sens libéral, mais qui ne s'interrompt jamais. Cette même ligne, redevable en de multiples aspects à la Révolution française, trouva son inspiration profonde pour sa tâche rénovatrice dans l'histoire nationale même. C'est ce qu'ont reconnu les principaux protagonistes de 1789 à 1814 (17).

La philosophie espagnole ne fut et ne put être indifférente à la Révolution française. Et de plus, le fait révolutionnaire a agi au sein de la pensée espagnole comme un révulsif. Aucun penseur sérieux ne resta en marge, et encore moins dans le secteur rénovateur, moderne ou éclectique, qui comprit et assuma une partie du message. Or, l'acceptation ne fut pas mimétique mais critique et sélective, en accord avec l'idiosyncrasie de la culture espagnole. A la fin du cycle, une fois Napoléon arrivé en Espagne, les colonnes de l'Ancien Régime espagnol commencèrent à tomber au cri général de « Religion, Patrie et Roi ». Ce cri et cette chute ne sont-ils pas un symbole de la proximité et de la distance de la pensée politique espagnole vis-à-vis de la Révolution française?

Antonio HEREDIA
(Université de Salamanque)

NOTES

(1) Alain GUY, *Histoire de la Philosophie espagnole*, Toulouse, Université de Toulouse-Le Mirail, 1985, 2ᵉ éd., 1-2.

(2) MONTESQUIEU, *Lettres persannes* (LXXVIII), (Amsterdam-Leipsick, Arkstée et Merkus 1769), 207-209; DESLANDES *Histoire critique de la philosophie*, Amsterdam, François Changuion, 1737, t. III, 294; VOLTAIRE, *Œuvres complètes*, «Essai sur les mœurs et l'esprit des nations», ts. 7-8, Paris, Lib. Hachette, 1859, t. 8, 53, 266; Nicolas MASSON DE MORVILLIERS, *Encyclopédie Méthodique*, Géographie Dédiée et presentée à Monseigneur le Comte de Vergennes..., tome premier, pars 2, Voir article «Espagne», Paris, Panckoucke/Madrid, Jacques Thévin, 1783.

(3) Ceux qui se distinguèrent dans la critique furent surtout les français (quelques-uns déjà nommés) et les italiens (G.Tiraboschi, X. Bettinelli, C.Pozzi, etc.). Voir Tomás SERRANO, *Super judicio Tirabochi de M.Valerio Martiale, L.Annaeo Seneca, M.Annaeo Lucano, et aliis argentae aetatis Hispanis, ad Clementinum Vannetium epistolae duae,* Ferrariae, Josephus Rinaldus, 1776; Saverio LAMPILLAS, *Saggio storico-apologetico della letteratura spagnola contro il pregiudicate opinioni di alcuni moderni Scrittori Italiani,* Genova, Felice Repetto in Canneto, 1778. Il y a une traduction espagnole par Josefa Amar y Borbon, Zaragoza, Blas Miedes, 1782-1784, 6ts.; Juan Bautista MUÑOZ, *Judicio del tratado de educación del M.R.P.D. Cesareo Pozzi* , Madrid, Joachin Ibarra, 1778; Juan ANDRES, *Carta del Abate D. Juan Andrés al señor*

Comendador Frey Cayetano Valenti Gonzaga... Sobre una pretendida causa de la corrupción del gusto italiano en el siglo XVII, Madrid, Antonio de Sancha, 1780; Juan ANDRES, *Dell'origine, progresso é stato actuale d'ogni Letteratura*, Parma, 1782-1799, 7 ts. Il y a une traduction espagnole par Carlos Andrés, Madrid, Antonio de Sancha, 1784-1806,10 ts.; Juan Francisco MASDEU, *Historia critica de España y de la cultura española*, Madrid, A.Sancha, 1783-1805, 20 ts.; Antonio CABANILLES, *Observaciones sobre el articulo «España» de la Nueva Encyclopedia*, Madrid, Imp. Real, 1784; Antonio PONZ, *Viage fuera de España*, Madrid, Joachin Ibarra, 1785, 2 ts.; Juan SEMPERE Y GUARINOS, *Ensayo de una Biblioteca Española de los mejores escritores del reynado de Carlos III*, Madrid, Imp. Real, 1785-1789, 6 ts.; Antonio de CAPMANY, *Teatro historico-critico de la eloquencia española*, Madrid, A. Sancha, 1786-1794, 5 ts.; Carlos DENINA, *Réponse à la question «Que doit-on à l'Espagne?»*, Madrid, 1786; Santos DIEZ GONZALEZ, *Tabla, o breve relación apologética del mérito de los españoles en las clencias, las artes, y todos los demás objetos dignos de una nación sabia y culta*, Madrid, Blas Roman, 1786; Juan Pablo FORNER, *Oración apologética por la España y su mérito literario*, Madrid, Imp. Real, 1786; *Cartas de un Español residente en Paris a su hermano residente en Madrid, sobre la Oracion apologética por la España y su mérito literario, de Don Juan Pablo Forner*, Madrid Imp. Real, 1788; Carlos DENINA, *Cartas criticas para servir de suplemento al discurso sobre la pregunta «Qué se debe a España?»*, Madrid, P. Barco Lopez, 1788.

(4) *Escrito de varios Maestros de la Universidad de Salamanca al supremo Consejo de Castilla (13.IX.1788)*, AHN, Consejos (Universidades), leg.5465, n°34. Cf. Noberto CUESTA DUTARI, *El Maestro Juan Justo Garcia*,I, Salamanca, Universidad de Salamanca, 1974, p. 273.

(5) Vicente FERNANDEZ VALCARCE, *Desengaños filosóficos...*,III, Madrid, B. Román, 1790, pp. XII-XII.

(6) AHN, Inq., leg.4429, n°2.

(7) León de ARROYAL, *Cartas económico-políticas* (con la segunda parte inédita), Edición, prólogo y notas de José Caso González, Oviedo, Universidad de Oviedo, 1971, p. 169.

(8) Gaspar Melchor de JOVELLANOS, *Obras*, III (Diarios). Edición y estudio preliminar de Don Miguel Artola, Madrid, Biblioteca de Autores Españoles, 1956, pp. 171-174.

(9) Francisco CABARRUS, *Cartas sobre los obstáculos que la naturaleza, la opinión y las leyes oponen a la felicidad pública*, Madrid, Imp. de Burgos, 1820, 3e ed., p. 178.

(10) León de ARROYAL, *Op. cit.*, p. 227.

(11) Gaspar Melchor de JOVELLANOS, *Op. cit.*, p. 338.

(12) *Id.*, *Obras*, II (Carta «a desconocida persona»), Colección hecha e ilustrada por Don Cándido Nocedal, Madrid, Biblioteca de Autores Españoles, 1952, p. 366.

(13) Alberto LISTA, *De la opinión pública*, «El Espectador Sevillano» Sevilla (16. XI.1809), 182.

(14) Manuel José NARGANES DE POSADA, *Tres cartas sobre los vicios de la instrucción pública en España*, Madrid, Imp. Real, 1809, pp. 10-11.

(15) Antonio ALCALA GALIANO, *Máximas y principios de legislación universal*, Madrid, Vega y Compañía, 1813, «Prólogo».

(16) León de ARROYAL, *Op. cit.*, p. 187.

(17) Cf. Francisco MARTINEZ MARINA, *Teoría de las Cortes*(1813). Ed. de José Martínez Cardos, Madrid, B.A.E., 1968-1969, 2 ts.

LA PHILOSOPHIE DE LA RÉVOLUTION FRANÇAISE ET LA PENSÉE RÉFORMISTE ARABE

La philosophie de la Révolution française, caractérisée par la critique de la tradition et de l'absolutisme, par l'affirmation de la raison comme suprême autorité et par la mise en œuvre d'un idéal universaliste de liberté, d'égalité et de concorde entre les hommes, n'a pas manqué d'exercer sur le monde musulman, durant tout le XIXe siècle, une influence qui continue encore à vivifier nos débats politiques et sociaux actuels. Cette influence, qui ne fut pas immédiate, se révéla pourtant forte, environ un demi-siècle après la Révolution française, chez un certain nombre de penseurs, et, à partir d'eux, s'étendit aux milieux cultivés d'une façon générale, pour finalement s'exprimer d'une façon nette, quoique restreinte, dans la pratique de certains gouvernements. Nous nous proposons ici d'étudier cette influence à travers deux œuvres qui se sont largement inspirées des idéaux de la Révolution française et qui restent d'une actualité étonnante chez nous en ce qu'elles posent les jalons pour une démarche de dépassement de soi vers la modernité. Il s'agit de *Takhliç-al-Ibriz fî Talkhiç Bériz,* ou *la Quintessence de Paris* de Rifâah Ràfe-al Tahtâwi, auteur égyptien (1801-1873) ; et de *Aqŵam-al-Masselik fî Maârifèt Ahwâl al-Mamalek,* ou *Les réformes nécessaires aux Etats musulmans* de Khereddine Tunsu, auteur tunisien (1822-1889).

Or, la lecture attentive de ces deux textes montre deux choses. D'abord, la critique vigoureuse de la religion, entendue comme un des fondements traditionnels du droit, critique qui représente l'un des aspects les plus forts et les plus virulents de l'idéologie révolutionnaire française, se trouve, chez Tahtâwi en Egypte comme chez Khereddine en Tunisie, purement et simplement refusée. En effet, l'idée de se soustraire à l'islam comme principe du droit, reste, même chez ces deux penseurs, qui ont produit la critique la plus audacieuse de la politique et de la société, tout à fait inconcevable.

La deuxième caractéristique découle de la précédente : il s'agit de la structure parfois duelle de nos deux textes, qui recourent, çà et là, à des analogies d'où n'est pas tout à fait absente la tentation de réduire certains idéaux nouveaux à des représentations traditionnelles.

Ruse de la raison pour mieux frayer le chemin à ces idées en milieu musulman encore hostile, ou faiblesse conceptuelle ? La question se pose. En ce qui nous concerne, nous pensons qu'il y a là quelque chose qui a trait plutôt au genre de difficultés que peut rencontrer un idéal dans ses aspirations à l'universalité.

Ces difficultés résident en fait dans la problématique même de ces textes : comment sortir de la décadence, accéder au progrès, se défaire de l'absolutisme, sans perdre l'islam comme norme et valeur de l'existence ? Nous n'avons pas cessé aujourd'hui d'être déchirés par cet effrayant problème.

Mais, déjà au XIXᵉ siècle, cette question se posait à travers Tahtâwi et surtout à travers Khereddine, dans toute son acuité. Le choc avec l'Occident leur ayant permis d'avoir une conscience aiguë du retard des pays musulmans, ces deux penseurs vont s'interroger sur les causes de ce retard, pour y remédier et s'intégrer ainsi au monde moderne. Mais l'islam est là et il est toujours prégnant. Que faire ? La seule issue possible reste, à leurs yeux, la conciliation entre progrès et religion, liberté et respect de la loi divine, Lumières et dogmes en somme : tâche dont ils n'ont pas peut-être assez mesuré l'ampleur, mais qui a pourtant donné lieu, chez l'un comme chez l'autre, à un labeur fécondant et à une critique audacieuse d'innombrables conservatismes, à commencer par celui de la religion elle-même, mais dans son aspect pratique dominant et en tant qu'elle est vécue comme superstition favorisant l'ignorance et la soumission aux despotes.

Dès lors, on peut essayer de persuader les ulémas, qui forment le milieu le plus hostile aux idéaux de la Révolution française, que la religion vraie et purifiée ne s'oppose pas aux idées nouvelles de justice, de liberté et d'égalité, ni à une rationalisation de la vie sociale et politique, puisque l'islam des fondements contenait déjà, d'après Tahtâwi et Khereddine, de telles idées.

Nous essayerons de suivre cette argumentation d'un peu plus près, d'abord chez Tahtâwi, ensuite chez Khereddine.

On sait que la pénétration des idées de la Révolution française en Egypte s'est opérée d'abord par le biais de la Mission scientifique qui a accompagné l'Expédition de Bonaparte (1). L'Egypte, alors province quasi autonome de l'Empire ottoman, éprouva-t-elle répulsion ou admiration à l'égard de cette Expédition? Les deux à la fois, comme en témoigne la description du grand historien égyptien de l'époque, al-Gabarti (2).

Mais c'est surtout sous l'impulsion de Mohamed Ali que l'Egypte va s'ouvrir à l'idéologie de la Révolution française. En effet, dès son accession au pouvoir (1805), cet homme, qui a tout fait pour moderniser l'Etat et la société, prend l'initiative d'envoyer en Europe, et plus spécialement en France, plusieurs missions de jeunes Egyptiens.

De retour en Egypte, les membres de ces missions, qui se sont mis à l'école de la science et de la pensée moderne, ainsi que des idées politiques et sociales, vont exercer une influence décisive sur leur pays. Parmi eux : Tahtâwi, résidant à Paris de 1826 à 1831. Observateur perspicace, de formation azharite mais d'esprit très ouvert, il étudie minutieusement les institutions françaises.

Immédiatement après son retour en Egypte, il est nommé traducteur (une vingtaine de traductions de livres français en arabe vont alors voir le jour), puis Directeur de la nouvelle Ecole des Langues (1835), canal de transmission de première importance pour les idées nouvelles en milieu cultivé égyptien. C'est dans ce cadre que Tahtâwi pourra exposer les valeurs nouvelles qu'il cherchera ardemment à introduire en Egypte.

Mais c'est en 1834 que la publication de son ouvrage principal, *Takhliç al-Ibriz*, apporte au public cultivé une ouverture véritable à la culture moderne et aux idéaux de la Révolution française. Ce livre est capital pour comprendre l'évolution de la pensée de la *Nahdha* ou Renaissance arabe, car c'est essentiellement grâce à lui que les principes de la Révolution française ont été diffusés, d'abord en Egypte et, ensuite, dans le monde arabe en général.

Dans ce livre, Tahtâwi envisage principalement les notions de liberté, d'égalité et de justice.

En arabe, le mot *horryah*, que l'on traduit par «liberté», n'appartient pas à la terminologie politique et sociale, mais au vocabulaire juridique de l'islam. D'où un contraste frappant entre le concept de «liberté» individuelle, civile, politique et sociale qui prévaut en France, d'une part, et celui de «liberté» juridique qui relève de l'islam, d'autre part (3). Malgré ce contraste, Tahtâwi essaie de concilier les deux représentations, en vue d'introduire peu à peu les valeurs nouvelles de ce concept : «Ce qu'ils appellent liberté et qu'ils prescrivent sous ce nom est identique, dit-il, à ce que nous appelons justice et équité» (4). Mais ces deux termes, «justice» et «équité», ont en arabe une connotation tout à fait religieuse. Une fois ce parallélisme établi, l'auteur va défendre ardemment la liberté d'expression et de presse, puisque

les informations peuvent, soutient-il, comporter des avertissements ou des conseils bénéfiques, qu'ils émanent d'hommes éminents ou humbles, puisqu'aussi bien l'homme humble peut penser à ce qui ne retient pas l'attention de l'homme éminent (5).

Le raisonnement de Tahtâwi sera le même à propos du principe d'égalité.commentant ce principe, il écrit :

Il exerce une influence immense pour édifier la justice, secourir l'homme frappé par l'injustice et consoler le pauvre, assimilé aux grands quant à l'application des lois (6).

Et il ajoute : «la justice est le fondement de la civilisation» (7).

Ainsi, Tahtâwi croit qu'il est possible de passer, sans trop de heurts,des principes élémentaires de la religion traditionnelle à l'affirmation,toute nouvelle, des principes de liberté, d'égalité et de justice contenus dans la Déclaration des droits de l'homme et du citoyen. Comment?

C'est par le recours à la notion d'efficacité (après mention des parallélismes et des affinités entre les deux séries de principes) que Tahtâwi entend étayer son plaidoyer en faveur des principes de la Révolution française. A partir de là, une perspective «laïque» va s'ouvrir, permettant une attitude plus avancée. Si «les Français se divisent en deux catégories, les royalistes et les républicains», l'analyse des différences permet de prendre parti sans détour pour ces derniers. Tahtâwi,en retraçant l'histoire politique de la France depuis la Révolution,exalte les assemblées représentatives parlementaires et va jusqu'à justifier la révolution violente contre le pouvoir royal, coupable d'avoir fait fi des droits du peuple. L'installation du fils de Philippe Egalité comme roi des Français lui fournit, de même, l'occasion d'une attaque virulente contre la monarchie de droit divin, attaque qui se double d'un plaidoyer pour le régime constitutionnel.

L'étude des institutions parlementaires françaises en 1830 lui permet d'opter pour la répartition du pouvoir en trois branches (exécutif, législatif et judiciaire) et de souligner que seule la «constitution», fondée sur le contrat social et non octroyée par le souverain, constitue «le fondement de la société civilisée» (8).

L'on voit alors l'extrême audace de l'attitude de Tahtâwi, qui cherche à implanter les idéaux de la Révolution française dans un pays dont l'atmosphère est encore tout imprégnée du despotisme ottoman et oriental.

En effet, le constitutionnalisme, la réforme de l'enseignement et de l'administration, la liberté de presse, ainsi que les débuts du féminisme, vont se nourrir directement des idées de Tahtâwi. Mais Tahtâwi, comme l'a souligné l'un de ses commentateurs les plus perspicaces,

> a vécu et travaillé au cours d'un interlude heureux de l'histoire, quand la tension entre l'islam et la chrétienté s'était relâchée et n'avait pas encore été remplacée par la nouvelle tension politique entre l'Orient et l'Occident (9).

Ce ne sera plus tout à fait le cas vingt ans après, ni en Egypte, ni surtout en Tunisie, où Khereddine a été constamment préoccupé par le danger que les grandes puissances européennes commencent à représenter. Conséquence : la pensée politique arabe, même très avancée, va prendre une autre orientation.

L'*Essai sur les réformes nécessaires aux Etats musulmans* (10) est avant tout une méditation sur la nécessité de favoriser une interaction bénéfique entre l'Occident et le monde musulman. Mais cette interaction implique une certaine égalité qui n'existe pas encore entre les deux.

Pourquoi? se demande Khereddine. Intellectuel et homme du pouvoir, celui-ci est en effet l'un des membres les plus actifs de la commission qui a élaboré, en 1860, la première constitution de la Tunisie et même du monde arabe en général. Or, dans cette constitution, dont on ne saurait trop souligner l'importance capitale, l'empreinte des idéaux de la Révolution (idéaux dont Khereddine a pu mesurer la force lors de ses différents séjours en France) est nettement perceptible.

Certes, quelques réformes, les *Tanthimat*, avaient déjà été entreprises en Turquie, mais elles y avaient vite rencontré beaucoup de réticences. Et c'est plutôt en Tunisie (province ottomane) qu'elles vont être puissamment encouragées par Khereddine et ses compagnons, qui vont travailler ardemment à les systématiser à toutes les sphères de la vie politique et sociale.

Et c'est dans l'*Essai sur les réformes* qu'on voit Khereddine se prononcer fermement, et à maintes reprises, pour l'introduction dans les pays musulmans des idéaux de la Révolution française. L'auteur réfléchit longuement sur les causes de la décadence des pays musulmans et sur les réformes qui pourraient y remédier. Il aboutit à la conclusion que la décadence est due essentiellement à des structures politiques telles qu'elles empêchent tout progrès et susceptibles, non de permettre des rencontres fructueuses avec l'Europe, mais d'entraîner la dépendance.

L'*Essai sur les réformes* va donc formuler une critique acerbe du despotisme et faire constamment le procès de l'ignorance entretenue par celui-ci, ainsi que du mécontentement qu'il provoque et qui engendre l'anarchie, elle-même responsable du déclin économique et culturel des pays arabes.

Inlassablement, en effet, Khereddine dénonce « le gouvernement d'un seul toujours dangereux quelle que soit la supériorité du chef ». Citant Montesquieu, il affirme qu'« un seul, sans lois, sans règles, entraîne tout par sa volonté et ses caprices » (11). Il cite aussi le Coran, qui dit la même chose, quoique en d'autres termes (du moins selon son interprétation).

Le bonheur ou le malheur des empires, explique Khereddine, dépendent étroitement de la manière dont le pouvoir est exercé et de l'existence ou non d'institutions basées sur la justice et la liberté, la sécurité des citoyens et la protection de leurs personnes et de leurs biens (11)

toutes choses qui peuvent engendrer cette prospérité dont il voudrait voir les bienfaits s'étendre aux Etats musulmans. En effet, la liberté, « qui a pour conséquence l'égalité de tous les citoyens dans la jouissance et l'exercice de leurs droits » (12), doit être fondée sur des institutions. Ces institutions font référence au principe essentiel du réformisme arabe, qui est la *Shura*, la consultation, exercée dans le cadre de chambres représentatives et prolongée par le contrôle des décisions à tous les niveaux.

L'on voit comment, pour défendre les réformes, Khereddine essaie de rapprocher les idéaux nouveaux des principes musulmans et cherche ainsi à désarmer les ulémas et les milieux politiques hostiles.

L'immense écho que son livre a immédiatement suscité montre qu'il a su remuer les esprits.

Khereddine avait-il l'impression qu'en l'écrivant, il accomplissait un travail de l'envergure de celui qu'Ibn Khaldun, tunisien lui aussi, avait, après une longue expérience des affaires politiques, mené à bien, comme lui, dans la solitude, et consacré, de même, à la question du pouvoir et de l'Etat? Peut-être! Mais le livre de Khereddine ne s'intéresse pas, comme celui d'Ibn Khaldun, aux seuls Etats musulmans, puisqu'il étudie aussi les Etats européens et spécialement la France. Originalité, donc, de ce texte qui veut faire connaître l'Europe aux Musulmans et le monde musulman aux Européens. Actualité, aussi, de ce livre qui a plus de cent vingt ans et qui redevient pourtant aujourd'hui une référence fondamentale (en Tunisie et partout dans le monde arabe) dans tous les débats sur ce que nous appelons maintenant les rapports interculturels.

Comment Khereddine procède-t-il?

D'un côté, il essaie d'élargir la sphère du religieux pour pouvoir y intégrer certaines idées nouvelles, et d'un autre côté, il s'efforce d'éviter toute imitation servile de l'Occident. Double mouvement, donc, qui tend à préserver la religion, mais sans récuser l'innovation et le progrès, et à affirmer des idéaux politiques et sociaux nouveaux, mais pouvant être efficacement mis en œuvre. L'enseignement moderne ne permet-il pas cette médiation?

> La force de la France, écrit Khereddine, dérive d'abord de la force de l'éducation [...]. C'est pourquoi les bibliothèques et les sociétés savantes se sont beaucoup multipliées depuis la Révolution (13).

S'inspirer de cette façon de faire ne peut être que bénéfique, car la culture moderne contribue au progrès tout en aidant l'homme à s'arracher aux multiples déterminations qui le subjuguent. L'islam originel y retrouve sa véritable vocation, lui qui est venu arracher les Arabes à la *Jahillyya*, c'est-à-dire à l'ignorance, puisque telle est la traduction littérale de ce terme qui désigne la période antéislamique.

Khereddine entreprend donc une réforme de l'enseignement de la *Zitouna*, grande Mosquée et «Université» de type traditionnel. Il crée aussi la Bibliothèque Nationale et le Collège Saddiqui, premier collège moderne et pépinière des futures élites tunisiennes.

Ainsi, à travers les réformes politiques qui visent la limitation du pouvoir individuel, comme à travers la modernisation de l'enseignement et de l'administration, se dévoile une certaine urgence de l'action chez Khereddine.

Mais cette urgence de l'action prévaut, nous semble-t-il, aux dépens de questions théoriques fondamentales. En effet, l'ouvrage de Khereddine contient beaucoup d'analyses portant sur les réformes, sur la politique et sur le style de gouvernement qu'il voudrait instaurer, mais on y chercherait en vain une quelconque théorie de la souveraineté ou de l'Etat en général, à la manière de Hobbes ou de Rousseau, par exemple.

Peut-être, comme tous les réformistes arabes du XIXe siècle, Khereddine pense-t-il que les questions fondamentales sont déjà posées et résolues par l'islam lui-même.

Khereddine et Tahtâwi sont donc hostiles à l'absolutisme, à l'injustice, à la faiblesse et à la décadence : en cela, leur écriture porte bien la marque des idéaux de la Révolution française, mais l'un comme l'autre élude les questions de philosophie politique. Ni l'un ni l'autre, par exemple, ne se pose la question de la démocratie : comment un peuple peut-il se gouverner lui-même ?

Chez eux en effet, comme chez tous les réformistes arabes, le critère du droit n'est pas l'homme, comme dans l'Occident des Lumières, mais la législation divine ou *Sharia*.

Nous comprenons maintenant pourquoi ce n'est jamais en termes de coupure ou de rupture que leur texte fonctionne, mais toujours en termes d'accord ou de conciliation (conciliation qui nous semble tout à fait problématique) entre Lumières et dogme.

Certes, leurs textes ont contribué à modifier la sensibilité et à faire porter sur la société un regard nouveau, mais ils ont laissé pratiquement intacte l'image traditionnelle de l'homme arabe.

Faut-il y voir le signe des limites de l'idéal universaliste et de l'affirmation de l'auto-détermination de l'homme ou faut-il recourir au principe – pour le moins ambigu – de la différence comme constitutive de l'humain ? Ne serait-ce pas là l'enjeu principal de notre être arabe actuel ?

Ali CHENOUFI
(Université de Tunis)

NOTES

(1). Sur le cheminement des idées de 1789 en Egypte, cf., entre autres, A. HOURANI, *Arabic thought in the liberal age. 1798-1938*, Londres, 1962 et A. ABDEL MALEK, *Idéologie et renaissance nationale : l'Egypte moderne*, Paris, Anthropos, 1969.

(2). ABD-AL-RAHMAN-AL-GABARTI (1754-1825), qui a assisté de près à l'Expédition en Egypte, nous montre dans son *Agaeb-al-athâr fîltarâgem w'al-akhbâr*, l'attitude ambivalente de beaucoup d'Egyptiens (dont lui même) en face de cette Expédition.

(3). L. AWAD souligne ce contraste en relevant l'absence de l'acception sociale et politique du terme « liberté » dans la pensée arabe jusqu'à Tahtâwi : cf. *Al-Mouathirat-al-agnabyya fîl adab-al-hadith*, Le Caire, Daral-Maârifa, 1966, pp. 125-126.

(4). *ID., ibid.*, p. 122.

(5). *ID., ibid.*, p. 125.

(6). *ID.*, *ibid.*, p. 148.

(7). *ID.*, *ibid.*, p. 146.

(8). *ID.*, *ibid.*

(9). HOURANI, *op. cit.*, p. 81

(10). Paru en arabe (Tunisie, 1867) et en version remaniée, écrite directement en français par l'auteur (Paris, 1868). Nous nous référons à l'édition de Moncef CHENOUFI, Tunis, M.T.E., 1975.

(11). *ID.*, *ibid.*, p. 180.

(12). *ID.*, *ibid.*, p. 185.

(13). *ID.*, *ibid.*, p. 206.

(14). *ID.*, *ibid.*, p. 208.

LES RAPPORTS DE KANT ET DE SIEYÈS
(À PROPOS DE LA *PAIX PERPÉTUELLE*)

Pendant la Terreur, le bureau de police reçoit une lettre adressée à Sieyès, dont on surveillait la correspondance. Lettre venue d'un pays ennemi, écrite en latin, comportant plusieurs feuillets : aussitôt on soupçonne un complot. La pièce est transmise au comité révolutionnaire, où elle est étudiée de près, personne n'en saisit le sens. Finalement, on découvre qu'il s'agit d'extraits des œuvres de Kant : « il est prouvé que la lettre ne contient aucun plan contre-révolutionnaire, mais que le langage philosophique est neuf, le sens peu compréhensible et la matière assez obscure. La lettre dont le contenu avait brisé tant de fortes têtes est recachetée et renvoyée à son adresse » (1).

Cette histoire que nous raconte Meyer, qu'elle soit vraie ou non, n'en est pas moins illustrative d'une rencontre imaginée et désirée par les amis allemands de la Révolution, et qui a trouvé répercussion en France : l'abbé Sieyès aurait dû rencontrer Kant, le « vieux jacobin » dont la pensée accomplissait en Allemagne une révolution semblable à celle à laquelle on assistait en France. Une rencontre voulue par les uns, critiquée par les autres, un rêve néanmoins partagé : on voit paraître en allemand, par exemple, une prétendue « Réponse du prof. Kant à l'abbé Sieyès », en 1796, écrit apocryphe qui, imprégné des principes de la sainte religion, admonestait l'ecclésiastique. L'Allemagne est tout excitée par la nouvelle d'une lettre que Sieyès aurait écrite à Kant (2). Nicolai en profite également : selon lui, Kant aurait fait parvenir la traduction française de la *Paix perpétuelle* à l'abbé, dans l'espoir de voir la France s'orienter vers son doux rêve, cet ouvrage, ajoute-t-il, « qui hormis quelques bonnes observations sur le droit politique théorique, n'est pas vraiment un bon livre » (3).

La rumeur répandue d'une telle correspondance n'était pas sans danger pour Kant, qui décide d'y mettre fin lorsqu'il la voit diffusée par la gazette de Thorn le 20 février 96. Il fait publier dans la Gazette de Konigsberg du 7 mars une déclaration certifiant qu'il n'existait aucune correspondance, sinon un contact dont l'objectif était la vulgarisation de ses œuvres en France. A vrai dire, ce n'est que deux jours après, le 9 mars, que Kant répond à Théremin. Charles Théremin, de l'entourage de Sieyès, lui avait adressé une lettre, par l'intermédiaire de son frère, prêtre à Memel en l'invitant à une correspondance directe avec Sieyès. Kant lui répond d'une manière très habile. Il lui écrit pour qu'il fasse connaître à Sieyès son intérêt pour la publication de ses œuvres en France. Il conseille, en ce sens, la traduction de trois ouvrages, la *Critique de la raison pure*, les *Fondements de la métaphysique des mœurs* et la *Critique de la raison pratique*; en outre, il annonce qu'un de ses disciples, F. Nitsch, a inauguré à Londres un cours sur le criticisme, et qu'il a des propositions pour une édition italienne à Vicence (4). Quelques années plus tard, après la mort de Kant, Jachmann s'efforce de donner cette version «diplomatique» de l'affaire : Kant, en tant que vrai patriote, n'a pas voulu se mêler de la politique d'une nation étrangère et, par suite, a refusé de correspondre avec l'abbé Sieyès; Kant savait, nous dit Jachmann, «jusqu'où un citoyen, fût-il même un *Weltbürger* et un savant, pouvait aller et jamais ne dépassait ces bornes» (5).

Il est à remarquer que Kant ne fait aucune allusion dans cette lettre à la *Paix perpétuelle*, dont il paraît cette même année une version française chez Nicolovius, aussitôt reprise par Jansen et Perronneau à Paris. S'agit-il d'un oubli? La chose est peu probable. A la suite des traités de Bâle, Kant écrit, plein d'ironie, un «projet philosophique» où le républicanisme est à l'ordre du jour. Ce projet s'inscrit, bien entendu, dans un genre littéraire qui a connu une certaine fortune à l'époque, et dont Kant veut préciser la portée philosophique. Il prend également sa place dans le développement interne de sa pensée. Les années 90 verront naître des textes parfois paradoxaux, mais qui reprennent des thèmes avancés par l'édifice critique en précisant leur sens anthropologique (6). Mais surtout, il intervient au cœur d'un débat politique (7). Et pas seulement au nom de la paix. Son républicanisme, en effet, suppose, sur le plan mondial, un foyer autour duquel les nations se regrouperaient dans une libre alliance. Ce centre n'est autre que ce peuple «aussi puissant qu'éclairé» qui s'est constitué en république (8). La défense d'une constitution qui, même arrachée par des moyens injustes, ne peut être renversée au nom du seul rétablissement de l'ordre ancien, en est un autre exemple. Cette position politique, *Le Moniteur* l'annonce en toute évidence : «le célèbre Kant, cet homme qui a produit en Allemagne dans les esprits une révolution pareille à celle que les vices de l'Ancien Régime ont laissée arriver en France dans les choses, vient d'étayer du poids de son nom la cause de la constitution républicaine » (9).

Il semble que cet article paru dans *Le Moniteur* a accru l'intérêt que Sieyès portait aux écrits de Kant. Ce métaphysicien très fier de sa pensée a toujours subi l'attraction de l'Allemagne, et l'on a même mentionné son « affinité élective pour Kant » (10). Il avait déjà lu les lettres écrites par le frère de Reinhard, mais vers le début de 96 il est davantage plongé dans le kantisme. En effet, Reinhard lui écrit le 2 décembre 95, lui recommandant Pappenheimer, « ami de la République et possédant à fond le système de la philosophie de Kant ». Arrivé à Paris, Pappenheimer demande un rendez-vous le 27 décembre. Une semaine après, Théremin écrit à son frère pour faire suivre une invitation de correspondance entre Kant et Sieyès. Le 20 janvier, Kerner écrit à Sieyès : « le citoyen R. vous a envoyé avec le dernier courrier sa traduction de la paix éternelle écrite par Kant. J'ai vu par votre lettre à notre ami, que vous avez proposé de faire nommer Kant membre correspondant de l'Institut national, et de frayer à son système philosophique le chemin en France » (11). Il s'agit de la lettre de Reinhard du 17 janvier (12), où il donne aussi quelques commentaires sur le texte. Le 16 juin, Ebel annonce à Sieyès qu'il joint « ici la traduction du dernier ouvrage du célèbre Kant, dont vous avez lu un extrait dans *le Moniteur*, il y a quelques mois. J'ignore si la traduction est bonne ». Quelque temps auparavant, c'est Grouvelle qui prend l'initiative de faire parvenir à Sieyès le prospectus de l'édition latine des œuvres de Kant et annonce son intention de traduire la dernière brochure du philosophe, que « vous connaissez...au moins par l'extrait qui en a été inséré dans *le Moniteur* ». Son entourage divulgant l'intérêt pour Kant, la citoyenne Tranchant lui demande un rendez-vous en 1798 pour lui présenter une traduction de la « théorie de la pure religion morale » du « célèbre Kant » (13).

Les Allemands qui séjournaient à cette époque à Paris ont eux aussi remarqué cette passion de Sieyès. Ainsi, de la Garde écrit à Kant le 20 décembre 1796 : « j'ai pu observer le grand intérêt de connaître vos écrits à Paris. Puisqu'il vient surtout de la part de Sieyès, j'ai chargé un certain Theremin de se mettre à une traduction de vos œuvres ». En 1798, W. von Humboldt décrit à Schiller (23 juin) le colloque auquel il a été invité pour discuter de la philosophie. Il y rencontre Sieyès, « qui a de nouveau repris les entretiens sur la métaphysique ». Cette rencontre a duré 5 heures, et c'est surtout Sieyès qui l'a impressionné :

« lorsque j'ai parlé de métaphysiciens français, je parlais tacitement toujours de Sieyès. Il dit des choses qui ressemblent à Kant et à Fichte, il avoue l'insuffisance de toute la philosophie française, et m'a dit notamment qu'en aucun ouvrage français, pas même deux lignes de saine morale ne tiennent debout. Mais il n'a pas de clarté et d'unité dans ses idées et il est trop orgueilleux et n'a pas de patience ni pour écouter des choses nouvelles, moins encore pour les admettre».

Quelle fut l'opinion de Sieyès sur le *projet de Paix perpétuelle* de Kant? Reinhard y a sûrement joué un rôle, car il n'en livre pas à proprement parler une traduction, mais plutôt une version. Il s'est efforcé de le rendre lisible à un français. Et même davantage : il l'a adapté à l'usage de l'abbé. En effet, il enlève certains passages sur la religion, la longue note sur la providence. Il modifie la portée de certains autres passages en les tempérant par des considérations. Notamment en ce qui concerne le refus d'un prétendu droit d'insurrection, lié chez Kant à une interdiction de l'aventure révolutionnaire comme telle, il signale que l'auteur, se trouvant dans une situation embarrassante vis-à-vis de son propre pays, est contraint à une écriture nuancée ; car, nous dit Reinhard, il y a des constitutions qui prévoient un tel droit, et à vrai dire, si le roi n'est que le mandataire, il ne peut empêcher que son supérieur, le peuple, le punisse, le cas échéant.

Réécriture flatteuse, qui n'efface pourtant pas les divergences. Dans le dossier de Théremin, aux Archives Sieyès, on trouve un mémoire manuscrit intitulé *Fragment des ouvrages du philosophe Kant*, contenant en fait des extraits de la *Théorie et Pratique*. Au passage où Kant démontre le plus clairement que la résistance n'est point légitime, il y a tout un commentaire selon lequel le sens de ce passage, qui n'est pas traduit, n'est que la défense de la «liberté de la plume». «Ce principe», lit-on, «paraît au premier abord condamner le genre humain à l'esclavage. (...) Mais alors on découvre bientôt que le despotisme ne pourrait jamais s'étayer sur un système qui, fondant sur la raison l'illégitimité de toute résistance, ne donne d'autre garantie au pouvoir suprême que cette même raison, et l'appelle à la respecter pour son propre intérêt. Car il est clair qu'on ne peut plus répondre de rien, dès qu'il attaque la raison, il est clair qu'une pareille théorie d'obéissance passive est infiniment plus gênante pour la tyrannie que le principe constitutionnel de l'insurrection» (14).

Lecture plausible, qui pourtant dérobe aux yeux du lecteur cette âpreté à laquelle aboutit la pensée politique de Kant, une pensée de la liberté, et donc de la révolution, mais qui de plus en plus s'effraie de ce pouvoir-faire qui peut déborder les limites de ce qu'on s'est habitué à nommer la nature humaine. Ces divergences ne doivent toutefois pas recouvrir certains thèmes convergents. Nous voudrions en relever un. Sieyès a pu lire dans la notice parue dans *le Moniteur* que «toute forme de constitution qui n'est point *représentative* ne peut être regardée comme une forme, attendu que le législateur peut y être en même temps exécuteur de sa volonté». Il ne peut qu'agréer une telle proposition. Quelques années auparavant, dans sa discussion avec Paine, Sieyès lui-même écrivait dans *le Moniteur* : «je soutiens que toute constitution sociale dont la représentation n'est pas l'essence est une fausse constitution» (15). Chez Kant, on lit : une forme non représentative est une *Unform*, une non-forme. Une influence de Sieyès sur Kant n'est pas à exclure. D'ailleurs, ne trouve-t-on pas dans la *Théorie et pratique* la fameuse distinction de l'abbé entre le citoyen actif et le citoyen passif? Kant se montre indécis quant à la détermination de l'un et de l'autre, mais il accepte l'opposition comme pertinente. Dans le même texte, il est on ne peut plus proche de Sieyès à propos de la notion de représentation, puisqu'il s'efforce de concevoir ces délégués comme étant davantage que de simples porteurs de votes. Dans la *Paix perpétuelle*, Kant en parle autrement : représenter veut dire éviter que le légiférant soit aussi l'exécutant. Il s'agit d'une brisure du pouvoir légitime, de son fractionnement pour sauvegarder l'idée même de liberté. Cette fois-ci c'est Sieyès qui se rapproche de Kant : au fur et à mesure qu'il sort de nouvelles constitutions de sa poche, Sieyès s'avère redouter davantage l'excès de pouvoir et cherche des formules, parfois intriquées, pour bien distinguer la «république» de la «ré-totale», dont la Terreur lui avait montré le danger.

La notion de représentation chez Sieyès se constitue à travers l'application d'un principe d'économie au domaine du politique, la division du travail se métamorphosant en séparation des pouvoirs; elle se redouble de l'exigence ressentie d'une distinction, disons élitiste, entre ceux qui peuvent gouverner parce qu'éclairés, et ceux qui n'ont de droit que social, sans détenir aucune capacité politique. Cette idée, d'abord vague, se déterminera davantage pendant les années révolutionnaires, jusqu'à donner naissance au Collège conservateur, dont la cooptation des membres accentue l'écart par rapport aux choix populaires. Cette grande instance, qui apparaît dans le dernier projet constitutionnel de Sieyès, dont la bonté morale et la vertu politique seraient garanties par le savoir, évoque le rêve platonicien du roi-philosophe. Or, c'est justement cette utopie qui est devenue pour Kant le vrai cauchemar du politique : «que les rois deviennent philosophes, ou les philosophes rois, on ne peut guère s'y attendre. Mais il ne faut pas non plus le souhaiter, parce que la jouissance du pouvoir corrompt inévitablement le libre jugement de la raison». Cette remarque, Kant l'a faite dans le deuxième appendice, qui ne figure pas dans la version de Sieyès. Ce qui est regrettable, car affleure là cette vision de la nature humaine qui sous-tend toute une pensée.

Sieyès était un homme d'action dont la pensée était étroitement liée au moment politique. En ce sens, la *Paix perpétuelle* n'était pas étrangère aux plans de l'abbé. En effet, proposant une union des républiques, elle s'accordait bien avec ses aspirations à une France unie, protégée par ses frontières naturelles, entourée de nations amies, dont la grande confédération de l'Allemagne conduite par la Prusse, «une Autriche neutre, une Angleterre tenue à distance, en suspicion, car elle n'appartient pas vraiment à l'Europe» (16). Reinhard avait bien compris cet aspect, puisqu'il ne voulait pas imposer à l'oracle constitutionnel un oracle philosophique, il s'apercevait que cette aspiration enfantée par un allemand pourrait beaucoup aider la France. «Peu à peu», écrit-il à Sieyès, «on voit éclore en Allemagne des écrits parfaitement faits dans nos intérêts. On traite la question de la limite du Rhin, de la sécularisation des Etats ecclésiastiques avec une énergie à laquelle a manqué malheureusement l'appui de nos canons. Kant vient de publier un ouvrage sur la paix perpétuelle où il met en principe qu'il n'y a que des républiques qui puissent l'établir. Si mes occupations me le permettent, je vous en enverrai l'extrait dans ma première lettre» (17).

Il est regrettable que la correspondance ébauchée entre Sieyès et Kant soit restée sans lendemain. La réflexion sur le politique y aurait beaucoup gagné. L'introduction de Kant en France se fera, pourtant, par d'autres voies; les idées de l'abbé auront besoin d'une épée pour se frayer un chemin en Allemagne. Meyer, lors de son séjour à Paris, nous dit de Sieyès qu'il «sourit à mes questions sur ses correspondances directes et sur ses liaisons avec des savants et des philosophes (allemands). «On a tant répandu, on a tant parlé», me dit-il, «et on a grand tort; je vis tranquille et je voudrais pouvoir vivre ignoré. (...) A propos de l'écrit de Kant sur la paix perpétuelle, dont il connaissait des extraits, il me dit, «on n'appellera pas au conseil des Rois l'auteur du projet d'une paix perpétuelle, et peut-être est-ce sa vieillesse qui le garantit d'être maltraité» (18). Kant meurt en 1804, le comte Sieyès, pair de France, le suivra le 20 juin 1836. Un an auparavant, Tissot donne sa traduction de la *Critique de la raison pure*.

Marco ZINGANO
(Université du Rio Grande do Sul - Brésil)

NOTES

(1) F. J. L. MEYER, *Fragments sur Paris*, trad. par Dumouriez, tome I (le seul paru), (Hambourg, 1798), p. 259-60. Meyer, arrivé à Paris le 31 mars 1796, fait remonter cette histoire à l'époque de Robespierre : «je peux garantir», écrit-il, «la vérité du fait suivant que je tiens d'un de mes amis très digne de foi, qui était présent lorsqu'il s'est passé».

(2) Grouvelle à Sieyès, 5 Avril 1796, aux *Archives Sieyès*.

(3) NICOLAI, *Ueber meine gelehrte Bildung*, 1799, pp. 180-181.

(4) Cette lettre nous est connue par la version française transmise à Sieyès, maintenant aux *Archives Sieyès* (284 AP 17, dossier 8). Alain RUIZ en a donné une édition dans les *Kant-Studien*, 68, 1977, pp. 446-453. Dans les *Cahiers d'études germaniques*, vol. 4 et 5 (1980 et 81), RUIZ commente les rapports Sieyès-Reinhard-Kant et donne une édition de la version de Reinhard de la *Paix perpétuelle*.

(5) JACHMANN, *Immanuel Kant geschildert in Briefen an einen Freund*, 1804, lettre XII.

(6) Selon Fichte, le projet de Paix perpétuelle, loin d'être un «doux rêve», nous donne les résultats de la philosophie du droit de Kant et ainsi est important «du point de vue scientifique» (Compte rendu, *Fichtes Werke*, éd. par J.H. Fichte, (Berlin, de Gruyter, 1971), vol. VIII, pp. 427-436). A notre avis, ce projet, né à l'intérieur du système critique, en signale une tournure qui, en renouvelant quelques idées de la période pré-critique, s'en prend aux paradoxes de la liberté critiquement établie.

(7) Voir lettre de Kiesewetter à Kant du 5 novembre 1795.

(8) Adrien LEZAY, dans une analyse de ce passage, écrit : «je nommerais la France si elle était aussi éclairée que puissante» (*Journal d'économie publique*, V, 20 vendém. an V).

(9) *Le Moniteur*, 3 janvier 1796, article anonyme dû à L.-F. HUBER. Voir aussi le *Moniteur* du 1er mars 1795 : «la philosophie de Kant a de nombreux disciples dans les universités et hors des universités. On la regarde comme remplie de conceptions neuves sur la nature de l'enten-

dement de l'esprit humain, et capable de donner un nouvel essor à la philosophie, qui paraît vouer ses méditations à la liberté des peuples».

(10) M. ADLER-BRESSE, *Sieyès et le monde allemand*, 2 vol., thèse Paris I, (Lille, 1977), tome I, p. XLVIII.

(11) Les lettres appartiennent toutes au fonds Sieyès des Archives Nationales.

(12) Sur Reinhard, voir J. DELINIÈRE, *Revue d'Allemagne*, 1980,

(13) 30 mai 1798. Sieyès répond une semaine après. Léger-Marie-Philippe Tranchant a traduit la «Théorie de la pure religion morale», qui sera insérée dans le tome II du *Conservateur*. Tranchant (Verne), d'abord enthousiaste de la Révolution, rejoint l'armée royale en 1792. D'ailleurs, avec l'ambassade suisse venue à Paris au mois d'avril 1798 arrive Stapfer, dont l'intérêt portait surtout sur la diffusion des textes sur la religion de Kant. Voir MUNTEANO, *Revue de littérature comparée*, XV, 1935, pp. 387-454.

(14) *Archives Sieyès*, 284 AP 17 dossier 8. Le passage concerné se trouve aux pages 254-255 et 269-270 de l'édition originale.

(15) *Le Moniteur* du 16 Juillet 1791, n° 197bis.

(16) J.-D. BREDIN, *Sieyès – la clé de la Révolution*, (Paris, B. de Fallois, 1988), p. 538.

(17) Lettre du 17 Nov. 1795 ; voir aussi RUIZ, *Cahiers*, 1980, 4, p. 159.

(18) F. J. L. MEYER, *op. cit.*, pp. 253-254.

LA RÉVOLUTION FRANÇAISE SELON KANT :
LE SPECTATEUR ET L'ÉVÉNEMENT

L'événement de la Révolution française a eu une influence considérable sur le développement de la pensée de Kant dans les dernières années de sa vie. Le passage principal où Kant traite de l'importance de la Révolution française se trouve dans son écrit de 1798 sur *Le Conflit des Facultés*. Dans *Le Conflit des Facultés* Kant traite de la situation de l'enseignement supérieur en Allemagne à son époque en prenant l'enseignement supérieur en un certain sens comme le miroir de la constitution civile des Etats allemands de son temps. L'université était organisée en trois facultés supérieures – les facultés de théologie, de droit et de médecine – et une faculté inférieure, la faculté des arts ou de philosophie. Kant dit que les recherches et l'enseignement de la faculté inférieure ont pour objet la vérité en tant que telle. Cette faculté se compose de deux départements : un département consacré à certaines sciences aprioriques comme la logique et les mathématiques, et un département des sciences historiques, comme la géologie, les langues, l'histoire politique, etc. Cette faculté ne s'occupe pas de l'existence et de la situation de l'homme dans le monde et dans la société. L'existence vécue des hommes fait l'objet de l'enseignement et des recherches des facultés supérieures. Comme il s'agit ici de l'existence vécue de l'homme, ce n'est pas tellement la raison théorique qui dirige le travail scientifique de ces facultés, c'est plutôt l'obéissance sensée à une autorité dont les hommes dépendent dans leur existence et qui leur garantit leur bien-être, l'accomplissement de leurs intérêts et la satisfaction de leurs besoins. L'autorité dont dépend l'enseignement des facultés supérieures est donc le gouvernement, y compris l'Eglise, et le travail scientifique ne se fait pas ici par une recherche libre, mais par l'explication de certains textes qui font autorité. Kant dit : « Les facultés supérieures fondent toutes trois l'enseignement qui leur est confié par le gouvernement sur *l'Ecrit* » (*Le Conflit des Facultés*,

traduit par J. Gibelin, Paris, Vrin, 1935, p. 20). Ces livres sont la
Bible pour les théologiens, le Code officiel pour les juristes et les règle-
ments concernant la police médicale pour les médecins.

Il y a, selon Kant, un perpétuel conflit à l'Université entre
l'enseignement et les recherches de la faculté inférieure, déterminés
par la vérité, et le travail scientifique des facultés supérieures, déterminé par l'obéissance envers l'autorité du gouvernement. C'est par ce
conflit que s'articulent dans un certain sens l'unité et la totalité de
l'université, car c'est l'unité, la totalité de la raison elle-même qui se
déclare dans ce conflit en essayant de transcender par la discussion sa
propre scission en raison théorique et en raison pratique, telle qu'elle
découle de sa détermination par le principe de la vérité d'une part et
par le principe de l'obéissance à une autorité et une loi présupposées
d'autre part. Mais si ce conflit peut être entendu comme un conflit légal
des facultés, parce qu'il est l'expression de la nature unique et
englobante de la raison elle-même, il restera aussi un conflit illégal,
parce que les facultés n'arriveront jamais à s'élever par leurs propres
forces au-dessus de l'unilatéralité de leur façon de raisonner.

Le dépassement de cette situation des facultés et avec cela de la
situation du travail scientifique en général ne peut donc pas s'effectuer
par les efforts des facultés elles-mêmes, il doit leur être conféré pour
ainsi dire du dehors, et Kant a cru que c'était à sa propre philosophie
transcendantale que cette mission incombait. La philosophie trancen-
dantale a voulu parvenir à cette transformation radicale de la compréhension de la nature raisonnable de l'homme, qu'il n'y ait plus de
distinction à faire entre l'usage théorique et l'usage pratique de la
raison, entre le principe de la vérité d'une part et le principe de
l'obéissance à une autorité et une loi supposée de l'autre, mais que
l'homme se reconnaisse plutôt dans l'autonomie de la raison unique,
qui en elle-même unit nature et liberté. Pour la découverte de cette
pensée transcendantale, Kant s'est reconnu profondément redevable à
Jean-Jacques Rousseau qui lui avait appris à comprendre l'aliénation de
la pensée civilisée où l'homme, au lieu de se saisir dans sa nature
humaine et raisonnable en tant que telle ne se reconnaît lui-même et ne
reconnaît autrui qu'à travers une médiation par les choses et les biens
matériels et se perd ainsi dans la distinction entre la connaissance
théorique des choses et la connaissance pratique de sa propre existence,
l'une soumise aux lois de la nature, l'autre soumise aux lois des
autorités. Ainsi, Rousseau avait poussé Kant à chercher une pensée
philosophique qui serait vraiment une pensée philosophique humaine.
Kant lui-même nous confesse là-dessus : «Je suis moi-même, par

inclination, un savant. Je ressens toute la soif de connaissance et l'inquiétude avide de progresser dans la connaissance, ainsi que la satisfaction que procure chaque découverte. Il fut un temps où je croyais que cela pouvait suffire à faire honneur à l'humanité et méprisais la populace qui ne sait rien. Rousseau m'a montré que j'avais tort. Cette prédilection qui m'aveuglait disparaît, j'apprends à honorer les hommes et je me trouverais plus inutile que le banal ouvrier si je ne croyais pas que cette considération pût donner de la valeur à toutes les autres, en établissant les droits de l'humanité» (Ed. de l'Acad. t. XX, p. 44). Kant nous dit que la *Critique de la raison pure* plane au-dessus des facultés.(Ed. de l'Acad. t. XIII, p. 405). Mais sa doctrine est restée un programme qui n'arrive pas à dépasser vraiment la distinction entre la faculté de philosophie et les trois facultés supérieures. Elle n'a vaincu cette distinction que de façon négative, en ôtant leur caractère dogmatique aussi bien à la connaissance théorique qu'à l'obéissance aux lois des autorités, elle a intégré la connaissance théorique et l'obéissance pratique à l'autonomie de la raison, mais elle n'a pas vraiment changé leur structure ; la vérité et l'obéissance resteront maintenues dans leur distinction, même s'il s'agit maintenant de la vérité de la raison elle-même et de l'obéissance de la raison à sa propre loi, le fameux impératif catégorique. La doctrine de la *Critique de la raison pure* a bien abrogé le caractère dogmatique de cette pensée civilisée ou aliénée, dont avait parlé Rousseau, mais elle ne la dépasse pas dans sa structure, et en conséquence elle n'arrive à dépasser par elle seule ni le conflit des facultés, ni la constitution de la société dont ce conflit n'est que le miroir.

Pour que le dépassement de la pensée civilisée et aliénée devienne possible, la *Critique de la raison pure* ne suffit pas à elle seule. Elle nous élève à la réflexion transcendantale, mais elle n'arrivera jamais à sortir des structures de la pensée civilisée et de son aliénation. Pour que la pensée puisse être délivrée de ses structures et de cette aliénation, une expérience concrète sera nécessaire, dans et par laquelle la réflexion abstraite de la *Critique de la raison pure* puisse être transformée en réalité vécue et donc en puissance effective capable d'ouvrir à l'humanité la vue sur une nouvelle période de son histoire. En commun avec la réflexion transcendantale de la *Critique de la raison pure*, une telle expérience pourrait instaurer une étape nouvelle non seulement, évidemment, pour la conception du conflit des facultés, mais pour la façon même de concevoir la constitution de la société humaine.

C'est en partant d'un tel constat que Kant, dans l'écrit dont nous traitons ici, aborde le problème du conflit entre la faculté de philosophie et la faculté de droit. Il ne s'agit pas pour lui d'expliquer ce conflit par les conditions des structures traditionnelles des facultés, mais de le développer en s'appuyant sur la situation nouvelle créée par la *Critique de la raison pure* et par cet événement et cette expérience qui lui permettent de concrétiser sa compréhension transcendantale de l'homme, dont la *Critique de la raison pure*, ne quittant pas vraiment les structures de la pensée traditionnelle, n'avait su que projeter les conditions abstraites.

Dans ce sens, le conflit entre la faculté de philosophie et la faculté de droit se trouve être placé par Kant sous cette question : «Le genre humain est-il en constant progrès vers le mieux?» (p. 94). Pour ce conflit que doivent régler entre eux les deux partis, il ne s'agit donc plus ni de la découverte d'une vérité, ni de l'explication d'un livre faisant autorité et auquel on devrait obéissance, il s'agit d'une question où l'existence totale de l'homme se trouve être engagée et où pratiquer la distinction entre un côté théorique et un côté pratique de la réponse à trouver devient dénué de sens. L'événement qui permet de poser cette ques-tion est lui-même déjà le début et la première manifestation ouverte d'un progrès qui permet de répondre à cette question et de lui trouver finalement une réponse définitive par un travail toujours continué et toujours repris. Le grand événement, la grande expérience qui permet de répondre à cette question «le genre humain est-il en constant progrès vers le mieux?», est la Révolution française. Kant dit : «Or, je soutiens que je peux prédire au genre humain, même sans esprit prophétique, d'après les aspects et les signes précurseurs de notre époque, qu'il atteindra cette fin et, en même temps aussi, que dès lors sa marche en avant vers le mieux ne connaîtra plus de régression totale. En effet, un tel phénomène dans l'histoire de l'humanité *ne s'oublie plus*, parce qu'il a révélé dans la nature humaine une disposition et une faculté pour le mieux telle qu'aucun politique n'aurait pu avec toute sa subtilité la dégager de la marche des événements jusqu'à aujourd'hui et que seules la nature et la liberté réunies dans l'espèce humaine suivant les principes intérieurs du droit, pouvaient promettre, mais, en ce qui concerne le moment, seulement d'une manière indéterminée et comme un événement contingent» (pp. 104-105). Ce que la *Critique de la raison pure* n'a su découvrir que sous une forme abstraite, c'est-à-dire l'unité de la raison spéculative et de la raison pratique dans l'essence de l'homme en tant qu'être raisonnable vivant dans le monde, par l'événement de la Révolution française : cette unité, la nature et la liberté réunies, se déclare comme l'expérience vécue de tout un peuple et c'est dans cette expérience vécue que cette unité intelligible trouve sa réalisation et sa concrétisation.

Mais les actions directes des révolutionnaires ne constituent qu'un moment ou un côté de cette réalisation et de cette concrétisation de l'union de la nature et de la liberté. Ceux qui agissent ne peuvent pas s'élever pour eux-mêmes à la véritable signification spirituelle de leurs actions. Ils sont dans un certain sens comme aveugles, ils restent soumis aux faits et au caractère donné et contingent de leurs actions. L'authentique signification spirituelle de leurs actions ne peut être dégagée que par ceux qui regardent ce grand spectacle de loin sans y être engagés et qui découvrent son sens pour ainsi dire dans la contemplation. Et cette contemplation fait naître en eux un sentiment d'enthousiasme dans lequel la réunion de la nature humaine et de la liberté humaine se déclare comme événement intelligible, l'union ne se faisant plus dans la contingence de la vie vécue, mais dans l'unité de la conscience et de l'intelligence comprenante. Alors que le sens intelligible de la Révolution, pour ceux qui y participent eux-mêmes reste enveloppé dans la contingence des actions et des faits, dans l'enthousiasme des spectateurs il se manifeste comme tel et ressort ainsi dans son authenticité. Kant dit : « Que la révolution d'un peuple spirituel que nous avons vue s'effectuer de nos jours réussisse ou échoue ; qu'elle amoncelle la misère et les crimes affreux au point qu'un homme sage, même s'il pouvait espérer, en l'entreprenant une deuxième fois, la mener heureusement à bonne fin, se résoudrait cependant à ne jamais tenter l'expérience à ce prix, – cette révolution, dis-je, trouve néanmoins dans les esprits de tous les spectateurs (qui ne sont pas engagés dans ce jeu) une *sympathie* d'aspiration qui touche de près à l'enthousiasme et dont la manifestation même expose au péril, et qui par conséquent ne peut avoir d'autre cause qu'une disposition morale du genre humain » (p. 101).

L'enthousiasme des spectateurs découvre dans la Révolution française l'action réunie de la nature et de la liberté de l'homme, il y découvre l'unité de sa nature physique et de sa destination morale ; et il découvre cette unité dans son sens originairement social. L'événement de la Révolution révèle aux spectateurs le droit des hommes et la fin de leur histoire « non d'après le *concept de genre* (*singulorum*), mais d'après la *totalité* des hommes, unis sur terre en société et répartis en peuples divers (*universorum*) » (p. 94). « La cause morale qui intervient ici est *double* : d'abord, c'est celle du *droit* qu'a un peuple, s'il veut se donner une constitution politique comme elle lui semble bonne, de ne pas en être empêché par d'autres puissances ; deuxièmement, c'est celle de la *fin* (qui est aussi un devoir), à savoir que seule la constitution d'un peuple est en soi *conforme au droit* et moralement bonne, qui est, de par sa nature, propre à éviter par principe une guerre offensive ; – ce ne peut être que la constitution républicaine» (p. 101).

La réflexion transcendantale de Kant prétend être parvenue à la compréhension véritable de l'intelligence et de la nature humaine. Mais cette doctrine est restée une doctrine abstraite. Comme telle, elle ne peut pas être par elle-même le principe du développement de cette intelligence et de cette nature vers leur propre but et en parfaite conformité avec elles-mêmes. La réflexion transcendantale a besoin d'être complétée par l'expérience. La Révolution française est cette expérience. Cette expérience qui, en tant que telle, est une expérience totale et unique contient toutefois en elle ces deux moments, qui lui donnent sa structure et sa cohérence ; le grand événement historique d'une part et la contemplation enthousiasmée des spectateurs non engagés de l'autre. La réflexion transcendantale, qui n'est pas seulement la réflexion d'un seul homme, Kant, mais par laquelle s'exprime un état de conscience universellement et publiquement atteint, est capable de réunir en elle ces deux moments dans leur signification unique et totale et par cette réunion elle accède à la véritable compréhension du sens intelligible de l'événement de la Révolution française. Le sens profond du grand événement consiste donc dans le développement de la constitution politique en direction de la constitution républicaine. Le sens ultime de la Révolution comme événement explosif pour ainsi dire, où la nature et la liberté se trouvent engagées dans une réunion inattendue, est donc l'évolution de l'humanité vers cette constitution vraiment humaine, une évolution qui pour Kant ne pourra se réaliser que très lentement. Et cette évolution, c'est-à-dire le constant progrès du genre humain vers le mieux, peut dès la Révolution française être prédit par le philosophe transcendantal. «Il doit y avoir dans le principe un élément moral que la raison présente comme pur, mais aussi, à cause de la grande influence faisant époque, comme une chose qui présente à l'âme humaine le devoir correspondant et qui concerne l'humanité dans son union totale (*non singulorum, sed universorum*), puisqu'à l'espoir de la réussite et aux essais pour la réaliser, elle applaudit avec une sympathie aussi grande et aussi désintéressée. – Cet événement n'est pas un phénomène de révolution, mais ... de l'*évolution* d'une constitution de *droit naturel* qui, assurément, ne se conquiert point encore au prix seul de farouches combats, – la guerre intérieure et extérieure ruinant, en effet, toute *constitution statutaire* existant jusque là – mais qui conduit toutefois à tendre à une constitution qui ne peut être belliqueuse, la constitution républicaine» (p. 104).

Kant va terminer ses réflexions sur la signification intelligible de la Révolution française en prenant le thème du conflit des facultés. Ni la réflexion transcendantale, c'est-à-dire la *Critique de la raison pure* seule, ni l'expérience vécue de l'union de la nature et de la liberté humaine, comme elle se réalise par la Révolution même et par l'enthousiasme des spectateurs non engagés, ne disposent déjà par elles-mêmes de la logique et des concepts qui seront nécessaires pour pouvoir concevoir de façon déterminée et articulée la réalisation adéquate de la constitution républicaine. On aura besoin du travail intellectuel des philosophes et des juristes, disputant dans l'esprit de la pensée transcendantale et de la Révolution française, pour se rapprocher de ce but. Mais même dans cette libre et publique discussion on sera gêné par les limites logiques de la pensée civilisée traditionnelle. Ainsi, en dépit de tous les efforts n'arrivera-t-on, pour ainsi dire, qu'à une préparation négative de ce but final. Cette préparation négative, nous pouvons l'achever; l'accomplissement positif, nous devons l'attendre, en analogie avec l'événement de la Révolution elle-même, d'une intervention d'en haut, car dans son sens positif le renouvellement de notre façon de penser et de notre compréhension de nous-mêmes et de la société dans laquelle nous vivons n'est pas en notre pouvoir. Ecoutons là-dessus un dernier mot de Kant : «Il faut, étant donné l'infirmité de la nature humaine et la contingence des événements favorisant un tel résultat, mettre l'espoir de progrès seulement en la sagesse d'en haut (qui a nom Providence, quand elle est pour nous invisible), comme condition positive; mais pour ce qui, en ceci, peut être attendu et exigé des *hommes*, il ne faut s'attendre pour l'avancement de cette fin, qu'à une sagesse négative, à savoir qu'ils se voient obligés à rendre la *guerre*, le plus grand obstacle à la moralité, qui constamment s'oppose à cet avancement? d'abord de plus en plus humaine, puis de plus en plus rare, enfin à l'abolir tout à fait en tant qu'offensive, afin de s'engager dans la voie d'une constitution qui, de par sa nature, sans s'affaiblir, et fondée sur de vrais principes de droit, puisse opiniâtrement progresser vers le mieux». (pp. 111-112)

Joachim KOPPER
(Université de Mayence)

KANT ET LA RÉVOLUTION FRANÇAISE
(LA GUERRE)

Kant se singularise – parmi les penseurs étrangers, tout particulièrement allemands, qui ont pris position devant l'événement révolutionnaire – en ce sens que si, chez lui comme chez eux, il y a une *opposition* entre l'appréciation portée sur la politique intérieure et l'appréciation portée sur la politique extérieure de la Révolution française, l'opposition kantienne est l'*inverse* de l'opposition alors généralement affirmée. Le 20 avril 1792 et les conséquences immédiatement allemandes de la guerre déclarée par la France révolutionnaire à l'Europe monarchique font, en effet, basculer l'opinion cultivée d'outre-Rhin, de l'approbation souvent admirative du renversement violent de l'Ancien régime français, à la condamnation de toute l'entreprise révolutionnaire (Klopstock en est l'exemple fréquemment cité). Tout au contraire, Kant – dont la pensée, au demeurant, ne tourne pas autour de la Révolution de 1789, assez rarement évoquée dans son œuvre – juge sévèrement la négation violente du droit politique, c'est-à-dire du droit qui régit la vie intérieure de l'Etat, mais tend à absoudre – absout – la Révolution française de la violence extérieure qu'elle fait subir à l'Europe dans une guerre que l'auteur de *Pour la paix perpétuelle* peut considérer comme *juste*. C'est que, en effet :

1) la condamnation kantienne de la guerre vise directement et essentiellement la guerre pré- ou contre-révolutionnaire,

2) la théorie «pratique» – «morale» – que Kant propose de la guerre est, sur de nombreux points, proche de celle qu'élaborent les grands acteurs de la Révolution française, pour autant que, dans l'un et l'autre cas, un dualisme originaire oppose la guerre à elle-même, en ce sens qu'il y a la guerre, négative, des despotes, et le guerre, positive, des républicains, ce qui implique

3) la relativisation de la dénonciation, par Kant, de la violence extérieure qu'est toute guerre : pour lui, la guerre n'est pas davantage

le mal absolu que la paix n'est le bien absolu. *Kant, assurément pacifique, n'a cependant rien d'un pacifiste!*

Les raisons justifiant ces trois affirmations – dont le résumé
organisera l'exposé qui suit – pourront permettre, en conclusion, de
préciser et nuancer la signification «pratique» de la condamnation
kantienne de la violence intérieure, proprement révolutionnaire, de la
Révolution française.

* * *

Aussi bien en ses articles «provisoires» – réalisables immédiatement, ou, du moins, sans restructuration générale des relations extérieures entre les peuples –, que dans ses articles «définitifs» –
qui requièrent un renouvellement fondamental de la vie juridico-
politique –, le projet kantien de paix perpétuelle se présente comme la
négation absolue des principes de la guerre menée par les Etats
d'Ancien régime, généralement despotiques, quelle que soit la forme –
autocratique, aristocratique ou démocratique – de leur souveraineté.
Rappelons-le brièvement.

Les articles provisoires rejettent :

1) la diplomatie secrète traditionnelle des cours européennes, qui
doit bien dissimuler, dans les traités de paix, leur caractère de simple
pause, utile, dans la poursuite belliqueuse de la puissance,

2) la réduction de l'Etat à un patrimoine princier, moyen de
conquête, non pas fin à défendre,

3) l'armée permanente – l'armée de ligne – sur laquelle repose
toute la politique militaire des monarchies d'avant 1789,

4) l'asservissement économique du politique à travers le finan-
cement spéculatif de la guerre (la dette publique, pratiquée systématiquement par l'Angleterre...),

5) l'immixtion d'un Etat dans la vie intérieure d'un autre Etat, au
nom de la solidarité des familles régnantes qui s'exprime dans la déclaration de Pillnitz, le Manifeste de Brunswick...,

6) la culture polémogène de la méfiance, interdisant toute véritable paix future, par le recours au crime privé, au cynisme public, à la
traîtrise (*Paix perpétuelle*), voire à l'intoxication de l'opinion – la
diffusion des fausses nouvelles (*Doctrine du droit*) –, bref, à ce que les
révolutionnaires français dénoncent, eux, comme l'intrigue, la corruption et la calomnie...

Mais les six articles provisoires précédents se laisseraient tout aussi
aisément exprimer dans le langage par lequel la Révolution française

oppose ses principes de la politique extérieure – plus précisément militaire – à ceux de ses ennemis.

Quant au rejet de la diplomatie secrète, à l'affirmation kantienne que le droit international, tout particulièrement, repose sur la *publicité* de ses maximes (*Paix perpétuelle*, «Deuxième Appendice»), correspond le leitmotiv révolutionnaire selon lequel il faut proclamer toujours face à l'univers les principes, car l'opinion publique est la reine du monde, et «la publicité l'appui de la vertu» (1). – Il est bien inutile de rappeler que, pour les hommes de 1789 tout comme pour Kant, un peuple n'est pas la propriété d'un souverain, mais le souverain lui-même, porteur du droit public en son ensemble, donc du droit des gens. – Pour ce qui est de la condamnation de l'armée de ligne, elle est constante chez les révolutionnaires, de Sieyès («tout citoyen est soldat» (2), à Robespierre (ne pas «confondre la fonction de soldat avec celle de citoyen» (3) et à Saint-Just («la nature d'une armée de ligne est la servitude» (4). La proposition kantienne se fait aussi l'écho de la doctrine révolutionnaire, quand il s'agit de maîtriser la puissance économique : «l'ordre des finances est le principe de l'ordre militaire» constate Saint-Just, qui déplore que «la république repose sur les maximes de finances de la monarchie», et exhorte à «changer d'idées en ce genre ou à renoncer à la liberté» (5) – Quant au principe de la non-ingérence dans les affaires d'un autre Etat, il définit – même au plus fort de la guerre contre le despotisme étranger – la doctrine proclamée constante d'une révolution qui, par la bouche de Robespierre, déclare solennellement que «les Français n'useront de leurs forces et de leurs avantages que pour laisser à <un> peuple la liberté de se donner la constitution qui lui paraîtra la plus convenable» (6) – le même Robespierre qui avait bien dit antérieurement que «personne n'aime les missionnaires armés» (7)...

La rencontre entre Kant et les révolutionnaires français est encore plus frappante lorsqu'on envisage les dispositions fondamentales destinées, selon le texte *De la paix perpétuelle*, à instaurer une paix durable. – Ces dispositions consacrent, en effet, le régime républicain, seul à pouvoir éviter ou, du moins, faire cesser, une guerre. 1) Un tel régime reconnaît aux citoyens ou à leurs représentants le pouvoir de décider, à chaque fois, de la guerre, décision qu'ils répugnent à prendre, car ils savent tous les maux qu'ils appelleraient alors sur eux – tel est bien, d'ailleurs, aux yeux de Kant, le signe essentiel de la liberté d'un peuple, le peuple français se montrant en cela plus libre que le peuple anglais, en dépit de tout son *Habeas corpus*! (8) –, alors que la passion guerrière des souverains fait qu'ils décident allègrement la guerre s'ils en ont le pouvoir. 2) La République ne pratique qu'une guerre, en vérité, défensive, en vue de la conservation de ses biens, et non pas une guerre offensive, visant à accroître sa puissance (9) 3) Elle ne fait la guerre qu'aux Etats, non aux peuples, et, respectant l'homme en son sein, là où il n'est pas seulement sujet, mais aussi citoyen, elle le respecte aussi à l'étranger, au plus loin de la haine, génératrice de conflit, entre les peuples.

Mais ce sont bien là les principes essentiels de la politique militaire déclarée de la Révolution française. – Son théoricien Saint-Just considère tellement, lui aussi, que « chacun doit décider quand il s'agit d'une guerre offensive » (10) qu'il veut même que la conduite de la guerre soit arrachée à l'exécutif et confiée directement au législatif; il répète que renoncer à la guerre offensive est « la loi la plus saine de la liberté », car « la liberté perdit toujours ses principes pour conquérir » (11); enfin, selon lui, la guerre doit être dirigée contre les gouvernements, non contre les peuples, car « il y a deux factions en Europe, celle des peuples, enfants de la nature, et celle des rois, enfants du crime » (12).

* * *

Kant et la Révolution française s'accordent ainsi pour opposer la république, qui ne fait la guerre que malgré elle, aux gouvernements despotiques, dont elle est un besoin essentiel. Ce que Marat par exemple – ici fidèle porte-parole de tous les révolutionnaires – proclame, à savoir qu'« il importe de ne jamais oublier que, si les peuples ont le plus grand intérêt à vivre en paix pour jouir de ses avantages, les princes ont toujours le plus grand intérêt de les engager dans la guerre pour s'en rendre maîtres » (13). Kant le dit tout autant en rapportant « l'allégresse devant la victoire de <la> nation <française> au fait qu'elle est en route pour fonder la constitution grâce à laquelle tous ses voisins ont à attendre d'elle la paix, et cela non pas simplement à cause de son utilité, mais parce qu'elle est la seule conforme au droit et plus estimable que tout, et de telle sorte que la guerre soit bannie par là, et engagé le progrès vers le mieux... » (14). – C'est pourquoi la guerre s'oppose immédiatement à elle-même selon qu'elle est faite par la république ou par le despotisme. C'est en quelque sorte par abstraction que l'on peut parler de *la* guerre, car il y a principiellement *deux* guerres.

Robespierre élabore la doctrine de ce dualisme militaire originaire : « Il y a deux espèces de guerre : celle de la liberté, celle de l'intrigue et de l'ambition, – celle du peuple, celle du despotisme » (15) et, de ce fait, il y a « deux espèces de discipline militaire... ; la première convient aux despotes, la seconde aux peuples libres» (16); selon lui, l'esprit et la pratique de la guerre républicaine assurent, d'ailleurs, aussitôt son succès, cette guerre se niant par là même heureusement dans la paix («une telle guerre est terminée presque aussitôt que commencée» (17)), car le but de la guerre républicaine (le triomphe du droit et de la liberté) détermine son moyen d'une manière telle que le succès en célèbre en quelque sorte la justice. – Kant, lui aussi, distingue bien deux sortes de guerre : celle qui, en son commencement, en son cours et en sa fin, respecte ce qu'on peut appeler un *droit de la guerre*, car la guerre se veut alors au service du droit, donc s'ordonne à son achèvement en la paix, et la guerre du despotisme, qui se nourrit sans cesse d'elle-même...

On ne peut ainsi nier une certaine approbation kantienne de la force extérieure de la République française. Certes, l'événement décisif de la période révolutionnaire est, pour Kant, l'universelle révélation du respect moral du droit à travers l'enthousiasme général pour la Révolution de France ; mais le succès empirique de celle-ci, alors «assurée vis-à-vis de l'extérieur» (18), en montrant la puissance politique effective du sentiment moral du droit, permet de «dater la disposition du genre humain à *progresser constamment vers le mieux*» (19). En réalité, pour Kant, le républicanisme médiatise en son existence la nécessaire auto-négation du mal (20). D'une part, «la guerre conduit au républicanisme <qui est le refus intérieur que la guerre opère d'elle-même> et doit le faire naître» (21); mais, d'autre part, le républicanisme détruit la guerre : «la guerre ne peut être évitée par rien d'autre que par le vrai républicanisme d'un puissant Etat», car, «comment, quand la guerre cesse-t-elle? Quand la liberté et l'égalité, qui sont les causes qu'aucune guerre ne peut se produire, font naître, de la culture, des actions toujours meilleures, et ainsi le progrès sans fin» (22). De la sorte, la république, en obéissant au commandement du droit, confirme «pratiquement» – pour ce qui est de la responsabilité des hommes – l'art providentiel qui, selon la Philosophie de l'histoire, fait naître la paix de la guerre.

Non pas – et c'est essentiel – que Kant adhère à l'enthousiasme guerrier des révolutionnaires français. Un Danton peut dire que, «s'il est bon de faire les lois avec maturité, on ne fait bien la guerre qu'avec enthousiasme» (23); Kant rabaisse l'enthousiasme, même en tant que tel – il est toujours «pathologique» –, et ce même chez le simple spectateur de la Révolution. La raison pratique ne peut guère aller au-delà d'une simple compréhension, d'une simple absolution, de la guerre menée par la République.

Cependant, n'est-ce pas là déjà encore trop ? Est-il possible de faire avouer qu'il y a une guerre juste, à un penseur qui condamne la guerre comme « le plus grand mal que le genre humain puisse rencontrer » (24) ?

* * *

Encore faut-il analyser le sens d'une telle condamnation kantienne de la guerre en général, le sens de ce « veto irrésistible » de la « raison moralement pratique : il ne doit y avoir aucune guerre » (25) ! Il apparaît alors que la guerre n'est pas un *mal moral* ("ein Böses") absolu : elle est – oserons-nous dire ? – simplement le *malheur* empirique (« das Übel ») le plus total, car elle menace l'existence en tous ses aspects. Elle n'est donc moralement ou pratiquement, rationnellement, condamnable que de façon *relative*, « parce que ce n'est pas ainsi que chacun doit rechercher son droit » (26). – Plus précisément, le devoir juridique de rejeter la guerre se justifie par ceci que la violence guerrière – même en son issue victorieuse – 1) est incapable de *déterminer* universellement et rationnellement le droit – ce que seule la loi peut faire –, or le rationalisme pratique de Kant est toujours soucieux de l'établissement théorique de la raison pratique !, et 2) est incapable d'*assurer*, de *garantir*, pleinement à chacun son bien (sa propriété), l'assurance et garantie « péremptoire » de ce bien étant la raison d'être même du droit à tous ses niveaux. Mais une telle incapacité de la guerre à définir et réaliser le droit ne peut l'exclure absolument du droit, parce que celui-ci ne peut être instauré absolument par aucune autre voie dans les relations entre les peuples.

A cet égard la situation des Etats est bien différente de celle des individus, et Kant évoque justement cette différence au moment même où il proclame que la guerre ne doit pas être (27). C'est dire que, si le rejet pratique de la guerre est universellement valable dans l'existence humaine, le sens de ce rejet est pourtant conditionné par la différence en question. Dans l'état de nature, les peuples, comme les individus, se menacent les uns les autres du seul fait de leur existence, mais, alors que les individus peuvent instituer un état de droit *effectif* capable de « distribuer » absolument son bien à chacun, une telle unification mondiale autoritaire des peuples – au demeurant dangereuse (28) – est tout à fait impossible, ce qui interdit tout procès en vue de fixer le droit (sur ce point, le pessimisme de Kant est aussi celui, par exemple, d'un Saint-Just (29) et, plus généralement, celui de toute une tradition, encore pleine d'avenir !).

Dans ces conditions, l'état de nature ne pouvant jamais être totalement dépassé entre les peuples – ce qui ne doit en rien affaiblir la volonté de réaliser un «congrès permanent» des Etats comme substitut de l'impossible Etat international! –, la guerre reste le moyen, certes à éviter le plus possible, mais «permis à un Etat» (30). C'est pourquoi il faut distinguer entre l'absoluité du devoir juridique de rejeter l'état de nature ou la guerre lorsqu'il s'agit des individus, et la relativité qu'on ne peut pas ne pas reconnaître au vouloir de la paix quand il est question des peuples. Là où un droit public peut exister, c'est-à-dire au niveau de l'Etat pris pour lui-même, et même s'il est très imparfait, alors la violence est absolument condamnée, car elle prend le risque inadmissible de faire retomber l'homme dans un état de nature dont il a eu la chance de pouvoir sortir : la violence révolutionnaire est alors totalement un mal pratique, parce qu'elle est la négation du droit comme tel, qui peut exister effectivement à ce niveau. Au contraire, la violence révolutionnaire extérieure, la guerre proprement dite, est, en l'absence de tout droit international effectif, et parce qu'elle ne fait que confirmer l'état de nature toujours, peu ou prou, existant entre les peuples, la voie à laquelle on peut «pratiquement» avoir recours pour obtenir une «provisoire» réalisation du droit de la paix internationale.

Cela, bien sûr – il faut y insister – pour autant que la violence guerrière s'ordonne à l'effort pour se rapprocher du droit dont est capable la vie internationale. Alors seulement, il est vrai, mais alors effectivement, un Etat a un droit originaire à contraindre les autres à entrer avec lui dans une «constitution», une «fédération», un «congrès» apte à mieux garantir le droit de chacun, c'est-à-dire, dans toute la mesure du possible, la paix. Alors seulement, certes – soit quand la guerre est menée, par une république, selon «des maximes qui ne rendent pas la guerre universellement nécessaire», et, donc, peuvent se lier «avec une disposition pacifique universelle» (31) –, mais alors incontestablement, «la guerre est juste» (32). L'exaltation kantienne de la paix n'a rien d'un discours pacifiste, parce qu'elle n'absolutise pas la paix : pour Kant, la *fin* qu'est la paix n'a de valeur morale que comme l'effet d'une politique dont la *norme* absolue est le droit extériorisant la liberté. La paix sans le droit n'est qu'une pseudo-paix, dont la recherche à tout prix veut masquer le mépris du droit et de la liberté. Par là même, en relativisant la paix – situation finale à vouloir résolument – comme conséquence de l'affirmation prioritaire du droit – norme absolue de l'agir extérieur –, le kantisme justifie, au plus loin, certes, de tout enthousiasme guerrier, mais dans la rigueur de la raison pratique, morale, la nécessité du recours républicain à la guerre. – De ce point de vue, Kant ne pouvait bien qu'absoudre avec compréhension même les aventures extérieures de la Grande République : on pourra trouver ainsi symptomatique la «justification» qu'il donne en 1798 de l'entreprise maritime par laquelle le Directoire avait voulu forcer l'Angleterre à la paix en l'attaquant par ruse au Portugal, et qu'un sort néfaste, se jouant de son indéniable «prudence», détourna vers l'expédition d'Egypte (33).

* *

En acceptant de la sorte la violence guerrière par laquelle la Révolution française doit préserver son essence républicaine, Kant fait bien voir que sa condamnation absolue de la violence intérieure qui amène celle-là à l'être n'est pas une condamnation de la violence *en tant que telle*, mais celle de la négation du droit, c'est-à-dire de la pleine libération de la violence naturelle – laquelle pourrait s'opérer, par hypothèse, aussi par un plus calme, mais non moins blâmable, renoncement à maintenir le règne «péremptoire» (public) du droit. C'est la négation effective du droit – dont l'être exige sa réalisation comme droit public, réalisation absolument possible comme droit public intra-étatique – qui constitue le mal moral; et cette négation est d'autant plus condamnable qu'elle est plus complète, c'est-à-dire qu'elle se veut – comme dans le despotisme – négation du droit en son sens total, négation péremptoire du droit; tandis que le révolutionnaire républicain la veut comme la négation provisoire d'un droit qu'il s'agit, pour lui, de rendre plus conforme à ses exigences. Si bien que l'on ne peut, en interprétant Kant abstraitement, lui faire dire que la violence révolutionnaire d'un gouvernement républicain et la violence despotique sont juridiquement aussi négatives l'une que l'autre. Cependant, en soulignant que la rébellion et la révolution, même si elles témoignent – parce qu'elles en proviennent – du respect du droit (34) sont toujours un mal, Kant veut rappeler, à celui qui a recours à la violence, qu'il ne saurait se justifier lui-même et se donner bonne conscience, telle cette bonne conscience juridique qui veut consacrer le non-droit – le procès selon les formes de Louis XVI est bien le crime inexpiable du mensonge public –, il veut rappeler que la seule voie juste du perfectionnement du droit, dans les relations entre les individus, est celle, «évolutive», de la paisible *éducation* à la raison.

Bernard BOURGEOIS
(Université Paris I)

NOTES

(1) ROBESPIERRE, *Œuvres*, éd. Laponneraye (cité : *R*), III, Paris, 1840, p. 380.

(2) Il s'agit d'un propos tenu par Sieyès au cours de son ambassade en Prusse, cité *in* : P. BASTID, *Sieyès et sa pensée*, Paris, Hachette, 1939, p. 464.

(3) *R*, I, p. 87.

(4) SAINT-JUST, *Œuvres*, éd. C. Vellay (cité : *SJ*), I, Paris, 1908, p. 294.

(5) *Ibid.*, p. 408.

(6) *R*, I, p. 329.

(7) *Ibid.*, p. 237.

(8) Cf. KANT, *Reflexion* 8077, *Kant's Gesammelte Schriften* (cité : *KGS*), XIX, Berlin, W. de Gruyter, 1934, p. 607 ; trad. J. M. Muglioni, *in* : *Cahiers Philosophiques*, n° 38 (cité : *CP*), Paris, CNDP, 1989, p. 84.

(9) Cf. ID., *Doctrine du droit* (cité : *DD*), § 57 ; trad. A. Philonenko (cité *Ph*), Paris, Vrin, 1971, p. 230.

(10) *SJ*, I, p. 344.

(11) *Ibid.*, p. 333.

(12) *Ibid.*, II. p. 98.

(13) MARAT, *Œuvres,* éd. Vermorel, Paris, 1869, p. 95.

(14) KANT, *Refl.* 8077, *KGS*, p. 608 ; *CP*, pp. 87 *sq.*

(15) *R*, I, p. 472.

(16) *Ibid.*, p. 349.

(17) *Ibid.*, p. 472.

(18) KANT, *Refl.* 8077, *KGS*, p. 608 ; *CP*, p. 87.

(19) *Ibid.*

(20) Cf., ID., *Pour la paix perpétuelle* (cité : *PP*), trad. J. Lefebvre (cité *L*), Lyon, PUL, 1985, p. 83.

(21) ID., *Refl.* 8077, *KGS*, p. 612 ; *CP* p. 90.

(22) *Ibid.*

(23) DANTON, *Œuvres*, éd. Vermorel, p. 137.

(24) KANT, *Refl.* 8077, *KGS*, p. 612 ; *CP*, p. 90.

(25) ID., *DD*, *Ph*, p. 237.

(26) *Ibid.*

(27) Cf. *ibid.*

(28) Cf. ID., *PP*, *L*, p. 71.

(29) Cf. *SJ*. II, p. 499.

(30) KANT, *DD*, *Ph*, p. 229 ; cf. *Refl.* 7817 et 7827, *KGS*, pp. 525 et 528.

(31) *Ibid.*, *Refl.* 8062, p. 598.

(32) *Ibid.*, *Refl.* 7735, p. 503

(33) Cf. ID., *Kants Briefwechsel*, III, éd. G. Reimer, Berlin, 1902, p. 407.

(34) Cf. ID., *Refl.* 8077, *KGS*, p. 611 ; *CP*, p. 90.

FICHTE ET LA RÉVOLUTION FRANÇAISE

Parmi les philosophes qui ont médité sur la Révolution française, Fichte occupe assurément une place singulière et, peut-on dire, privilégiée. Pour lui, en effet, révolution et philosophie sont deux faces d'un même combat, tout à la fois politique et spirituel : la lutte du peuple français contre le despotisme dont il était le spectateur attentif tandis qu'il commençait à élaborer sa philosophie conforte sa critique du dogmatisme, c'est-à-dire d'une doctrine qui, en asservissant le moi aux choses, cautionne en quelque manière le despotisme (1). Dans les deux cas, il s'agit d'un choix fondamental, exclusif de tout compromis, en faveur de la liberté (2). Ainsi, la défense de la Révolution française n'est pas une tâche contingente, mais un engagement que lui impose sa vocation en tant que philosophe.

Cette défense fait l'objet, comme on sait, d'un ouvrage publié en 1793 et intitulé *Contributions en vue de rectifier les jugements du public sur la Révolution française* (3). Défense à la fois rationnelle et passionnée dont on se contentera d'évoquer les principes pour considérer en particulier l'interprétation assez étonnante mais très significative que propose alors Fichte du processus révolutionnaire.

En effet, ce qui l'intéresse d'abord, c'est moins le projet des acteurs de la Révolution, la forme de société qu'ils se proposent de construire, que le fait révolutionnaire comme tel et il est aisé de comprendre pourquoi.

— Il donne tout d'abord à penser que l'avènement d'une société nouvelle, pas plus que celui de la vraie philosophie selon Kant (4), ne peut résulter d'une réforme progressive, qu'il suppose une rupture avec l'ordre établi.

— En opérant cette rupture, la Révolution française prouve que cet ordre n'est pas l'effet d'une nécessité naturelle ou transcendante et qu'il est au pouvoir d'un peuple de le changer dès lors qu'il s'affranchit de sa passivité, passivité qui est, pour Fichte, l'origine de tous les maux (5) : le despotisme n'est fort que de notre faiblesse.

— Cette rupture, Fichte laisse entendre qu'elle ne s'est encore réalisée nulle part dans la mesure où aucun Etat ne lui semble répondre jusqu'ici à la fin dernière de toute association politique (6). La Révolution apparaît donc comme un commencement absolu qui fait table rase du passé pour construire une société fondée sur les seuls principes de la raison. Ainsi, le radicalisme que ses adversaires lui reprochent est précisément ce qui lui donne une valeur exemplaire.

Dès lors, la tâche de la philosophie n'est pas d'expliquer l'événement, mais de le juger, problème qui recouvre deux questions (7) : la première est celle de la *légitimité* de la révolution et consiste à se demander si un peuple a le droit de changer de constitution, la seconde est celle de sa *sagesse* et concerne les moyens qu'elle met en œuvre pour atteindre son but, compte tenu des circonstances. Distinction par elle-même fort claire et dont il semble à première vue qu'elle doive permettre de justifier la Révolution dans son principe, sans approuver pour autant les voies qu'elle emprunte (8).

Quoi qu'il en soit, Fichte s'attachera d'abord à montrer que le jugement relatif à la légitimité de la Révolution ne peut se fonder sur l'histoire : quand ses adversaires lui reprochent d'en méconnaître les leçons et de prétendre faire table rase du passé, ils commettent l'erreur fondamentale de confondre l'être et le devoir-être. Mais cette erreur est aussi celle des philosophes qui voient dans l'histoire une manifestation de la raison : en un mot, on ne peut faire appel à un jugement *de* l'histoire quand il s'agit de porter un jugement *sur* l'histoire (9).

Ce jugement ne peut se fonder que sur un *a priori* moral, la loi morale que tout homme trouve nécessairement en lui-même. Fichte retrouve ici l'enseignement de Rousseau et de Kant, mais, pour lui, cette loi n'est pas un simple fait, elle exprime la « forme du moi » (10) : l'homme ne peut se poser comme un moi, comme un « sujet », qu'en agissant librement, c'est-à-dire non pas sans loi, mais selon une loi qu'il s'est donnée à lui-même. Ainsi, la défense de la Révolution peut être déduite en toute rigueur de ce qui sera le premier principe de la philosophie.

Ce principe comporte en effet pour l'essentiel deux conséquences :
— d'abord que les droits de l'homme se fondent sur sa nature morale : ils ne dépendent donc pas des lois positives, ils sont inaliénables et on conçoit que les hommes puissent coexister en dehors de toute association politique dans la mesure où leurs rapports sont soumis

à la loi morale. Ainsi, pour Fichte, l'état de nature est déjà un état social dans lequel les rapports entre les individus ne relèvent que de la loi morale (11);

— ensuite, que la société civile où ces rapports sont réglés par des lois positives et cela dans les limites où ils ne sont pas déterminés par la loi morale, ne peut se fonder que sur un contrat car une loi ne peut s'imposer légitimement à un être libre que s'il y a consenti (12).

Le même principe implique donc à la fois la sociabilité naturelle de l'homme et le caractère contractuel de la société civile.

Il est alors aisé de démontrer la légitimité de la révolution. On ne peut en effet lui opposer l'immutabilité des constitutions : la fin dernière d'une association politique dépend de celle des individus qui est de cultiver leur être empirique pour en faire l'instrument de leur liberté, ce que Fichte nomme la «culture en vue de la liberté» (13). Dès lors, si une constitution fait obstacle à cette culture, c'est non seulement un droit mais un devoir de la changer; si elle la facilite, elle changera d'elle-même, à mesure que les hommes seront plus cultivés, pour laisser place à la limite à une société réglée par la seule loi morale et qui serait l'état de nature réalisé : la fin dernière de la révolution est le dépérissement de l'Etat (14). Ainsi, ceux qui condamnent la Révolution française en invoquant l'immutabilité de l'ordre social méconnaissent la nature morale de l'homme et sa perfectibilité infinie, ils ravalent les sociétés humaines au niveau des sociétés animales (15).

Il reste à montrer que le changement de constitution est un droit qui appartient au peuple et qui est inaliénable. C'est ce qui résulte du caractère contractuel de la société civile : tout contrat repose en effet sur la libre décision des parties et la liberté est un droit naturel dont nul ne peut être dessaisi. Tout homme peut donc résilier les contrats qu'il a conclus et il serait contradictoire d'y ajouter une clause spécifiant qu'ils ne peuvent être rompus. Or, ce droit concerne aussi bien le contrat social sur quoi se fonde une association politique. Ainsi, tout individu peut à chaque instant se retirer de l'Etat et cela sans même lui devoir aucune compensation (16). Fichte s'attache en effet à montrer que nous ne lui devons ni notre propriété car elle se fonde exclusivement sur le travail, ni notre culture car elle ne peut être que l'œuvre de la liberté (17).

De là résulte enfin une conception toute formelle, une sorte de «modèle» du processus révolutionnaire impliquant l'ébauche d'une philosophie politique dont tous les commentateurs ont souligné l'extrême individualisme et dont on peut douter qu'elle suffise à comprendre et à juger la Révolution.

On vient de voir en effet qu'en vertu du droit que lui confère sa nature morale, tout individu peut résilier le contrat social et se retirer de l'Etat. Dès lors, deux éventualités sont possibles : ou bien il se retrouve à l'état de nature et ses rapports avec les autres ne relèvent plus que de la loi morale, ou bien il s'associe avec certains d'entre eux pour former un nouvel Etat. Si tous renoncent à l'ancienne constitution pour en instituer une nouvelle, « la révolution entière est légitimement accomplie » (18).

Le fait révolutionnaire ainsi ramené à son principe tire donc sa légitimité d'une convergence de décisions particulières, il est l'effet de ce que Rousseau appelait la « volonté de tous » (19) bien plutôt que de la « volonté générale ». Quant au peuple qui est l'acteur de cette révolution, il n'est alors rien de plus qu'une somme d'individus. Le peuple est souverain, mais, en toute rigueur, il n'existe pas.

On reconnaîtra cependant que cette philosophie rejoint certaines des idées fondatrices de la Révolution française. Elle montre en effet :
— que l'homme est effectivement le sujet de son histoire et non l'instrument inconscient de quelque « ruse de la Raison » : Fichte souligne ainsi l'aspect volontariste de la Révolution et justifie le « vécu » des révolutionnaires ;
— que toute autorité, fût-elle divine, repose en définitive sur le jugement de la conscience individuelle (20) : c'est là une conviction fondamentale qui exclut en particulier toute sacralisation du pouvoir et de l'Etat ;
— que tous les hommes sont égaux en droit, ce qui implique l'abolition des privilèges. Ainsi Fichte peut-il aisément justifier, dans les derniers chapitres de l'ouvrage, les mesures prises par la Révolution française à l'endroit de la noblesse et du clergé.

On comprend donc qu'il ait pu apparaître à ses contemporains comme un révolutionnaire, ce qui lui a valu, comme on sait, pas mal d'ennuis...

L'était-il vraiment ? Il est en tout cas étonnant qu'un texte – publié, rappelons-le, en 1793 – semble ignorer le problème de la violence.

On dira sans doute que celui-ci ne concerne pas la légitimité de la Révolution, mais sa sagesse et que l'ouvrage est resté inachevé. Il reste que Fichte ne pose pas explicitement le problème : les quelques pages qu'il consacre au critère de cette sagesse (21) paraissent se référer non pas tant aux moyens de la révolution qu'à son résultat, la constitution politique qu'elle institue, considérée elle-même comme un moyen de se rapprocher de la fin dernière de toute association politique.

Peut-on cependant séparer les deux problèmes et justifier le droit de révolution sans s'interroger sur les conditions de son application ? La question s'impose d'autant plus que Fichte lui-même, dans ses œuvres ultérieures (22), après avoir déduit un concept (celui du droit ou celui de la moralité) du premier principe de la philosophie, s'attachera à démontrer son « applicabilité » et à déterminer rigoureusement les conditions de son application. Pour défendre la Révolution, il ne suffit pas de montrer qu'elle est légitime dans son principe, il faut encore que les moyens dont elle est contrainte d'user puissent être approuvés et Fichte semble admettre le recours à la force quand les circonstances le rendent inévitable (23).

Cependant, son analyse du processus révolutionnaire devrait en toute rigueur l'exclure, dès lors qu'il se ramène pour l'essentiel à une décision négative, celle de se retirer de l'Etat et que la révolution est accomplie quand cette décision est prise par tous et résulte donc d'une sorte de « consensus ». Il n'y a place ici pour un conflit motivant l'usage de la force que dans le cas d'une révolution partielle instituant un état dans l'Etat. Encore ce conflit n'est-il pas inévitable car Fichte, en cela fort peu jacobin, admet que ces deux Etats peuvent coexister pacifiquement si leurs membres agissent selon la justice (24).

De fait, il voit aussi dans la violence un effet de l'ignorance que la philosophie a précisément pour tâche de prévenir en éclairant le peuple et en lui enseignant la vraie liberté qui ne se confond pas avec la licence et dans l'espoir que sa force morale suffira à désarmer les despotes sans qu'il ait besoin de faire appel à sa force physique (25). On en revient ainsi à l'idée que le changement de la société suppose d'abord une réforme intérieure motivée par le progrès des Lumières et il est significatif que Fichte considère la révolution philosophique opérée par Kant comme « incomparablement plus importante » que celle dont la France donne l'exemple (26) : c'est dire en effet que la révolution politique relève d'une pédagogie et en définitive d'une éthique.

A vrai dire, il ne pouvait guère en être autrement dans la mesure où la philosophie sur quoi Fichte fonde sa défense de la Révolution ne permet pas de la penser en tant que fait politique. Elle aboutit en effet à concevoir l'Etat comme une association contingente et précaire de volontés individuelles : le contrat social a sans doute pour rôle de garantir l'exécution des contrats particuliers dont est faite la société civile, mais il n'est nullement nécessaire à l'exercice des droits naturels de l'homme, c'est-à-dire de sa liberté. C'est que, comme on l'a vu, l'état de nature est déjà un état social : ainsi, la coexistence entre des êtres libres est assurée par la loi morale et ne constitue donc pas un problème proprement politique. On dira sans doute que l'homme peut toujours transgresser la loi morale et que c'est même ce qu'il fait le plus souvent, mais, pour Fichte, cette transgression ne remet pas en cause sa sociabilité naturelle : il conteste en tout cas avec véhémence qu'on doive concevoir l'état de nature comme un état de guerre « de tous contre tous » (27) dont on ne pourrait s'affranchir que par l'institution d'un Etat.

Cette conviction permet de comprendre que l'Etat ne soit pas ici l'enjeu d'une lutte pour le pouvoir, mais on peut se demander si elle n'a pas pour conséquence de rendre la révolution inutile. Car enfin, si l'Etat n'est pas nécessaire à l'exercice de la liberté, on ne voit pas non plus comment il pourrait lui faire obstacle et, de fait, pour prouver que notre culture ne dépend que de nous-mêmes et non pas de l'Etat, Fichte professe expressément que l'homme peut toujours cultiver sa liberté, même sous le despotisme (28). Mais alors pourquoi le combattre ? Si une constitution politique ne peut pas empêcher l'individu de répondre à sa destination spirituelle, à quoi bon la changer ?

En conclusion, on peut penser qu'en 1793, Fichte échoue à comprendre vraiment la Révolution et les problèmes que devaient affronter les révolutionnaires, faute de pouvoir opérer la synthèse de l'intérieur et de l'extérieur, de la liberté morale et de la liberté politique. Pour y parvenir, il devra développer une idée qui s'esquisse dans les *Contributions*..., mais que sa philosophie ne lui permettait pas encore de démontrer : c'est que l'Etat est nécessaire pour assurer la coexistence entre des êtres libres en instituant un ordre juridique qui n'est pas subordonné à la moralité, mais la condition de son avènement (29). De ce point de vue, la Révolution, en instituant un Etat rationnel, apparaît enfin comme un moment décisif dans cette tâche infinie qu'est la réalisation de la liberté.

Paul NAULIN
(Clermont-Ferrand)

NOTES

(1) C'est ce que Fichte explique lui-même dans une lettre célèbre de 1795 à son ami, le poète danois Baggesen : « Mon système, est le pre-

mier système de la liberté. De même que cette Nation délivra l'humanité des chaînes matérielles, mon système la délivra du joug de la Chose en soi, des influences extérieures, et ses premiers principes font de l'homme un être autonome. La Théorie de la Science est née durant les années où la Nation française faisait, à force d'énergie, triompher la liberté politique ; elle est née à la suite d'une lutte intime avec moi-même et contre tous les préjugés ancrés en moi, et cette conquête de la liberté a contribué à faire naître la Théorie de la Science , je dois à la valeur de la Nation française d'avoir été soulevé encore plus haut ; je lui dois d'avoir stimulé en moi l'énergie nécessaire à la compréhension de ces idées. Pendant que j'écrivais un ouvrage sur la Révolution, les premiers signes, les premiers pressentiments de mon système surgirent en moi comme une sorte de récompense... »

(2) Sur le choix qui fonde la philosophie, cf. *la Première introduction à la Doctrine de la science*, 5, trad. A. Philonenko, *Œuvres choisies de philosophie première*, p. 250.

(3) On se référera à la traduction Barni, rééd. Payot, 1974.

(4) On sait que Kant, dont Fichte se veut le continuateur, voulait fonder la philosophie sur un changement de méthode qu'il compare à la révolution opérée par Copernic en astronomie : cf. *Critique de la raison pure*, préface de la seconde édition.

(5) Cf. déjà l'*Appel aux princes pour revendiquer la liberté de penser*, éd. Fichte, Sämtliche Werke, VI.

(6) Par exemple, *Contributions*..., pp. 83, 96, 99, 117

(7) *Contributions*, p. 86

(8) C'est ainsi que la comprend par exemple Gueroult, dans son article sur «Fichte et la révolution française» in *Revue philosophique*, 1939, p. 272.

(9) *O. c.*, pp. 91, 100 (note), 129.

(10) *O. c.*, pp. 93-94 : c'est sans doute le passage qui préfigure le plus clairement les fondements de la Doctrine de la science.

(11) *O. c.*, pp. 146-147.

(12) *O. c.*, pp. 110, 132.

(13) *O. c.*, pp. 96, 113-114.

(14) *O. c* , p. 125.

(15) *O. c.*, p. 126.

(16) *O. c.*, pp. 136, 159.

(17) *O. c.*, pp. 152-153.

(18) *O. c.*, p. 164.

(19) Cf. *Du contrat social*, livre II, chapitre 3. Il est significatif que, dans son œuvre ultérieure, Fichte reprenne à son compte cette distinction : cf. *Fondement du droit naturel*, trad. Alain Renaut, p. 122. Sur ce problème, on se référera à A. Philonenko, *Théorie et praxis dans la pensée politique de Kant et de Fichte*, ch. 19.

(20) *Contributions*, p. 82 : «Même un Evangile divin n'est vrai que pour celui qui s'est convaincu de sa vérité». Il s'agit là, pour Fichte, d'une conviction fondamentale que ne pourront mettre en cause les transformations de sa philosophie politique. Cf., par exemple, *Système de l'éthique*, § 15.

(21) Dans la deuxième partie de l'Introduction, pp. 95-104.

(22) Cf. le *Fondement du droit naturel* et le *Système de l'Ethique*.

(23) Cf. l'*Appel aux princes...*, Sämtliche Werke, VI, pp. 6-26 ; *Contributions*, pp. 176-177.

(24) *O. c.*, p. 163.

(25) *O. c.*, pp. 80-84.

(26) *O. c.*, p. 80.

(27) *O. c.*, pp. 146-47.

(28) *O. c.*, p. 117.

(29) Cf. le *Fondement du droit naturel* où Fichte, contrairement à ce que postulaient les *Contributions*, se propose de développer une théorie du droit indépendante de la loi morale.

LE PARCOURS HÉGÉLIEN
DE LA RÉVOLUTION FRANÇAISE

Hegel est-il bien le philosophe allemand de la Révolution française, une révolution embrassée par lui dans la totalité de son développement, de 1789 à 1830 ? Sans aucun doute ! Mais à condition de dissiper aussitôt le malentendu qu'une telle désignation pourrait faire naître. Hegel n'est pas un révolutionnaire, au sens où celui-ci prépare ou accomplit une révolution. Il adopte une attitude originale. Acceptant et admirant, d'ailleurs avec bien des réserves ponctuelles, le développement de la Révolution en France, il s'évertue à dissuader ses compatriotes d'imiter ou de continuer cette révolution en Allemagne. En général il approuve les révolutions passées, et étrangères ; il redoute les révolutions futures et indigènes.

LE COMPAGNON DE LA RÉVOLUTION

Hegel est le philosophe de la Révolution française, au sens où il l'accompagne intellectuellement. Il y participe sporadiquement, il la tient pour le phénomène historique fondamental de l'époque moderne, et qui désormais conditionnera toute la suite. Il tente d'en élaborer une explication exhaustive et profonde. Dans son œuvre, on peut déceler une correspondance, très approximative, entre les grandes reprises du mouvement révolutionnaire et les variations successives de la pensée.

Il faut se garder, bien sûr, de réduire toute cette pensée de Hegel, dans la fièvre du Bicentenaire, à une réflexion sur la Révolution française, à une dépendance et à une exploitation exclusives de cet objet éminent. Mais cette mise en garde indispensable ne doit pas empêcher de constater objectivement l'importance exceptionnelle du rôle que la Révolution française a joué dans sa vie et dans ses méditations.

Il pensait qu'elle avait été rendue inévitable par une situation sociale, politique et religieuse spécifiquement française.mais à ses yeux, elle aurait dû servir d'avertissement, de mise en garde, à tous les souverains européens et jusqu'à la fin de sa vie il en fait l'éloge, parfois dithyrambique : «Tout le système de l'Etat apparut comme une unique injustice... La pensée, le concept du droit se fit valoir *tout d'un coup* *(auf einemmale)* et le vieil édifice d'iniquité ne put lui résister. Dans la pensée du droit on construisit donc maintenant une constitution, tout devant reposer désormais sur cette base. Depuis que le soleil se trouve au firmament et que les planètes tournent autour de lui, on n'avait pas encore vu l'homme se mettre ainsi comme sur la tête, c'est-à-dire prendre appui sur l'idée et construire la réalité d'après elle (...). C'était donc là un superbe lever de soleil. Tous les êtres pensants ont célébré cette époque. Une émotion sublime a régné en ce temps-là, l'enthousiasme de l'esprit a fait frissonner le monde, comme si, à ce moment là seulement, on en était arrivé à la véritable réconciliation du divin avec le monde» (1).

Ce lever de soleil a la beauté rougeoyante d'une grande tragédie. Il avertit solennellement les princes allemands : acceptez d'introduire de bon gré dans vos pays les réformes que l'esprit nouveau rend nécessaires, sans quoi vous serez à votre tour les héros malheureux d'une tragédie semblable ! Soyez honnêtes et justes volontairement, avant que vos peuples ne vous contraignent brutalement à le devenir !

A l'égard de l'événement révolutionnaire, le plus important dans l'histoire après l'apparition du christianisme, et après la victoire de la Réforme dans les pays germaniques, Hegel s'interroge : Comment se fait-il que la Révolution française soit devenue d'une «importance historique universelle»? (2).

Il s'irrite à la lecture de libelles qui déprécient, sous-estiment ou tentent de salir la grande entreprise héroïque des Français. En 1817, à la lecture de Walter Scott, mince contempteur de la Révolution, il s'exclame : «Tête sans cervelle ! Il semble ignorer complètement les principes caractéristiques de la Révolution, qui donnent à celle-ci son pouvoir presque incommensurable sur les âmes» ! (3).

Aussi bien la célèbre-t-il chaque année, le 14 Juillet, discrètement, en compagnie de quelques étudiants.

Il convient de remarquer d'ailleurs que s'il en décèle les causes profondes, liées au progrès de l'esprit mondial, il n'en néglige pas pour autant les causes occasionnelles suscitées par le despotisme, la cupidité, l'obstination et l'insouciance des privilégiés.

Il la croyait issue, du moins pour une grande part, de la philosophie française du XVIIIᵉ siècle. Il en décrit le déroulement en y distinguant des périodes contrastées. Né en 1770, parvenu à la vie intellectuelle autonome vers 1789, il peut raconter, en 1830, des événements dont il a vécu lui-même la succession. Il semble en avoir compris et admis presque toutes les étapes, pourtant contradictoires en apparence. Mais, en cette continuelle modification, en cette fidèle adaptation, il se comportait comme les 25 millions de Français, et aussi comme la plupart des acteurs principaux du drame, que celui-ci ne fit pas tous périr.

Ils ont passé, pour la plupart, de Louis XVI à Louis XVIII, en traversant avec une étonnante rapidité les formes de gouvernement les plus diverses qui se sont éliminées les unes les autres avec violence. Hegel a fait comme eux, mais à distance et sur un mode surtout théorique. Il a vécu et vieilli avec la Révolution, comme ils lui en donnaient l'exemple, à quelques exceptions près d'individus, parfois remarquables, qui persistèrent envers et contre tout dans une attitude politique choisie une fois pour toutes et devenue inébranlable.

En 1815 ou en 1830 on rencontre encore des monarchistes absolutistes, modèle 1788. Certains de leurs contemporains ont avancé jusqu'à la monarchie constitutionnelle et au droit de veto, et ils en sont restés là. Quelques uns demeurent fidèles jusqu'au bout à la République de 1792, et l'on affermit leur constance, plus tard, en les réprouvant et en les exilant. Il y aura aussi des jusqu'auboutistes du bonapartisme et des partisans irréductibles de l'Empire. Carnot, auquel Hegel fera visite dans son exil de Magdebourg, restera républicain et inquiétera encore la police des pays monarchistes avant de mourir en 1823.

Tous ceux-là s'arrêtent en chemin, prennent leur retraite, ou se mettent en réserve pour un autre avenir. Ceux qui s'acharnent à poursuivre leur route les poussent sur les bas-côtés.

Dans l'ensemble, avec tout un peuple, les couches dirigeantes passeront, sans trop d'embarras, et en tout cas sans souffrances, presque sans s'en apercevoir, par une série de métamorphoses qui auraient pu, qui auraient dû chaque fois les surprendre.

Les changements pourtant spectaculaires n'ont pas affecté l'unité et la continuité de leur personnalité. Ils ne se sentent nullement devenus autres. Leur être consiste précisément en cette transformation continuelle, une destinée.

En toute sincérité, et sauf exception, ils n'ont trahi rien ni personne, sans rester attachés à quoi que ce soit.

Alors un préfet d'Empire, qui a successivement goûté à tout, peut s'écrier, il est vrai sous le visage caricatural que lui donne Claudel dans le personnage de Turelure, : « Ma foi ! je ne regrette rien ».

Cela est étonnant. Apparemment, sauf exception, la masse des Français, en 1830, ne regrette rien. Pour en arriver à un tel état d'esprit, il faut considérer qu'aucune des étapes successivement franchies ne fut inutile. Il s'agissait d'un engrenage ou d'un enchaînement.

LA CONTINUITÉ HISTORIQUE

Les révolutionnaires ont tout tenté successivement de ce qui était possible dans les conditions objectives où ils se trouvaient placés. Ils ont osé, et en tout cas connu, toutes les expériences : la monarchie absolue, l'aristocratie, l'anarchie, la démocratie, le Directoire, le Consulat, l'Empire, la monarchie constitutionnelle, la terreur, l'indulgence. Chaque tentative, effectuée avec une extrême énergie, et même avec fanatisme, a échoué, s'est révélée insupportable, intenable, et les a obligés chaque fois à imaginer autre chose.

Ils ont dramatiquement épuisé le champ du possible.

Certains auteurs, en notre temps, prétendent que la méthode dialectique ayant échoué – du moins à leur avis –, il faudrait lui substituer sagement la méthode des essais et des erreurs.

En les lisant on pourrait d'abord croire que précisément les révolutionnaires français, ont pratiqué une telle méthode. Placés à un carrefour et devant choisir, ils se seraient d'abord aventurés sur un chemin qui ne les a menés nulle part. Revenus au point de départ, ils auraient opté pour une autre direction, dans laquelle ils auraient rencontré des obstacles insurmontables. Alors, ayant rebroussé de nouveau jusqu'au carrefour, ils se seraient résignés à essayer une autre route, au bout de laquelle l'horreur les aurait paralysés, etc.

Mais il est clair que ce schéma ne représente pas valablement le parcours de la Révolution française. Appliquée à l'histoire humaine la méthode des essais et des erreurs prend nécessairement une forme qui la modifie profondément.

En politique, en histoire, on ne peut jamais revenir à la case zéro, recommencer l'expérience comme si, à peu de chose près, il ne s'était rien passé d'irréversible dans les essais antérieurs. L'histoire n'est ni une expérience de laboratoire, ni un jeu. Dans la Révolution, l'expérience a tragiquement décapité un roi, quelques dames et beaucoup de valets. Les cartes ne sont pas redistribuées, a chaque instant la donne surprend : elle est celle d'un autre monde.

Bien sur, les révolutionnaires ont tout fait pour défendre la Révolution, l'affermir, la faire progresser, et ils ont chaque fois agi selon leurs représentations du moment, avant qu'elles ne soient démenties par l'échec pratique. Mais, ensuite, eux ou leurs successeurs, n'ont pu repartir que du point où les avait placés cet échec.

Au total, il s'agit d'un parcours continu.

Voici comment Hegel se représente l'activité des révolutionnaires français, désordonnée et contradictoire en apparence, mais tendue,sous ses formes multiples, vers un seul but, intentionnel ou non : «En plein orage de passion révolutionnaire, leur entendement s'est révélé dans la détermination avec laquelle ils ont imposé la réalisation du nouvel ordre mondial éthique, contre la puissante coalition des partisans nombreux de l'ordre ancien; dans la détermination avec laquelle ils ont réalisé tous les moments de la nouvelle politique, l'un après l'autre, dans leur plus extrême spécification et leur plus extrême opposition. C'est justement en poussant chacun de ces moments jusqu'à la pointe de l'unilatéralité, en suivant chaque principe politique unilatéral jusqu'à ses dernières conséquences, qu'ils sont parvenus, grâce à la dialectique de la raison historique mondiale, à une situation politique dans laquelle toutes les unilatéralités antérieures de la vie de l'Etat se trouvent supprimées» (4).

En somme, il y a un double parcours hégélien de la Révolution française.

D'abord il y a la manière dont Hegel la parcourt intellectuellement dans le récit qu'il en fait, le cours d'histoire qu'il donne à ses étudiants, en leur exposant successivement le point de départ, les étapes, les aboutissements divers de la Révolution dans l'Europe de la Restauration.

Et il se trouve heureusement que la manière dialectique d'exposer la Révolution correspond fort bien à un second parcours, à la manière de se développer qui a été celle de la Révolution elle-même. Elle a suivi, sur la terre, le chemin que Hegel explorait dans sa pensée.

Les révolutionnaires français ont traité les contradictions effectives qu'ils rencontraient en anticipant la méthode hégélienne qui déclare qu'en tout domaine, «c'est seulement lorsque les termes constitutifs multiples sont poussés à l'extrême de la contradiction qu'ils s'opposent d'une manière vivante et énergique, et c'est dans la contradiction qu'ils acquièrent cette négativité qui est la pulsation interne du mouvement spontané et de la vie» (5).

LA TERREUR

N'y a-t-il pas, pourtant, sur le trajet souvent rocailleux de la Révolution, des éboulis particulièrement difficiles à franchir ? Des contradictions insurmontables ? Les partisans les plus fougueux de la Révolution française se troublent devant les Massacres de Septembre ou devant la Grande Terreur. Faut-il enregistrer cela aussi comme des étapes nécessaires, utiles, fécondes, dans leur unilatéralité extrême, leur dogmatisme fanatique ?

La terreur répugne à Hegel profondément, et peut-être d'autant plus qu'il a dénoncé les abominations de la terreur d'Ancien régime, et qu'il voit cette terreur archaïque sévir encore dans les pays où il vit, pendant la Restauration.

Pourtant, la réprobation de la Terreur et des excès révolutionnaires se trouve parfois nuancée, chez lui, par la reconnaissance de leur nécessité historique.

A partir du moment où le mouvement révolutionnaire se déclenchait, avec les principes rousseauistes abstraits sur lesquels il se fondait, et dans les conditions qui lui étaient faites, il était impossible qu'il ne comportât pas un moment de violence extrême.

Cette nécessité historique de la terreur, Hegel la proclame, dès 1807, dans son premier grand livre, la *Phénoménologie de l'Esprit* qui, selon ses propres termes, doit décrire « le chemin de l'âme qui parcourt la succession de ses figures, comme des étapes prescrites par sa propre nature » (6). Il inscrit dans ce développement phénoménologique nécessaire, un chapitre qui porte un titre sensationnel : *La liberté absolue et la Terreur (Die absolute Freiheit und der Schrecken)* (7). Il est clair que les développements ultérieurs de la *Phénoménologie* perdraient toute cohérence et toute signification phénoménologique et philosophique si la conscience, sur le chemin de son accomplissement, n'avait pas emprunté aussi la figure de la liberté absolue, et donc de la terreur. Ainsi se trouve confirmée la nécessité de cette figure.

Hegel se montrera très sévère à l'égard de certains terroristes à dire vrai exceptionnels, comme Carrier. Il manifestera son antipathie pour Marat, pour Robespierre. Mais quand il s'agit de porter un jugement d'ensemble sur l'œuvre de la dictature jacobine, Hegel, sans approuver moralement les moyens employés, ne se retient pas de magnifier le résultat obtenu :

> Dans la Révolution française, établit-il froidement, l'Etat, la totalité en général, a été pourvu d'un pouvoir terrifiant. Ce pouvoir violent

n'est pas le despotisme, mais la tyrannie, une domination effroyable ; mais celle-ci est nécessaire dans la mesure où elle constitue et maintient l'Etat, en tant qu'il est un individu réel (8).

Joseph de Maistre, d'un tout autre point de vue, acceptera une conclusion semblable : « Qu'on y réfléchisse bien, on verra que le mouvement révolutionnaire une fois établi, la France et la monarchie ne pouvaient être sauvées que par le jacobinisme »...« Nos neveux se consoleront aisément des excès que nous avons vus, et qui auront conservé l'intégrité du plus beau royaume après celui du Ciel » (9).

LA FATIGUE DE L'HISTOIRE

La Révolution française a fondé juridiquement et politiquement le monde moderne.

Hegel aurait donc dû, à la fin de sa vie, jouir d'une félicité paradisiaque, sans nuage et sans borne.

Or, on l'entend bougonner au contraire, exhaler son amertume, se plaindre de sa fatigue, avouer son mécontentement, et juste à l'encontre de ce qui aurait dû susciter sa jubilation.

On lui apporte les dernières nouvelles de la Révolution de Juillet. Le mouvement de l'histoire ne s'apaise pas. Que pouvait-il souhaiter de mieux ?

Mais lui : « Après quarante années de guerre et d'immense confusion, un cœur de vieille roche devrait pouvoir se réjouir d'en voir apparaître la fin, accompagnée d'un certain contentement » ! Et au lieu de cela, il constate : « Le mouvement et le trouble continuent. Voilà la collision, le problème où en est arrivé l'histoire et qu'elle devra résoudre dans les temps à venir » (10).

C'est l'aveu ! Contre toutes les instances de sa propre doctrine, Hegel avait fini par croire que la Révolution était finie, que l'histoire elle-même aboutissait, qu'on allait enfin avoir la paix !

Avec la plupart de ses contemporains, sauf quelques exceptions, comme par exemple Adolphe Thiers, Hegel a cru, ou en tout cas espéré, que l'histoire, pour l'essentiel était finie : que la religion chrétienne est ultime et que les autres religions confluent paisiblement vers elle ; que le libéralisme économique fonctionnera désormais tranquillement et définitivement en régime de croisière ; que la monarchie constitutionnelle ne représente pas une étape, après d'autres, mais la culmination politique du genre humain : en aucun domaine les hommes n'imagineront désormais rien de meilleur qui soit possible, sinon concernant des détails.

Et bien sûr, la philosophie surtout lui paraît achevée, en même temps que la Révolution. Il n'envisage pas que d'autres philosophies puissent lui succéder, la dépasser, éventuellement lui ravir la primauté !

Il ne perçoit pas l'aiguisement de contradictions nouvelles, il ne souhaite plus que chacun des moments du processus soit poussé à l'extrême pointe de son unilatéralité, il ne maintient plus en lui cette négativité dont il disait qu'elle est « la pulsation interne du mouvement spontané et de la vie ». Et bientôt, touchées par cette nostalgie d'un apaisement total, les pulsations de son cœur vont cesser aussi de battre, alors qu'un sursaut révolutionnaire ébranle à nouveau toute l'Europe !

C'est pourquoi, comparant la pratique française et la théorie allemande, le cours de la Révolution française et le discours de Hegel, on pourrait dire que la Révolution s'est peut-être montrée plus hégélienne encore que Hegel. Hegel était mort, et le genre humain poursuivait son chemin.

Jacques D'HONDT
(Poitiers)

NOTES

(1) HEGEL, *Leçons sur la philosophie de l'histoire*, trad. Gibelin, Paris, Vrin, 1963, p 340.

(2) *Ibid.*, p. 343.

(3) HEGEL, *Berliner Schriften*, Hambourg, Meiner, 1956, p. 697-8.

(4) HEGEL, *Sämtliche Werke* éd. Glockner, t. X, Stuttgart, Fromman, 1965, § 394, Remarque.

(5) HEGEL, *Wissenschaft der Logik*, Hambourg, Meiner, 1963, t. II, p. 61.

(6) HEGEL, *Phénoménologie de l'esprit*, trad. Hyppolite, Paris, Aubier, 1939, t. I; p. 69.

(7) *Ibid.* t. II, 1941, pp. 130-141.

(8) HEGEL, *Jenenser Realphilosophie (1805-1806)*, Leipzig, Meiner, 1931, p. 246.

(9) Joseph de MAISTRE, *Considérations sur la France,* Londres, s.n., 1797, pp. 24-25.

(10) HEGEL, *Leçons sur la philosophie de l'histoire*, op. cit., p. 343.

INDEX DES NOMS PROPRES

TABLE DES MATIÈRES

ACHEVÉ D'IMPRIMER
EN   AVRIL   1993
PAR L'IMPRIMERIE
DE LA MANUTENTION
A MAYENNE
N° 128-93